共和国不能忘记

孙卓清／著

知识产权出版社
全国百佳图书出版单位

内容提要

本书记述了周逸群、段德昌、贺英、万涛、孙德清、柳直荀、宋盘铭、叶光吉的风雨人生，以缅怀这些为共和国的建立浴血奋战的革命先烈。

责任编辑：江宜玲　　　　责任出版：卢运霞

图书在版编目（CIP）数据

共和国不能忘怀/孙卓清著. —北京：知识产权出版社，2012.4
ISBN 978-7-5130-1110-5

Ⅰ. ①共… Ⅱ. ①孙… Ⅲ. ①革命烈士—生平事迹——中国 Ⅳ. ①K827=6

中国版本图书馆 CIP 数据核字（2012）第 028162 号

共和国不能忘怀
GONGHEGUO BUNENG WANGHUAI

孙卓清　著

出版发行：知识产权出版社	
社　　址：北京市海淀区马甸南村1号	邮　　编：100088
网　　址：http://www.ipph.cn	邮　　箱：bjb@cnipr.com
发行电话：010-82000860 转 8101/8102	传　　真：010-82005070/82000893
责编电话：010-82000860 转 8339	责编邮箱：jiangyiling@cnipr.com
印　　刷：知识产权出版社电子制印中心	经　　销：新华书店及相关销售网点
开　　本：787mm×1092mm　1/16	印　　张：20.75
版　　次：2012年4月第1版	印　　次：2012年4月第1次印刷
字　　数：203千字	定　　价：39.00元

ISBN 978-7-5130-1110-5/K·114（3992）

出版权专有　侵权必究

如有印装质量问题，本社负责调换。

谨献给为建立新中国做出杰出贡献的第一军（前身为红二军团）红军时期牺牲的卓越高级将领

序

孙卓清同志《共和国不能忘怀》一书即将付梓之际,他来北京请我作序,我欣然应允。

孙卓清同志在第一军工作过21年,在部队期间,他长期从事党的组织建设和宣传教育工作,具有很强的政治理论水平、开拓创新能力和实际工作经验,是一名优秀的机关政工干部,多次立功受奖。更难能可贵的是他对部队始终怀有一种特殊的感情,在离开部队多年后,仍心系部队建设,前后花费近3年的时间,继奉献出建党90周年革命传统教育丛书《第一军政工名将传奇》后,又完成了《共和国不能忘怀》这本书的撰写工作,反映了一名受党和部队教育多年的共产党员、政治工作者对老一辈无产阶级革命家的无限敬仰,对在新的历史时期用中国历史,特别是用我们党领导人民创造的中国革命史来教育广大干部和人民的重要性的清醒认识,值得我们好好学习。

《共和国不能忘怀》一书,以第一军(前身为红二军团)红军时期牺牲的8位高级将领为共和国的建立浴血奋战、忘我牺牲的风雨人生为主线，用史学者的视角去回望他们短暂而精彩的人生经历，以此缅怀这些人民解放军及新中国的缔造者，教育和启迪后人。他们坚定的信念与崇高的品质值得我们继承与传扬，这也是我们每一个共产党人的使命和责任。

信仰什么，追求什么，确立什么样的人生观、价值观、道德观、世界观，是《共和国不能忘怀》这本书着力表现的思想内涵，也是该书值得一读的一个亮点。中国目前正处于经济、社会全面高速发展的时期，物欲的强化让人们的心灵不再宁静，特别是年轻一代，因为世界观还处于形成阶段，这个时候社会环境的纷扰和各种不良风气的污染，很容易让他们迷失方向。他们需要怎样的信仰、他们要怎样承担对社会的责任，这些看似简单的问题甚至成了社会危机，这不能不叫人揪心！

中华文化是世界上唯一一个没有被中断的文明，这充分说明我们的传统文化具有强大的生命力和包容力，在如今开放的环境下，它与世界文明共同影响着青年人。我们的民族有许多优秀的品质和美德，一个真正的中国人骨子里流淌的依然是"中国心"制造的中国金。加强传统文化教育，大力提倡向革命先烈学习，正确引导和树立青少年的人生观、价值观、道德观、世界观是非常必要的。

《共和国不能忘怀》一书让我们回望周逸群、段德昌、贺英、万涛、孙德清、柳直荀、宋盘铭、叶光吉这一代有知识、有信仰、有勇气、有智慧的中华优秀儿女所走过的战斗人生，他们在建立新中国的舞台上用百般真诚，舞蹈出生命的绝唱，虽然那些岁月已久远，但今天读着他们的故事仍为之震撼，为之感染，为之崇拜。榜样就是力量，它是一种能振奋民族精神、提高民族素质的力量。我相信广大读者，特别是年轻的朋友一定能从《共和国不能忘怀》这本书中汲取宝贵的精神营养，获得有益的感悟和启迪。我更坚信在祖国需要的时候，年轻的朋友们一定能像革命先辈那样挺身而出，为建设和保卫国家、为实现中华民族的伟大复兴奉献出自己的一切！

傅全有

2011.12.于北京

前　言

在中国人民解放军第一军辉煌的历史长河中，涌现出许多非凡的将帅之才，闪烁着一颗颗耀眼的巨星，同时也记载着一批肩负着国家和民族的希望、赴汤蹈火、英勇献身的先烈英名。他们为中国人民的解放事业建立的不朽功勋、谱写的英雄壮歌，值得我们永久地怀念、学习和传颂。

《共和国不能忘怀》一书，记叙的是受到孙中山亲切接见的黄埔军校的风云人物、南昌起义的关键人物、贺龙革命的引路人、湘鄂西红军和苏区的灵魂人物、我党苏区执政为民的楷模人物周逸群；由毛泽东主席亲自签发的中华人民共和国第一号烈士、"共和国36位军事家"之一的段德昌；电视剧《洪湖赤卫队》中韩英的原型、洪湖苏区游击支队司令、联防军司令、共和国女英雄、贺龙元帅的亲大姐贺英；毛主席《蝶恋花·答李淑一》诗词中提到的柳直荀等8位在全国人民心目中最具代表性、最有影响力、最受人敬仰的第一军红军时期为国捐躯的高级将领的人生片段，描绘了他们短暂而精彩的人生经历、感人至深的精神风范、脍炙人口的传奇故事；组成了一幅幅漫卷烽火硝烟、浓缩我军战斗历程的生动画卷；谱写了一曲曲震撼心灵的华彩乐章；铸就了一座座传之久远、光照千秋的历史丰碑。他们所展示的百折不挠、不断追求、对共产主义理想"虽九死而犹未悔"的坚定信念，鞠躬尽瘁、死而后已、对党和人民无限忠诚的高尚品质，不怕牺牲、一往无前、敢于压倒一切困难、压倒一切敌人的英雄气概，顾全大局、维护团结、个人利益服从革命利益的宽广胸怀，克己奉公、不贪生、不恋权、心中时刻装着人民、"先天下之忧而忧，后天下之乐而乐"的高尚情操，是中国共产党人政治品格和精神风貌的生动体现。

我们党历来重视用中国历史特别是中国革命史来教育广大干部和人民。中共中央总书记、国家主席、中央军委主席胡锦涛指出，只有铭记历史，特别是铭记我们党领导人民创造的中国革命史，才能深刻了解过去，全面把握现在，正确创造未来。在全党、全军、全国各族人民刚刚隆重纪念中国共产党成立90周年、中国人民解放军建军84周年、中华人民共和国诞生62周年，深入学习研究中国共产党党史、中华人民共和国国史和中国人民解放军军史的时候，我们从《共和国不能忘怀》这本书中重温这些为国捐躯的高级将领们舍弃个人一切的牺牲精神，一定能从中汲取宝贵的精神营养，获得有益的感悟、借鉴和启迪。这对于激发和鼓励全党、全军、全国各族人民在建设有中国特色社会主义的征程上，发扬光大党和人民军队的光荣传统，牢记全心全意为人民服务的宗旨，有效履行新世纪新阶段党和国家交给我们的各项光荣历史使命，实现中华民族的伟大复兴，具有重要的政治意义和深远的历史意义。

目　录

党之骄子：周逸群 …………………………………………（1）

他是黄埔军校的风云人物，受到孙中山先生的单独亲切接见，孙先生称他为"有抱负的青年"；

他是南昌起义的关键人物，参加了发动、组织、领导起义的全过程，他为南昌起义找到了主帅和主力军；

他是贺龙元帅走上革命道路的引路人，从北伐战争、南昌起义、组建红二军团、创建湘鄂西革命根据地，他俩一直并肩战斗，成为志同道合的亲密战友；

他是毕生为党工作、矢志不渝的楷模人物，在湘鄂西积累了宝贵的苏区局部执政经验，与毛泽东等老一辈无产阶级革命家在不同地域解决了"怎样革命"这一历史性课题。他写下113篇闪烁着马克思主义思想光辉、符合中国革命实际情况的理论文章（后编入《周逸群文集》），丰富了马克思主义，对毛泽东思想这一中国共产党集体智慧结晶的形成作出了重要贡献。周恩来称赞他是"党之骄子"。

火龙将军：段德昌 …………………………………（63）

他是贺龙手下的头号战将，用兵深得孙子兵法中"动如火掠，不动如山"的精髓，红二军团几乎所有大捷都闪烁着他的智慧，是人称"无段不胜"的常胜将军。他是中国革命战争史上水上和平原游击战争的开创者之一；

他擅长火攻，在古赤壁的旧战场上，利用洪湖地区的天然柴山、芦林，指挥过多次火烧连营的著名战役；

他是彭德怀元帅的革命引路人和入党介绍人，两人性格相似，为人正直，爱恨分明。在彭德怀的档案履历表中填写着："是段德昌使我懂得了马克思主义，看到了共产党的光明前途，坚定了终生跟党走的决心"。

他疾恶如仇，在党内斗争中，对"左"倾错误不留情面地批驳，把真理的大炮对准了不可一世的"老鸡婆"（机会主义者），最后他在错误的"肃反"中被迫害致死。

他的军旅生涯既辉煌又坎坷，处处遇劫，处处破劫，在劫争中现风骨，在劫难时见情操……

韩英原型：贺英 …………………………………（123）

她是中国妇女解放运动的早期倡导者之一，号召广大农村妇女坚决反对封建礼教，争取男女平等的权力；

她是湘鄂边第一位共产党领导的游击队女司令，从打倒土豪

劣绅、消灭反动团防、与国民党的正规部队厮杀,一路英雄虎胆,名声大震;

她积极协助贺龙和周逸群在湘鄂西开展革命武装暴动,她带领的游击队成为桑植武装暴动的主力军;

她向主力红军输送了一批又一批游击队员和战斗骨干,为红二军团的发展壮大做出了重要贡献;

她在主力红军多次受挫、受困的情况下,挺身而出,带领游击队冒险相救,使之转危为安;

她在反"围剿"斗争中保护了大批红军家属和烈士子女,使他们免遭其害;

她因叛徒告密遭敌人重重包围,为掩护部队和廖汉生等共产党干部骨干安全突围,不幸壮烈牺牲;

她先后4次申请加入党组织,为了有利于对敌斗争,党的负责人周逸群要求她继续以非党员身份带领共产党的游击支队与敌周旋,待形势好转时再批准她的入党申请。可是周逸群牺牲在她前面,谈话时在场的另一个见证人是她的亲弟弟贺龙,大姐为革命连生命都献出来了,何苦再为她追认党员的事向党组织伸手。这就是这位女英雄牺牲后至今没有被追认为中国共产党党员的主要原因。这不仅是一个遗憾,而且是留给湘鄂西人民永久的痛。

土家英豪:万涛 ………………………………(157)

他在重庆求学期间秘密加入中国共产党,在领导重庆地区的学生运动和青年运动中显露才华，被调到中央专门从事农民运动、工人运动、学生运动的调研和领导工作；

他奉中共中央之命，从上海奔赴湖北指导农民运动，不幸被捕入狱后始终坚贞不屈，后经党组织多方营救出狱。

他临危受命，被派到遭受挫折的红4军任政委，使部队的思想政治建设有了很大起色，协助贺龙重振了红4军的雄风；

他接邓中夏任红3军政委后，遭夏曦迫害。他置个人冤屈生死于不顾，坚持为捍卫真理而斗争。

谋略高参：孙德清 ……………………………………（183）

他是黄埔军校第1期毕业的高才生，参加过两次东征，均立过大功，"中山舰"事件后因身份没有暴露，继续留在国民革命军第1军从事隐蔽战线的工作；

他在北伐战争中任叶挺独立团第1营营长，后调任第11军第24师第75团任营长，并负责该团党的工作；

他在南昌起义前，任第11军第25师第75团第1营营长，是该团的中共支部书记，掌握该团实权。他和聂荣臻组织第75团3个营1 000多人开赴南昌参加起义，后升任第75团团长，旋即率部南征。在会昌、三河坝等战斗中，他骁勇善战，屡建战功；

他奉命到洪湖革命根据地参加组建红6军的工作，任红6军军长。红6军与红4军（后改为红2军）会师组成红二军团后，他任红二军团参谋长，后兼任红2军军长。红二军团改编为红3

军后，他任红3军参谋长兼红7师师长，协助贺龙打了不少硬仗、恶仗、胜仗；

他在湘鄂西"肃反"中被夏曦以"改组派"罪名逮捕杀害于洪湖瞿家湾。被捕前，他曾让贺龙赶紧派人去上海找周恩来，告诉党中央，湘鄂西不能再让夏曦瞎折腾了，要尽快找一位像周逸群一样正派的明白人来主持湘鄂西的党政工作。1945年中共"七大"为其平反昭雪，追认他为革命烈士。

周恩来曾赞扬他："静如处子，动如脱兔。"

湘之忠魂：柳直荀 ……………………………………（227）

他是毛泽东、何叔衡的挚友，受他俩的影响，开始学习和研究马克思主义，并迅速成长为一名具有较高马克思主义理论水平的共产党人；

他奉命到上海、天津从事党的秘密工作，期间临危受命任顺直省委秘书长兼共产国际远东局联络员，协助周恩来较好地处理了久拖未决的顺直省委问题；

他被派到洪湖革命根据地工作后，任红二军团政治部主任，红二军团改编为红3军后继续担任红3军政治部主任，为加强部队的思想政治建设倾注了大量心血，并取得丰硕的成果；

他是毛主席《蝶恋花·答李淑一》诗词中的主人翁之一，因遭"左"倾错误路线迫害蒙冤致死，毛泽东闻讯以此诗词慰藉英烈忠魂。

人民功臣：宋盘铭 …………………………………………（257）

他出生于产业工人家庭，14岁当童工。在工农革命运动中，他团结全厂童工积极参加工人大罢工，被推选为童子团委员长；

他被选送到莫斯科中山大学学习期间，勤奋好学，刻苦钻研，理论功底扎实，再加上口才好、号召力强，成为中山大学的优秀毕业生。他是中共党史上所称的"28个半布尔什维克"之一；

他任湘鄂西团省委书记期间卓有建树，不到一年的时间使团员数量发展到17 000多人，动员4 800多名团员和青年参加了红军，另有20多名团员打入国民党军队开展秘密工作，还派了一批基层团干到国统区建立了16个"共青团产业支部"；

他在任红3军襄北独立团政委、红7师政委、红9师政委、红3军代政委期间，十分重视部队的思想和作风纪律建设，并处处身先士卒、模范带头，使部队在极其恶劣的环境条件下，打不垮、拖不烂、攻无不克、战无不胜。

他对党内和湘鄂西苏区"左"倾错误路线进行了坚决的抵制和斗争，先后为蒙冤的段德昌和万涛伸张正义，并亲自到中央汇报情况，请求中央主持公道、纠正湘鄂西中央分局的"左"倾错误。

他在湘鄂西"肃反"扩大化中被错杀，他的家人并不知晓，为寻找亲人的下落、烈士遗骨和遗物，前后三代人像愚公移山一样不停地寻找了整整70多年，没有任何结果。1960年，他的家人为寄托哀思,将县民政局根据贺龙元帅1953年的亲笔信和朱德元帅题写的"人民功臣"而制作的牌匾当做烈士尸骨埋在了家乡的烈士陵园,以告慰英烈忠魂!

红色管家:叶光吉 …………………………………… (291)

他放着"财神爷"不当,偏偏赶着100多匹驮着大批棉纱、布匹、粮食等物资的"骡马大队"投奔了贺龙领导的红军;

他先后任红二军团、红3军后勤部长,自他来部队后,无论条件多么艰险,指战员们的吃、穿、用很少发愁过;

他不仅是部队办给养的能手,而且是指挥打仗的高手。自任红7师师长以来,他指挥部队连连打胜仗,是红军时期贺龙手下的三大猛将之一;

他治军严格,带兵有方,别人不要的刺头兵,他都要过来。他带的部队虽然成分复杂,但战士中从没有违犯军纪的;

他竟在火线被诬陷为"改组派"首领,当"肃反"人员上前捆绑他时,他狠狠地说:"等打完这一仗再杀我也不迟。"战斗结束后,在押解途中,他含愤跳崖,摔成重伤后被当场处死。1945年,党的"七大"为他平反昭雪,追认他为革命烈士。

后记 …………………………………… (306)

党之骄子：周逸群

周逸群（1896～1931年），原名周立凤，贵州铜仁县（现为铜仁市）人。1924年11月加入中国共产党，是中国共产党的优秀党员，杰出的无产阶级革命家，马克思主义宣传家、活动家，南昌起义的发动者、组织者和领导者之一，共产党军队的早期缔造者之一，湘鄂西红军和苏区的创建人。他毕生为党工作，矢志不渝。他的名言是："只要我一天活着，我就一天不停止党的工作"；"我们共产党员，要像铁一样硬、钢一样强。"他从小刻苦学习，爱憎分明，读中学后不断探求救国救民的真理。他与毛泽东等老一辈无产阶级革命家在不同地域解决了"怎样革命"这一历史性课题，写下113篇闪烁着马克思主义思想光辉、符合中国革命实情的理论文章（后编入《周逸群文集》），丰富和发展了马克思主义，对毛泽东思想这一中国共产党集体智慧结晶的形成做出了重要贡献。周恩来赞扬周逸群是"党之骄子"。贺龙评价周逸群是"湘鄂西正确路线的代表"，萧克将军称周逸群是"革命英雄、党的楷模"。2009年9月14日，周逸群被评为"100位为新中国成立做出突出贡献的英雄模范人物"之一。

一、他是黄埔军校一颗耀眼的新星

在中国共产党的帮助下,孙中山于1924年5月在广州创办了"陆军军官学校"(简称黄埔军校)。我党为了培养军事干部,建立革命武装,除派周恩来、叶剑英、恽代英、萧楚女、聂荣臻等先后到军校任职外,还陆续从全国各地推荐一批优秀党员、团员和进步青年到黄埔军校学习训练。周逸群在拒绝了汪精卫的介绍和军校总教官何应钦的邀请后,经共产党员萧楚女及李侠公介绍,于同年10月进入黄埔军校第2期学习。登上上海至广州的轮船,他心潮澎湃,写下了气势磅礴的诗句:

> 废书学剑走羊城,
> 只为黎元苦匪兵;
> 斩伐相争廿四史,
> 岂无白刃可亡秦?!

周逸群到达广州码头时,把这首诗赠给了先期入黄埔军校任特别官佐、从事教导团秘书工作、前来接他的好友李侠公,表达了他"废书学剑"、从戎学武的坚定革命信念,反映了他服从革命需要的伟大爱国主义精神。

周逸群到黄埔军校后,被破格补入第2期辎重队学习。入校没几天，他和李侠公联名写信给孙中山先生，表达求见之情。1924年初，刚从日本回国的周逸群与恽代英一起，在上海《新建设》刊物上发表了名为"革命与统一"的文章，赞颂孙中山的民主革命思想。

孙中山先生收到周逸群、李侠公的联名信后一周，便在广州大元帅府召见了他俩。孙中山同他俩握手坐下后，亲切地问："你们中哪位是周逸群？"周逸群马上站起来，恭敬地鞠了一躬，答："学生就是。"孙中山见周逸群一表人才，既有军人风度，又有文人气质，不住地微笑点头。周逸群随即向孙中山汇报了日本留学界对国民党改组的种种看法。

孙中山先生诚恳地对周逸群、李侠公说："你们的信使我意识到：我这个大元帅有点儿脱离民意了。名义上兼你们军校的总理，可我们却还不认识，实在抱歉。感谢大家从中国各地投奔广州的革命行动，感谢大家对广东革命政府的支持。看到你们的来信，我很高兴，你们是有抱负的青年，前途远大，国家和民族的希望寄托在你们青年人身上。"

应周逸群的要求，孙中山给他俩进一步讲解了"联俄、联共、扶助农工"三大政策的新涵义。孙中山拿着《贵州青年》翻阅，指着周逸群写的一篇题为"三民主义与贵州"的文章，赞扬他抓到了问题的要害。就北伐战争问题，孙中山先生想听听周逸群的意见。周逸群说："我本人对先生主张北伐表示拥护，但目前北洋军阀有帝国主义的支持，势力很大，单靠革命军的力量没把握取胜，必须联合工农的力量，武装工农群众。另外我认为，必须要有一个可靠的后方，有巩固的革命根据地。否则，革命军在前方打仗，后院却起了火，前后受敌，对革命军不利。"

对周逸群的见解，孙中山先生称赞道："说得好！有远见！你们这些年轻人不要以为我是大元帅，什么都行。当初，我想放弃广东进行北伐，对保卫广东革命政府、建立巩固的革命根据地没有足够的认识。后来得到共产党的帮助，我才下决心把一部分革命军调回广东镇压商团的叛乱。事实证明共产党的主张是正确的。你对这个问题认识得如此深刻，真令人佩服，你们前途无限，从你们身上，我看到了中国革命的希望！"

孙中山亲切接见周逸群这件事，在黄埔军校引起了轰动，他也因此被称为"黄埔军校的风云人物"。

这次难忘的会见，对周逸群今后的革命生涯产生了深远的影响。1925年3月12日，孙中山先生因肝病在北京逝世，黄埔官兵们沉浸在巨大的悲痛之中。周逸群主动到松口中学演讲、散发传单，宣传孙中山先生的丰功伟绩和革命道理。

在军校学习期间，他经萧楚女介绍结识了中共两广（广东、广西）区委书记陈延年和军校政治部主任周恩来。不久，经共产党员鲁易、吴明的介绍，周逸群正式加入了中国共产党。同年，又当选为中国共产党黄埔军校特别支部宣传委员。他在周恩来领导下出色地工作，成为黄埔军校一颗耀眼的新星。

(一) 创办"火星社",团结革命军人与蒋介石竞选

为了把革命热情高涨的广大青年军人组织起来加以教育、引导,使其紧紧地团结在共产党的周围。1924年年底,周逸群与李劳工等共产党员效法列宁创办《火星报》,发起组织了"火星社"。这是一个以"sm"为代号、团结进步青年的不公开组织。"火星社"成员在黄埔军校学生中积极宣传革命思想,反映广大学生的正当要求和意见,在群众中有着深刻而广泛的政治影响,成为党在黄埔军校中的得力助手。

1925年年初,由廖仲恺领导的国民党黄埔军校特别党部改选。以个人资格加入国民党的周逸群等人充分利用"火星社"在学生中的影响,组织力量,发动青年军人开展同蒋介石抗争的竞选活动。

周逸群和共产党员蒋先云在校内外青年军人中的政治影响不断扩大及革命力量的不断发展,引起了蒋介石的不安。蒋介石想方设法拉拢他们。一天,蒋介石破格邀请周逸群和蒋先云去他家做客。蒋介石一时以校长身份,对他俩的工作表现给予褒扬;一时以师生之情,询问家乡风情、家庭状况、婚姻大事以及将来的抱负等,并表示愿意在经济上解囊相助,希望在事业上携手"合作"。但在周逸群、蒋先云这两位坚定的共产党员面前,蒋介石费尽了心机,也没有成功,遭到他俩的巧妙拒绝。不久,国民党黄埔军校特别党部竞选,蒋介石也是竞选成员,竞选结果:周逸群、吴明和黄锦辉等共产党员按预定计划当选为特别党部第二届执行

委员和候补执行委员；周逸群还担任了执委中的常务委员。

蒋介石作为黄埔军校校长，在这次竞选中落选，十分狼狈。国民党党代表廖仲恺考虑到蒋介石系军校校长，为使他便于工作，进一步加强国共两党的团结，在执委会上向大家做工作，提出补选蒋介石为委员。该建议得到通过，蒋介石总算当了个"纠察委员"。

周逸群领导"火星社"在这次竞选中取得胜利，为全校民主开创了一个先例，大大增强了共产党在黄埔军校中的政治力量，同时也显示了他的组织才能和在群众中的威信。

（二）成立"青军会"，为统一和巩固广州革命根据地而斗争

周逸群等领导的"火星社"，其活动基本上只限于黄埔军校内，不能适应大革命形势迅猛发展的需要。"扣械案"❶ 发生后，在广州的各军事学校包括海军在内，都感到青年军人有团结起来以挽救时局的必要，开始组成中国青年军人代表会。周逸群考虑到这种代表会形式不便于开展工作，提议将代表会改为联合会，得到了廖仲恺的支持和军人代表会的一致拥护。在广州举行的列宁逝世一周年纪念大会上，"火星社"散发了中国青年军人要联合的传单。

这时北方政局发生变化。直系军阀曹锟、吴佩孚倒台，奉系军阀张作霖入关，冯玉祥部改称国民军，电邀孙中山北上商讨和

---

❶ "扣械案"系指 1924 年 8 月广州商团私运大批军火入广州、以谋叛乱，被广州革命政府扣留的事件。

主持解决时局问题。这种形势要求中国青年军人联合起来进行斗争,迎接中国革命高潮的到来。1925年2月1日,在广州大学有3 000多名青年军人参加的大会上,正式宣告了"中国青年军人联合会"(以下简称"青军会")的成立。周逸群、蒋先云等当选为"青军会"负责人;同时,"青军会"选出2名代表出席国民会议促进会。军人自觉地站在民众的利益上奋斗,这是大革命史无前例的一件大事。

参加"青军会"的有黄埔军校、粤军讲武学堂、桂军军官学校、滇军干部学校、铁甲车队、福安兵舰、舞凤兵舰、飞鹰兵舰、军用飞机学校等。会议一致认为:"我们的敌人就是军阀及帝国主义,陈炯明勾结帝国主义,是我们目前最危险的敌人。"因此,觉悟了的军人应该联合工、农、学、商各界人民一起反对帝国主义、反对军阀统治。

这次"青军会"成立大会,成了第一次东征誓师大会。全体革命军人一致拥护革命政府出师东征,讨伐盘踞东江企图反攻广州的军阀陈炯明。东征前夕,一些士兵的思想比较混乱,周逸群针对这一情况写了《说牺牲》一文,阐述了东征的意义和如何正确理解牺牲精神。文中说:"一个忠实的党员,工作上只能听从党的指挥,绝无选择的自由。""我们革命,是为解放我们被压迫的民族,实现我们的主义,不是拿我们的头颅去换什么'烈士'的头衔。"所以,"我们只要看他是否恪守党的纪律、能否尽忠他的职务，便可以知道有无牺牲精神。"❶ 文章发表后给予革命军广大指战员极大的思想教育和鼓舞。

"青军会"在整个东征战役中做出的贡献，受到了各界人士的赞扬。时称"广州三杰"之一的张秋人，在《中国青年》第74期上发表文章《广州的青年革命军》，评述："广州的青年革命军，他们是中华民族和人民利益的保护者，他们开创了中国军人的新纪元。……他们出版《中国军人》，要把他们的主义、精神和纪律，传到中国各军队中，要把中国各军队都变成革命军，把中国从帝国主义和军阀的双重压迫之下解放出来。"恽代英也撰文："希望全国热心于军事运动的青年以他们为榜样，把党与主义公开地或秘密地输入到军队中去"，全国的军队"都可以变成像广州一样的革命军。"❷ 在四川革命军中工作的旷继勋派钟克戎前往广州联络，成立了"中国青年军人联合会四川分会"。从此，"青军会"的组织迅速向全国各地扩展。

"五卅"惨案发生后，周逸群挺身而出，率领"青军会"会员与广州各界群众举行了声势浩大的示威游行，有力地声援了上海同胞的反帝爱国斗争。他在《中国军人》第7期上发表题为"外祸与内忧"的文章，以满腔热情肯定了工人阶级的特殊地位。他说：工人阶级具有"领导各阶级的资格"。他精辟地说明了中国

---

❶ 周逸群："说牺牲"，载《青年军人》1927年第5期。
❷ 周逸群："广州的青年革命军"，载《中国青年》1927年第74期。

革命赋予无产阶级的历史使命。当时，无产阶级是中国民主革命的领导力量，这一正确论断还没有为全党所认识，周逸群却能从理论与实践的结合上论述这一观点，是难能可贵的，说明他已具备了相当高的马克思主义理论水平。

1925年6月23日，中国共产党领导了著名的省港大罢工。"青军会"成员参加了广州工农兵群众10万余人的反英示威大游行，遭到帝国主义者的血腥屠杀，青年军人死伤惨重，史称"沙基惨案"。声势浩大的示威游行显示出中国青年军人与工人运动相结合的强大生命力。"沙基惨案"是中国青年军人运动第一次遭受帝国主义的直接摧残。

1925年8月，国民革命领袖廖仲恺被国民党右派暗杀。这是继孙中山逝世后中国革命事业的又一重大损失。周逸群当即在《中国军人》第10期上发表"总理逝世后之中国青年军人运动"一文，揭露帝国主义及其走狗的暗杀罪行。他亲自组织"青军会"宣传队，走向广州街头，向民众揭露反动派暗杀廖仲恺的罪行。青年军人化悲痛为力量，在第二次东征中英勇奋战，取得了胜利，实现了广东革命根据地的统一和巩固。

（三）领导"青军会"为捍卫革命统一战线与"孙文主义学会"作斗争

1925年9月，周逸群毕业后，党指派他留校专职领导中国青年军人联合会，担任联合会中央执行委员会委员，主持"青军会"工作。

在大革命的滚滚洪流中，周逸群等领导的"青军会"迅速发展壮大。仅8个月时间，组织发展到2万多人，其支部扩大到我国北方以致全国各地，中国青年军人联合会无形中成了中国青年军人革命运动的中心，在中国革命史上占有一席之地。

孙中山逝世后，国民党内部开始分裂。随着工农运动、青年军人运动的不断高涨和广东革命根据地的统一，国共两党统一战线内部的斗争日益尖锐。戴季陶抛出《孙文主义的哲学基础》为国民党右派分裂革命、篡夺革命领导权大造舆论。11月，国民党右派邹鲁、谢持等10余人在北京西山碧云寺召开所谓"国民党一届四中全会"，组成"西山会议派"，通过反苏、反共、反对国共合作等议案，在上海成立"国民党中央党部"，在北京等地设立地方党部，公开分裂党，从事反共活动。

与此同时，蒋介石在黄埔军校秘密指使王柏龄、缪斌、杨引之等国民党右派分子组织"孙文主义学会"。他们反对孙中山"联俄、联共、扶助农工"三大政策，破坏统一战线，将矛头直接对准共产党领导的"青军会"，并阴谋杀害"青军会"领导人。一天，周逸群被邀到广东大学演讲。演讲结束后，他还未走出校园，突然从路旁跳出两个人向他袭击，在这一危急时刻，广东大学学生闻讯赶来解救了周逸群。这两个人就是"孙文主义学会"分子潘佑强、杨引之。第二天广州街头出现了要求严惩打人凶手潘、杨的大幅标语，"孙文主义学会"的行动受到广大军民的严厉谴责，在广州被搞得身败名裂。

1926年3月，为进一步开展革命统一战线工作，中共两广区委书记陈延年亲自约见周逸群等人，要求以中国青年军人联合会会员为骨干，把滇、桂军中青年军人团结起来，成立西南革命同志会，在区委直接领导下开展工作。周逸群接受任务后，抓紧与贵州、四川、云南等省的共产党员联络组织，决定于3月12日在广州大佛寺召开成立大会。参加这次大会的有黄埔军校和各军代表，在滇、桂军军官学校和干部学校学习的川、滇、黔籍青年军人千余人。坐在主席台上的各军负责人中，有第3军军长朱培德和国民党右派何应钦，何应钦还带来王惠生等一批打手。

大会由周逸群主持，并向大会作报告。他列举了大量事实，揭露了国民党右派破坏国共合作的罪行，他的演讲不时被听众的掌声打断。会场上，愤怒的口号声此起彼伏。何应钦如坐针毡，推说有要事提前离开会场。紧接着，"孙文主义学会"分子开始躁动。突然，王惠生大叫："这个会是共产党操纵的！""清除共产党！"同时，他拔出手枪向正在主席台上作报告的周逸群射击。在这关键时刻，负责大会保卫的胡秉铎、毛锦洲等共产党员挺身而出，机智地逮住了王惠生，严密控制了"孙文主义学会"分子的行动，保证大会得以顺利进行、周逸群等安然无恙。这就是"孙文主义学会"分子一手制造的、破坏革命统一战线团结的"大佛寺事件"。

（四）引导黄埔优秀学生加入中国共产党，为中国革命输送了大批人才

黄埔军校是国共两党培养和争夺人才的地方，周逸群凭借自己的威望和人格魅力把大批有正义感的黄埔优秀学生团结在自己周围，并介绍他们加入了中国共产党，为中国革命输送了大批人才。

抗日名将左权在抗日战争时期曾任八路军副参谋长，一度主持八路军总部的工作。1924年11月，左权进入黄埔军校第1期第6大队，和周逸群一起成为周恩来的得力助手。他们在学习和工作中结下了深厚的友谊。1925年2月，左权由周逸群和陈赓介绍加入中国共产党，与周逸群、蒋先云、许继慎、李之龙、陈赓等都是中国青年军人联合会的重要人物。他们同"孙文主义学会"的右派分子进行了坚决的斗争，在广东革命政府的几次东征战役中，都有突出表现，被称为"黄埔军校的佼佼者"。

黄锦辉，黄埔军校第1期毕业，是中国共产党早期著名的军事干部之一。1925年1月，国民党黄埔军校特别党部选举第二届执行委员会，周逸群等5人当选为执行委员，黄锦辉、王柏苍等人为候补执行委员。不久，黄锦辉经周逸群介绍加入了中国共产党。1927年4月，黄锦辉在武昌出席了中国共产党第5次全国代表大会。同年10月，当选为中共广东省委委员、中共中央南方局军事委员会委员。不久，任中共广州市军委书记。

陈恭在黄埔军校第2期学习期间，加入"火星社"和中国青年军人联合会，不久也由周逸群介绍加入了中国共产党。1926年年初，陈恭任广州国民政府海军部政治部秘书，"中山舰事件"后，任国民革命军军事委员会训练部宣传科科长等职。1928年1月，陈恭任湖南省委军事部代理部长，后任醴陵工农革命军司令员，率领上万名农军，两次攻打醴陵县城。1928年4月，他不幸被捕，惨遭杀害。

杨至成是黄埔军校第5期学员，经周逸群介绍加入中国共产主义青年团，次年3月转入中国共产党，在贺龙的第20军任连指导员。1927年8月1日，周逸群又带着他参加了南昌起义。解放战争时期，杨至成任中国人民解放军军需部部长。新中国成立后，任军事科学院副院长兼院务部部长。1955年被授予上将军衔。

值得一提的是，周逸群曾是陈赓大将、许光达大将的恩师。在黄埔军校，陈赓与周逸群都是中国青年军人联合会的常委。一次，参加东征的周逸群站在讲台上，饱含激情地向村里的老百姓演讲。老百姓都有一肚子的苦水，听着听着，有的抬起衣袖擦眼泪，有的自觉为黄埔军校的官兵送水送饭。当时，陈赓也在人群里听周逸群演讲，他受到感染，曾连夜创作了一幕短剧《我要控诉》搬上舞台。

1927年南昌起义时，陈赓在贺龙的第20军第3师任营长，当时的第3师师长就是周逸群。起义军南下广东后，在掩护部队后撤中，陈赓负伤死里逃生，辗转到了香港。没过几天，陈赓决定到上海找党组织。当时，陈赓身上只有20块钱，虽然买到了船票，但只能待在货舱里。这班船从香港开出，先绕道汕头港装货。

船靠岸后，周逸群穿着老百姓的衣服，腋下夹着一领烂草席，混在乘客中，匆匆上了船。一上船，他就往货舱里钻，面向船舱壁侧身躺下，把草席子从头到脚严严实实地盖起来。这一切被正躺在船舱看报纸的陈赓发现，他非常高兴，但没敢吭声，而是用报纸遮住面孔，突然说道："这鬼记者的消息真灵通，周逸群还没上船，报纸上就登出来了。"周逸群吓了一跳，再仔细一听，这声音好熟啊。战友相逢两人非常高兴。周逸群告诉他，"我知道你上了这条船，我就是来帮你到上海找党中央的。"

二、他对南昌起义做出了特殊贡献

1927年由中国共产党领导发动的"八一"南昌起义，在中国革命史上写下了光辉的一页，具有彪炳史册的重大意义。周逸群作为南昌起义的领导人之一，为完成党赋予的特殊使命，做出了不可磨灭的贡献。

贡献之一：为南昌起义找到了主帅

在南昌起义前，周恩来曾与贺龙有过重要的谈话和接触，但真正使贺龙在革命低潮时期抛弃高官厚禄、冒着杀头的危险、把个人的前途命运交付共产党，绝对不是一次谈话的结果。历史事实证明，周逸群对贺龙的影响起了至关重要的作用。

贺龙出生在地薄人穷的湘西北，家里贫困如洗，六七岁时仍衣不蔽体，食不果腹，刚过13岁就与大姐贺英一起挑起了家庭重担。黑暗的社会、贫困的生活、长期的颠沛流离使他养成了倔犟好胜、愤世嫉俗、疾恶如仇的性格，奠定了他一步步走向革命的个性基础和良好品质。辛亥革命后，贺龙"两把菜刀闹革命"，拉队伍、惩豪强，走上了讨袁护法、从军入道的曲折生涯。

1925年10月，贺龙入川作战败退到贵州铜仁时，住进了周逸群家中，从时任中国青年军人联合会主席周逸群寄回家里的革命宣传资料和进步刊物中，初步了解了共产党的主张，周逸群也在他的脑海里留下了不同于常人的印象。1926年7月，贺龙积极响应广州国民政府的北伐号召，率部于8月进驻常德。周逸群受国民革命军总政治部的派遣，率领一支北伐军宣传队来到贺龙部队。贺龙见到周逸群后，喜出望外，要求北伐军总部将周逸群等同志留在军中，帮助他改造部队、建立政治部。随后，周逸群被正式任命为该师的政治部主任，开始了与贺龙同志荣辱与共的革命情缘。

自周逸群到达部队后，贺龙十分坦诚地讲述了自己从军入道"三起三落"的曲折经历。在追随孙中山参加护国护法的运动中，他看到军阀混战，革命军内部明争暗斗、相互利用和欺骗的现实，令他产生了诸多困惑和彷徨。周逸群对贺龙爱憎分明、思想进步、治军严明、向往革命的表现极为钦佩。因此，他在倾力帮助贺龙改造军队的同时，与其展开了真诚的、毫无保留的思想交流。他肯定贺龙跟随孙中山闹革命的正确性，指出：孙中山为国为民的追求是真心，但因不断地被不同时期的军阀所利用，革命的成果难以惠及广大人民。周逸群向他说明孙先生创办黄埔军校，实行联俄、联共、扶助农工三大政策的出发点及其现实意义。同时，他还介绍了马克思主义思想、俄国革命经验和共产党关于革命的主张以及坚持人民利益的根本观点。这些观点既解答了贺龙在前期参加民主革命斗争中，只能在军阀之间相互倾轧的夹缝中求得生存的困惑，也符合贺龙的人生追求和个人品格，促使他的思想境界发生了新的飞跃，与周逸群产生了思想上的共鸣。贺龙的警卫连长回忆说："从那时起，贺老总就一心一意地跟着共产党走，信任周逸群同志，对共产党的主张，他都衷心拥护，对周逸群提出的意见，他总是乐于采纳。"

为了使贺龙同志一心一意跟随共产党，周逸群还及时排除了许多干扰因素。当陈图南等人见拉回贺龙无望后，便策动士兵闹饷、企图谋杀贺龙和周逸群、带队伍投奔蒋介石时，贺龙在周逸群的帮助下，利用我党掌握的武汉市公安局及时处置了陈图南等人，拔除了国民党右派思想对贺龙可能产生的影响。南昌起义前夕的形势急剧变化，周逸群时时注意各方面势力对贺龙的拉拢，为了避开蒋介石的说客，经周逸群安排，贺龙全家搬到俄租界内的苏联公使馆，方便了共产党要人对贺龙的接触和了解，促成了周恩来与贺龙的会晤。在策划南昌起义的关键时刻，周逸群及时向党中央负责人介绍了贺龙的真实思想和革命的坚定性，消除了党内对贺龙的怀疑、误解，为贺龙成为南昌起义总指挥奠定了思想基础。新中国成立后，贺龙回忆说："周逸群对我的影响，是对我思想上的第三次推动，也使我真正地接近了共产党。"

对于这件事,彭真同志曾有过中肯的评述:"贺龙绝不是一次谈话把他拉过来的。这好比春天播种,夏天除草,到了秋天该收获了;贺龙在斗争中找出路……血淋淋的事实,使贺龙同志彻底认清了他们的反革命本质;贺龙部队里早有共产党员了,周逸群同志就是一个突出代表,贺龙与共产党人长期接触,对党的路线、方针、政策等逐渐有所了解,接受了马克思主义。在复杂的社会现实面前,他认识到只有共产党才能救中国,才不计个人名利地位,不顾个人安危,把个人的命运同共产党紧密地联系在一起。"[1]

贡献之二:为南昌起义找到了主力军

在实际参加南昌起义的部队中,贺龙领导的第 20 军占整个部队的二分之一,成为了名副其实的主力军。这支部队能坚定地参加南昌起义,取决于贺龙的思想转变,同时也得益于周逸群等一批共产党员的艰苦工作。他们"给部队带来了新的气象,带来了共产主义的影响。他们像一滴滴红水落在缸里,正在逐渐扩散,改变着部队的颜色。"

周逸群到达贺龙部队后,很快意识到部队成分复杂、思想观念不统一、革命目标不一致,但这是一支愿意革命的武装。他感到了加强政治思想工作的紧迫性。于是,他稍作安顿便着手制订政治工作计划,立即开展政治宣传工作。在贺龙的支持下,他吸取苏联红军及黄埔军校的经验,先后选拔积极分子,招收进步人

---

[1] 中共中央党史研究室审定:《中国共产党历史》(上卷),中共党史出版社 1991 年版,第 216 页。

士2 000余人，在澧州开办了政治讲习所。周逸群亲自主持教学大纲的编写，把社会主义的内容列入教学课目。他坚持亲自授课，讲解人民生活困难和国家、民族的灾难并分析根源。他还介绍广东、湖南的群众运动以及俄国的革命实践，使学员们受到了极大的启发。周逸群及时将他们充实到部队各级政治机关，让他们到基层连队从事政治工作，使部队在紧张的战斗中保持着生机和活力。

为了克服部队缺编严重的困难，刚到不久，周逸群就承担了招募3 000名新兵的任务。他决心改变强行拉兵的老办法，通过加强政治宣传、鼓励群众参加革命的新举措来完成计划。为此，他亲赴各县主持宣传、组织工作，广泛说明北伐的意义，启发农民的阶级觉悟，在地方党组织的配合下，以出乎意料的速度完成了招收新兵的任务。此举震动了全体官兵。贺龙十分高兴地说："过去军阀招兵，一靠钱，二靠绳子，现在我们招兵靠讲革命道理，一个钱不花，农民就把年轻力壮的子弟送来了。政治工作太重要了！"部队中的中层军官也对这个"耍嘴皮子"的领导刮目相看，心悦诚服。新兵招收后需进行紧张的短期集训，周逸群亲自拟订训练计划，坚持每天上政治课。这批新兵输入到贺龙部队后，与其他士兵有了明显的不同，如同增加了新鲜的血液，部队的整体实力和作战能力有了很大的提高。

与此同时，周逸群毫不放松从部队的先进分子中发展党、团员的工作。到南昌起义时，部队中的共产党员已达200多人。他经常深入基层，帮助部分士官克服军阀作风，整顿军纪，并不失时机地将那些优秀人员吸收为党、团员，建立党的基层组织。每次战斗打响前，周逸群都要召开政工干部动员会，指导他们开展战地宣传，鼓舞士气，瓦解敌人。在攻打宜昌时，周逸群还利用宣传攻势瓦解敌人，使敌人两个整编师主动放下武器，从而顺利占领宜昌。

贺龙部队由于骄人的北伐战绩和扩编，实力越来越大，引起了各方面的注目。蒋介石"四·一二"反革命政变后，武汉国民政府以及南京方面都企图拉拢这支部队。部队内部的国民党顽固派也兴风作浪，使部队思想产生了一定的动荡。贺龙的警卫连长回忆说："如何把第20军领导好，使它走上武装反抗汪精卫，并进一步打倒蒋介石的道路，这是我们党和时任第20军政治部主任周逸群同志最关心的问题。"周逸群及时调整了政治工作的思路和对策，对贺龙旧部的政治宣传，充分利用"自师长以下莫不视贺氏为神人"的观念，"利用贺龙的主张及言论以为宣传之资料"，控制住了大部分人的思想情绪。同时，他建议并协助贺龙清除了部队中比较顽固的反动分子。按照中央指示，他把从国民党其他部队中逃出来的共产党员和革命分子及时安排到部队之中，组建了第3师，并实际主持了该师的工作。贺龙在周逸群的建议下，及时调整了部队的中层干部，纯洁了干部队伍，统一了干部思想，最终使这一支部队走上了拥护共产党、愿同一切反动派做坚决斗争的革命之路。

贡献之三：参与领导南昌起义

1927年7月15日，汪精卫主持的武汉国民政府正式反共后，国内政治形势突然逆转，中国南部陷入了反共反人民的腥风血雨之中。中国共产党为了挽救革命，在紧急的情况下决定举行南昌起义。周逸群积极安排贺龙与周恩来等人加强沟通，与贺龙同志一起开始着手准备部队参战。7月30日晨，张国焘赶到南昌并召开了前委扩大会议，提出"起义须征得张发奎的同意，否则不可动"，还提出了共产党员要退出部队、交出军权的错误主张。周逸群参加了前委扩大会议，在会上义正词严地驳斥了张国焘依赖张发奎的错误思想，表明了贺龙以及第20军官兵参加南昌起义的决心和立场，坚定地支持周恩来的正确主张。前委最终决定8月1日举行起义。

前委决定后，周逸群同贺龙、刘伯承一起共同拟定作战计划，部署战斗任务，及时组织第20军起义前的各种会议，宣传起义决定，进行战斗动员，发动党团员做好全体干部战士的思想工作，从思想上和行动上做好参战准备。战斗打响后，他与贺龙、刘伯承一起，指挥第20军教导团和第6团歼灭敌第79团、第80团的有生力量。南昌起义胜利后，周逸群及时安排人员，渡江接应未及时赶到南昌参加起义的部队，接待和安置一批批零散赶到的共产党员和进步工农兵士，保持起义后各项工作的稳定。

部队从南昌出发到广东，因沿途民众毫无基础，部队给养存在困难，甚至出现病者无药医、伤者无人管、死者无人埋的现象，军纪很难维持。"从南昌到抚州的几天时间,减员4 000多人,子弹损失近一半,迫击炮、大炮全部丢失,路上时有违纪违法乱放枪的,甚至还出现抓老百姓家的鸡的现象"。在此危难时期,周逸群就任第20军第3师师长。该师官兵多系新兵,且刚在南昌组建不久,军心不齐,军纪不整,官兵甚至对革命前途产生怀疑。针对这些现状,周逸群及时采取措施对部队进行整顿。一是建立健全党的各级组织,把从各地到南昌后编入队伍的共产党员及时组织起来,加强对他们的党性教育。二是与前委保持紧密联系,召开党员大会,通过党员发挥组织作用来稳定军心。三是请周恩来、谭平山、恽代英等人利用战斗休息时间集中演讲,对士兵晓以革命的道理,重振军威。四是调整了部队的中层指挥人员,将一批黄埔生如陈赓等充实到指挥员岗位。由于党的组织及时发挥作用,部队军容军貌有了很大改变,为壬田市之役取得胜利发挥了重要作用。

8月30日,起义军进攻会昌。周逸群率第3师和第2师第5团佯攻,配合叶挺主力部队作战。当朱德、周逸群率部按计划拂晓向敌实施总攻后,叶挺主力部队第25师未及时赶到。为了挡住数倍敌人的反扑,朱德、周逸群、徐特立亲临一线指挥。当敌人增援部队越来越多时,周逸群还亲率特务连直接投入战斗。团长侯镜如、营长陈赓等光荣负伤,师军需主任蒋作舟、师部经济处长郭德绍英勇就义。下午1时,叶挺第25师赶到,战势发生转机。此役取得了击溃敌有生力量8 000余人、缴械1000余、俘虏

900余人、缴获辎重甚多的辉煌战果。战斗结束后,起义军返回瑞金休整,周逸群及时向中央再次反映贺龙同志入党的请求,再次阐明了贺龙对共产党的信仰,打消了一些人的疑虑,并最终与谭平山两人介绍其正式加入中国共产党。

起义军进入潮汕后,周逸群奉命驻防潮州,并兼任潮州卫戍司令。潮汕地势平坦,易攻难守,"早在我军进至三河坝时,潮汕之敌已主动退却。盖潮汕无险可守,从古以来未有人死守潮汕者"。9月29日下午,周逸群接到命令,敌新编第2师及第13师约9 000余人将进攻潮汕,要求周逸群的第3师与将调来的第70团第1营协同死守。周逸群面对数十倍于我军的敌人,做了周密的军事部署,命令教导团第3总队做先头部队,第2总队扼守铁道,第1总队为增援,同时电调协助地方剿匪工作的第6团回师。从上午战斗打响到下午3时许,敌约一个团由山后阔地向我前进。此时,子弹已罄,机关枪大炮已失效用。敌人很快突进了潮州城,周逸群的指挥部被包围,教导团全被打散。他只得带着几十个随从冲出重围,沿铁道向汕头方向撤离。

周逸群在党的建设、政治宣传、军事斗争等方面,为南昌起义的胜利打响做出了创造性的贡献。他以共产党员的高尚情操和坚定信念,感化、影响和造就了身边的人,为南昌起义争取了强大的有生力量,创造了南昌起义的客观有利条件。当年长沙《国民日报》"无周就无贺,无贺就无南昌暴动"的报道,就是一个有力的证明。在南昌起义期间,周逸群多次参加各种重要会议,参与起义的决策、实施和实际战斗。在关键问题上，他敢于发表自己的观点，据理力争，不迷信权威。在形势危急时，他勇挑重担，重整部队，振奋士气，多次带队参战。起义失败后，周逸群客观公正地向中央报告了南昌起义的情况，并对失败的原因陈述了自己的观点，对今后加强党的建设和实行土地革命也提出见解，成为南昌起义中最积极、最坚强、最具斗争经验的领导人之一。

贡献之四：坚持提出走吉安大道的南征正确路线

1927年8月1日早上7点，按照中央在起义前的决定，参谋团召开会议讨论退出南昌，挥师广东，恢复革命根据地的进军路线，简称"南征路线"。南昌起义军南征路线关系着起义军的成败，选择南征路线必须慎之又慎。周逸群在军事参谋团研究决定南征路线之后和南征前的紧急时刻，力排众议，多次地、反复地，甚至冒着"动摇军心"的风险，向中共前委、前敌军委、军事参谋团及周恩来、叶挺、贺龙、刘伯承、谭平山等提出走吉安大道的诸多理由，并指出走寻乌小道的种种弊端。此建议虽没被采纳，但从南昌起义最后失败的经验教训来看，周逸群的这一建议是正确的。

早在南昌起义以前，中共中央对南征已有了明确的方针。1927年7月中旬，中共中央临时政治局常务委员会派遣李立三、邓中夏、谭平山、恽代英等赴江西时明确指出，准备组织中共在国民革命军中的一部分力量，联合第二方面军总指挥张发奎重回广东，以实现土地革命，建立新的革命根据地。到了7月20

日左右，李立三等向中央提出"抛弃依靠张发奎之政策，采取独立的军事行动，即实行南昌暴动"❶的建议后，中央正式决定在南昌举行武装起义。但起义的战略方向和目的并没有改变：打回广东去，在广州建立新的政府，与武汉、南京两政府形成三足鼎立之势，然后再次北伐。

"八一"南昌起义胜利后，随即成立了革命委员会之军事参谋团，由刘伯承、贺龙、叶挺、周恩来、蔡廷锴5人组成，刘伯承任参谋长。军事参谋团既是军事决策机关，也是军事执行机关。因此，起义军南征路线由军事参谋团研究决定。

8月1日下午7时，军事参谋团在第20军指挥部举行会议，讨论起义军南征路线。参加会议的除了参谋团的成员外，还有苏联军事顾问纪功，周逸群不是参谋团成员，故没有参加会议。

会议在中央回粤方针的前提下，对两种行军路线进行了讨论：一种主张由吉安、赣州大道取东江；讨论结果，"由于俄顾问、恩来及参谋团同志都主张第二种意见，遂决定取得赣东取东江。"❷这说明这一决定是与会人员一致通过的。

南征路线，关系到起义军的成败。那么，军事参谋团是如何决定这条后经实践证明是失败的进军路线的呢？军事参谋团参谋长刘伯承在保存在共产国际中共代表团档案里的《南昌起义始末记》中，记述决定由临川、会昌取东江的4点理由。

❶ 李立三：《"八一"革命之经过与教训》，江西人民出版社2007年版。
❷ 中央档案馆编：《南昌起义资料选辑》，江西人民出版社2007年版，第89~90页。

（1）吉安、赣州等地在上流方面，容易联合与集合的敌军达4万（在粤汉道上李济深嫡系不在内），我军兵力仅2万（战斗兵员尚无此数），贸然攻之难操胜算，且对南昌下流有张发奎等1万以上敌军追击的顾虑。临川、会昌路上仅有杨如轩、赖世璜不满3 000之无力敌军，容易应付。敌人从他处调兵击我，陆行同等困难，我军可各个击破。

（2）交通上赣江虽比抚州河长，但同一上水，无多汽船可供使用，陆行则临川、会昌路线较直而短，迅速可到东江。

（3）江西省内农民运动均属不好，临川、会昌一带，较吉安、赣州一带尤为薄弱，如我军与其集中之强敌相遇，歼灭该敌均无把握，给养上吉安、赣州比临川、会昌充分，但秋收之时，临川、会昌路上并不困难。

（4）取道吉安、赣州接近湖南地境，与湖南农运力量自然容易联络，但迅速达到农运更好之东江，才是我们之目的。况此道是最可虑的，我军湘籍军人占大多数，无政治认识者不少，有时时叛逃之可能。

从上述理由不难得出，吉安大道比临川小道优越得多，有利得多，而不是相反。

周逸群是如何对待"回粤路线之决定"呢？南昌起义失败后，他给中央的关于南昌起义问题的报告中有如下一段话：

"八一"下午7时在军部开参谋团委员会，我因不是委员，故不便参加。但事前不少同志似乎也不注意这个问题，我自己也以为一定是吉安这条大道，首先解决朱培德部，以壮声威。殊不知等我由外面转来时，他们（俄顾问纪功也参加）竟决定走抚州、瑞金、寻乌这条小路。我很诧异，即向贺龙、伯承、吴明等说明种种利害，并极端不赞成走这条路线。贺、刘等均为感动，允电叶来军部商议。殊不知叶氏接电后，又召集他的军官开会，迟至晚上一点多钟才到。此时因贺一日一夜未睡，精神不济，想睡觉，很不愿意多谈话，只说"你们商量，怎样决定，怎样好"。不得已，与叶直接谈判，但无论怎样说，他总是主张走小路，并说已经向他的军官宣布了，不便改变，尤其是对蔡不好反悔，因为初次指挥他的部队，不便改变计划。我又向平山再三说明走小路给养困难，平山当时也主张到赣州再回东江也是可以的，但是仍不坚决地主张大道，于是只好就此罢了。但到次晨我又提出这个问题，叶挺、恩来、贺龙、伯承等均在座，各人虽然不反对我的意见，但也不十分坚决地与我一致主张，随后叶挺很不耐烦地对我说："你早又不说，既已决定的事，你偏又来饶舌，你不怕摇动军心吗？此时我心里虽然不服，但因为怕摇动军心，只好不说了。"❶

周逸群同志向中央的上述报告，至少可以说明如下问题：

（1）起义军从取得南昌起义胜利之日起，南征路线问题就已

---

❶ 周逸群：《周逸群报告——关于南昌起义问题》，中央党史出版社2006年版。

经摆在了中共前委、前敌军委、军事参谋团以及起义军上级军政人员的面前，要么走吉安大道，要么走寻乌小路，只能选择其一。李立三说："只有很少军事工作同志及一部分非军事工作同志主张第一种意见"。❶ 尽管主张第一种意见的人属少数，但并不是决定问题的关键。要看第一种意见是否正确，即有利于保存自己、打击敌人，而不能轻易否定少数人的意见。实践证明，真理往往掌握在少数人手里。周逸群就是坚决主张第一种意见的代表。可遗憾的是，这一点恰恰被军事参谋团所忽略。

（2）周逸群在报告中扼要地说明主张走吉安大道的理由："首先解决朱培德，以壮声威。"这是鼓舞胜利之师士气的最佳战略决策。一味避敌攻击的策略是不可取的。当时在吉安、赣州之敌有所谓4万之说，但实际上只有王均的两个师。王均名义上是朱培德的部下，但他俩矛盾很深。"朱王冲突，王均久欲取朱而代之，但实力较朱差，故处处受朱之钳制。"❷ 况且朱培德并没有去吉安督师，而是于8月5日从武汉回九江收集他的残兵败将。因此，起义军完全有可能击败王均部。然而，军事参谋团没有采纳周逸群这一战略决策，最终导致失误。

（3）当周逸群得知军事参谋团决定走寻乌小路后，多次向前委和参谋团的决策人物，上自周恩来，下至叶挺、贺龙、刘伯承、谭平山等述说"种种利害并极端不赞成走这条路线"。"沿着人少

---

❶ 李立三：《"八一"革命之经过与教训》，江西人民出版社2007年版。
❷ "中共江西省委向中央的报告"，载《中央政治通讯》第2008年16期。

山多、难以通行的地区前进"❶，"对于行军是有很大困难的，应当考虑到大量的武器弹药没有什么东西搬运，民夫也缺乏。"❷ 与此相反，吉安大道有着天时、地利、人和的优势。诸如：有赣江运送武器辎重，沿途属富裕之地，容易解决给养；有很好的农运基础，可得到农民运动的支持；与农运相结合，可机动灵活地向湖南发展。军事参谋团对南征路线的选择，由于时间关系未能广泛听取意见，也没有深入论证两条路线的利弊，是匆忙做出的决定。同时，也说明周逸群对这一问题的坚定与成熟。

（4）周逸群在军事参谋团做出决定之后和南征行动之前的关键时刻，冒着"动摇军心"的风险，提出重新考虑南征路线问题，这不仅表现出周逸群对起义军的成败、对革命事业极端负责的精神，而且是他避免因这一失误影响全局所作出的力挽狂澜的最后呐喊。虽没有被采纳，却得到了多数决策者的理解。如"贺龙、刘伯承等均为感动，允电叶来部商量"，这是一个机遇；说动了谭平山，他"当时也主张到赣州再回东江也可以的"，这是第二个回响；次日晨，叶挺、周恩来、贺龙、刘伯承等听后都"不反对我的意见"，这是第三次审议。说明周逸群的意见，起到了一定的作用，产生了一定的影响。然而，军事决策人物没有把握住这个改变主张的良机。这是历史的不幸，亦是不幸的历史。

---

❶ 张侠：《南昌起义研究》，上海人民出版社1982年版，第296页。
❷ 同上书，第308页。

（5）周逸群提出南征走吉安大道，这究竟是不是一条胜利之路、成功之路呢？有人说："根本的问题不在于行军路线。根本在于回粤这一决定的本身。"正如周恩来后来总结南昌起义的经验教训时说的："起义后不应把军队拉走，即使要走，也不应走得太远。当时如果就地进行土地革命，是可把武汉被解散的军校学生和两湖起义尚存的一部分农民集合起来，是可以更大地发展自己的力量的。"❶聂荣臻也认为，"当时起义军的力量是不弱的。客观的条件也是有利的。江西和两湖，特别是湖南的农民运动已经有了很大的发展，广大农民正迫切地盼望革命的武装力量去支援他们。"❷贺龙也说："当时两湖、江西，特别是湖南的农民运动是很高涨的，起义的军队应当与湘赣的农民运动相结合，创造革命根据地，坚持长期的游击战争，从中来壮大自己，消灭敌人。"❸朱德也指出："当时急于求成，想拿下广东；假如当时在江西、湖南等地留下来，也可能胜利。"❹简而言之，这与正确选择地区发展方向不无关系。根据当时各方面条件分析，比较南昌、赣东地区、吉安地区，吉安地区是最佳地区。因为起义军在这一地区有很多条件可利用，即使在军事不利的情况下，也可以就地与农民运动相结合，与毛泽东领导的秋收起义军一起（9月9日，"秋收起义"爆发时，南昌起义军还在福建上杭活动，尚未进入广

---

❶ 中共中央党史研究室审定：《中国共产党历史》（上卷），中共党史出版社1991年版，第382页。
❷ 张月琴等：《南昌起义史论》，江西人民出版社1986年版，第117~118页。
❸ 张侠：《南昌起义研究》，上海人民出版社1982年版，第302~304页。
❹ 同上。

东境），共同开辟井冈山革命根据地。前进中必然会有挫折，但前途是光明的，至少可以改变潮汕失败的惨烈历史。

（6）周逸群提出南征走吉安大道，与中央对南昌起义的意见是一致的。换句话说，周逸群的主张得到了中央的认同。中共中央于1927年10月24日在第13号通告中指出："南昌暴动没有采取直下赣州吉安，一则可以打散朱培德、钱大钧，隔绝张发奎，使他们不能与李济深、黄绍连成一片，而如现在之从容布置，围攻我们；二则是大路，沿途农民运动有些基础，可以随处摧毁豪绅政权，实行土地革命，武装农民，逐步交农民防守。"❶中央强调说："南征的路线是取得抚州、会昌、寻乌等闽赣边境荒芜、农民运动尚未发动起来的地方，这已经是一盘失着的棋"。❷ 当然，这是中央关于南昌起义在军事上的教训之一。可见周逸群的主张是具有远见卓识的，显露出他在政治上、军事上的智慧与才能。

周逸群作为南昌起义的领导者和指挥者之一，在起义的关键时刻，坚决主张南征走吉安大道，表现出共产党人坚持真理、修正错误的坦荡胸怀，对这一主张的坚定与成熟以及远见卓识，在政治上、军事上的智慧与才能，应与他在南昌起义中的特殊使命及其贡献一样，得到充分的、历史的肯定与评价。

---

❶ 张侠：《南昌起义研究》，上海人民出版社1982年版，第302~304页。
❷ 中央档案馆编：《南昌起义资料选辑》，中共中央党校出版社1981年版，第22页。

三、他引导贺龙一步步走上革命道路

(一) 贺龙第一次见到周逸群就说：我早就想交你这个朋友了

国共第一次合作时期的1926年7月，广东国民政府发出《北伐宣言》，号召推翻帝国主义和封建军阀在中国的统治，争取革命在全国范围内的胜利。贺龙很快响应，率部由黔入湘，任国民革命军第8军第6师师长兼湘西镇守使。

8月下旬，贺龙率部攻克慈利。月末，在逼迫湘军贺耀祖师倒戈以后，进入津市。当月，部队进行了改编，贺龙在常德就任国民革命军第9军第1师师长。旅团以下干部基本保持不动。师参谋长仍然是留日的乡党陈图南，秘书长则是严仁珊。不同的是新成立了两个机构：一个是训练处，由刘达五任处长；另一个则是师政治部，主任是国民革命军总政治部派来的周逸群。

周逸群年幼时，父母相继去世。他7岁进入族叔周自炳与人创办的本地唯一新式学堂——铜仁城南小学（现逸群小学）读书，15岁以优异成绩考入贵阳南明学校中学部。他博览群书，尤其喜爱中国历史。其作文《诸葛亮辅汉于蜀论》被评为全校优秀文章，刊于《南明杂志》。在中学时，周逸群就曾投身反袁复辟的斗争，被誉为"有抱负的青年"。1919年，周逸群东渡日本，进入东京庆应大学攻读经济学。"五四"运动爆发的消息传到日本后，周逸群组织留日学生举行了声势浩大的游行集会活动，声援国内的反帝反封建斗争。1924年年初，周逸群回到上海。同年5月，他创办《贵州青年》旬刊，宣传孙中山的民族革命思想。10月，周逸群投笔从戎，进入黄埔军校第2期学习。11月，周逸群加入了中国共产党，担任中共黄埔军校特别支部宣传委员，成为周恩来的得力助手。1925年年初，黄埔军校中国青年军人联合会成立，周逸群是该会的主要创始人和领导人之一，与极右的孙文主义学会进行了针锋相对的斗争。1926年7月，北伐战争开始后，周逸群受命在长沙组织北伐军左翼宣传队并担任队长。8月，他奉命率宣传队到达常德贺龙部，担任国民革命军第9军第1师政治部主任。

周逸群的到来，使贺龙相当高兴。因为贺龙曾两次率部驻防铜仁，从别人口中早知周逸群是一个有抱负、有才干的青年。喜欢交朋友的贺龙，早就想见一见周逸群。于是，贺龙在秘书长严仁册（周逸群的贵州同乡）的引见下，和周逸群相见了。两人一见如故。

贺龙笑着说："以前我虽然没有和你本人见过面，但我和你家却是打过交道。我在铜仁的时候，队伍吃了你和你叔叔家谷仓里不少谷子哟！"

"没得关系嘛！"周逸群大笑："我家和叔叔家的谷子，不怕你们吃得多，只怕是吃得太少了。吃得越多，打起仗来才越有劲头呀！"

贺龙伸出3个手指头说："30多担哪！我带队伍刚到铜仁，没得东西吃，火烧眉毛哟！你丈人听说我贺龙缺粮，告诉我尽管

派人去挑好喽。要多少挑多少，还不要过秤。好大方啊，分明是不让我还嘛。"

"这哪里有还的道理，应该送给你们革命军，支持你们革命嘛！"周逸群高兴地说。

贺龙笑得眯起了眼："革命也不能让好人吃亏嘛，让我说是很对不起你老兄呀。从那时候起，我就想交你这个朋友了！"

"我家的谷子都是农民种的，让你们吃算不得吃亏。大家的东西大家吃，本该如此嘛！听你这么一说，我倒觉得铜仁的农民运动并不兴旺，不然的话，这些谷子应该没收，全部交给你们吃。"

贺龙知道黄埔军校青年军人联合会是一个左派组织，而周逸群又是里面的领袖人物，他很有可能是共产党人。当时是国共合作时期，共产党并不单独活动，贺龙觉得不便直接问人家是不是共产党。但因为要合作共事，贺龙很想知道周逸群的真正身份，于是问道："逸群兄，我在铜仁看见过你寄回去的材料，知道黄埔军校有个青年军人联合会，不知这个组织是国民党的，还是共产党的？"

周逸群回答道："应该说两方面的人士都有，但在反对军阀、反对独裁等方面是一致的。"

周逸群虽然没有亮出自己的真实身份，但贺龙初步断定他是共产党。随后，两人进行了更加深入的交谈。多是贺龙提出问题，周逸群给予解答。诸如革命政府怎样领导军队？国民革命军为何要设立党代表、政治部并派驻政工人员？周逸群带领的宣传队的宗旨是什么？部队改编完了，怎样进行整训？等等。周逸群的回答使贺龙觉得很解渴，是他从未听过的新鲜道理。贺龙不仅对周逸群很敬佩，而且更多了一层信任。

第二天，贺龙召开欢迎大会，很郑重地把周逸群和宣传队介绍给全体官兵。

第三天，贺龙向周逸群开门见山地提出要参加共产党。贺龙说，"自己在1914年参加了中华革命党，但1919年10月，中华革命党改组为中国国民党时，因为把握不准我并没有参加。现在，我这个没有组织的人，想参加共产党"。

听贺龙这么说，周逸群心里十分高兴。贺龙有朴素的阶级感情，有为穷人战斗的精神，具备了党员的基本素质，但当时中共中央规定，在友军内部不准吸收高级军官入党，因此周逸群并没有正式表态。他说："共产党是不关门的。只要够条件、时机成熟，一定会有人来找你的。"

这次谈话进一步密切了两人之间的关系，有什么事贺龙总要和周逸群商量。不久，贺龙向周逸群提出："我想请你帮着改造部队。你也知道我的这支部队来自四面八方，成分很复杂，虽然经过多次整顿，但没有多少变化。这次说是整编，只不过多了两个机构，其他一概未变。北伐以来，有不少湘黔边境的地方武装加入本师，人员庞杂，哪像革命军队！听你说政治工作是革命军与旧军队的最大区别，所以想请你放大胆子，用新思想改造旧队伍。你们宣传队30多人，我本来想都留下，但广东方面要了10人去王天培部，剩下的人搞政治宣传都忙不过来，你看能不能请广东

方面派点人来？"

周逸群喜出望外："师长，你能这么想太好了。本来宣传队是一个流动组织，四处宣传革命思想，你既然想彻底改造军队，我们可以好好合作。不过，要改造部队不用等广东派人来，最便捷的办法就是自己招收一些进步的青年学生，再选拔部分青年军官，开办一个青年军官政治讲习所，培养急需的政工干部。"

贺龙说："这样好呀！那就在随营军官学校的基础上，开办一个政治讲习所。"

周逸群回答道："放在一起搞好，部队嘛，政治和军事不能分！"

不久，政治讲习所遵照周逸群的建议，在常德开始招生。在招生广告和录取学生榜上，公布的所长人选都是严仁珊。后来，严仁珊军务繁忙，无暇兼顾，就一直由周逸群实际负责。开办讲习所，是贺龙和他的部队接受中国共产党领导的开端。

（二）贺龙果断处决陈图南，与周逸群靠得更近了

一开始，由于周逸群出身于大地主家庭，到日本留过学，又是黄埔军校学生，第1师穷苦农民出身的士兵和行伍出身的军官自然在思想上与他有一些距离。贺龙、严仁珊的态度使一些人转过了弯子。周逸群的平易近人、博学多才也使他很快成了深受全师官兵欢迎的人物。

但是，以参谋长陈图南为首的一伙人始终持有偏见，总说周逸群不懂打仗，是个"卖狗皮膏药的"。

陈图南本人也曾留学日本，学的是军事。他自恃位高权重，在中下级军官中拥有一批亲信，并且是贺龙的老乡，根本就没把周逸群放在眼里。等到周逸群担负了政治讲习所的实际工作，越来越赢得官兵好感的时候，陈图南感到了威胁。集中在两人身上的部队内部新与老、左与右的矛盾，逐渐显露出来。表面上看是周逸群取代了陈图南在贺龙心目中的位置，实际上更深刻的根源是：周是共产党，而陈是国民党中的极右派。

不久，陈图南与周逸群的矛盾公开化了。在贺龙召集的部队整训会议上，就上不上政治课，周和陈起了争论。周逸群坚持政治课非上不可，并平心静气地申诉了许多理由。陈图南却面无表情地说："部队整训是为了增强纪律性，而不是要听你散布革命要靠工农的大道理。纵使你有千条万条理由，我也不听你那一套。"最后，以贺龙支持周逸群而收场。通过此次争论，陈图南发现贺龙越来越左了。他曾私下提醒过贺龙，但贺龙不以为然。

于是，陈图南加紧了拉帮结派的活动。团长柏文忠，营长陈黑、张松如、陈策勋，副营长赵福生、刘九同等和他搅和在一起。

半年之后，周逸群等人在第1师发展了100多名党员。以至于唐生智找了个借口停发了第1师的军饷，贺龙面临着艰难的抉择。同时，陈图南等人也在酝酿着秘密行动。

"老板（指贺龙）跟先生（指周逸群）越来越近乎，已经是言听计从了。"柏文忠有些泄气，"我看很难把他拉到我们这边来了。"

机枪营长陈策勋忽地站起身："妈的，拉不过老板拉部队，我们机枪营我说了算，还有手枪营营长陈佑卿、步兵营营长刘锦星，还有第1团的营长陈黑，第4团是文忠的老底子，我就不信干不过姓周的。"

陈图南制止道："你想得太简单了。只要老板在，恐怕一个兵也拉不出来。"

蒋介石的密使朱绍良说出了别人都不愿提起的话题："老板不报销，一切都无从谈起。"

此言一出，陈图南等人都愣住了。停了半晌，终于有人打破了沉默："只怕没人敢朝他开枪。"

陈图南似乎下了决心："老板现在的日子也不好过，唐生智停了他几个月薪饷，当兵的一旦长时间领不到饷，只要有人挑头，部队起来一闹，我看他贺龙再神也拢不住。"

1927年4月，贺龙奉命第二次北伐，开赴河南前线。陈图南一伙感觉机会来了。出发前，他们利用久未发饷士兵不满的机会，唆使少数人闹事，企图刺杀贺龙，被贺龙发觉果断处理，将陈图南交地方枪决。骚乱迅速平息。

闹饷事件标志着贺龙与国民党右派彻底决裂。贺龙思想的转变，周逸群在其中起了关键作用。

（三）在周逸群的影响下，贺龙最终选择了共产党

在随后的北伐中，贺龙率领部队打了几个胜仗，部队被扩编为国民革命军第20军，贺龙任军长，周逸群仍为政治部主任。6

月 26 日，贺龙率第 20 军回到武汉。

在贺龙南归途中，武汉的国民党左派政府已经开始右转，正在秘密准备对共产党人和工农群众的血腥屠杀。一些极右的国民革命军将领开始在其部队进行"清党"，左右摇摆者则将共产党员"礼送"出境，能公开"容共"的唯贺龙一人。贺龙对周逸群说："虽然时局很紧张，蒋介石在上海残杀共产党人，汪精卫、唐生智等在武汉也有不寻常的举动，其他部队也在驱赶共产党，但我还是选择和共产党合作。所以在第 20 军的共产党员都要留下来继续工作，我不会把你们'礼送'，这一点你可以放心。"

周逸群感动得不知说什么好，只是紧紧握住贺龙的双手久久不放。

实际上，此前贺龙严词拒绝了朱绍良的拉拢，但颇讲义气的他并没有把这件事告诉周逸群。在他看来，兄弟手足，该做的就做了，说出来反而看淡了彼此的情分。事情是这样的，蒋介石见其他军官纷纷向他表示忠诚，可贺龙一直没有动静。于是，派朱绍良当说客向贺龙传话，只要贺龙表示拥护蒋介石，马上可以委任他为江西省政府主席，并附赠国民党中央委员的身份，在南京为他造一栋楼置一份产业。朱绍良左说右说，贺龙只是不言不语。朱绍良以为已与贺龙达成了默契、自己好向蒋介石交差了，便故作亲热，提醒贺龙小心共产党："你尤其要小心那个政治部主任周逸群，不要心慈手软！"

贺龙终于开了口，并紧紧盯住朱绍良："你知道我是怎么

想的?"

朱绍良高兴地说:"不妨说来听听。"

贺龙冷冷地说:"我在想,是不是要把你抓起来。你这是故意扰乱军心,应该送交军法处处置。"

朱绍良忙站起来:"我这是为你考虑,为你考虑。"他一边说一边溜了出去。

坚定地与共产党合作奠定了贺龙后来参加南昌起义并加入共产党的思想基础。在周逸群把贺龙的情况向中共中央汇报后,当时的中央军事部长周恩来在武汉与贺龙就军事问题进行了一次深入的谈话,为还没加入党组织的贺龙担任南昌起义的总指挥埋下了伏笔。

7月25日,第20军已转移到了九江。在征得几位师长同意后,贺龙、周逸群在九江饭店召开了营以上军官会议,进行紧急动员,准备尽快移师南昌。据会议参加者、曾任中国人民解放军总后勤部副部长的唐天际中将回忆,贺龙在会上说:"到南昌干什么?大家只管放心。人往高处走,水往低处流。我贺龙绝不会带你们去钻牛角尖。你们看看,九江这边朱培德传令,说张发奎总指挥被叫上庐山开什么会。九江对岸,唐生智总指挥的部队也在不断集结,搞什么名堂?无非想打我们第20军的主意。现在是火烧眉毛尖了,我们只有听共产党的,向南昌进军,除此之外,别无选择,不能稍有怀疑。过去我们打了很多仗,结果都是替别人打的,牺牲的倒是我们自己。过去,我把政治、军事分开来看,是不对的。现在，我看清楚了，政治和军事不能分开。从今往后，我们要走自己的路，政治、军事都听共产党的。"

南昌起义部队南撤到瑞金后，由周逸群、谭平山介绍，经党的前敌委员会讨论，贺龙加入了中国共产党。贺龙曾说过，由于周逸群的影响，他思想上有了重大转变，在国共两党的对比中，他真正地接近了共产党，并最终选择了共产党。

（四）助贺龙回湘西拖队伍

南昌起义失败后没多久，周逸群与贺龙来到上海，接受党中央分配的新任务。周逸群、贺龙、卢冬生一行3人被安排在英租界内的一条横巷——泰辰里70号住下。这是中共中央专为参加过南昌暴动的领导人来上海居住安排的。这个住所是一幢两层的洋房，房东住楼下，张国焘、李立三等住楼上，楼上共6个房间，相当宽敞。

贺龙、周逸群、卢冬生3人来到这幢楼房内，张国焘正在屋里躺着。他看见贺龙等人，便挣扎着爬起来，握着贺龙的手很是亲热地嘘寒问暖。贺龙见张国焘脑袋上捏满了红点儿，不由问道："国焘，你病得不轻啊！"

张国焘哼哼唧唧地说："我倒没啥。"又长叹了一声说，"贺龙啊，共产党把你经营多年的老本儿都丢光了，你呢，也别上火，做买卖还有赔有赚呢。"

贺龙听了，不高兴地说："国焘，你这说的是什么话？我跟共产党可不是做买卖，你呀，不了解我。"

贺龙还要说什么，李立三拦住了他的话头，说："文常（贺龙

原名贺文常），你到隔壁看看，有人看你来了。"

贺龙说："谁呀？"

李立三说："你一见就知道了。"

贺龙忙转身到了隔壁房间，推开门一瞅，不由惊喜地说："恩来同志！"

说着，他几步上前，紧紧握住了周恩来的手，上下打量了周恩来一阵，很难过地说："恩来，你瘦了。"

周恩来关切地问道："身体还好吧？你为革命吃了苦，作了贡献，共产党是不会忘记你的。"

贺龙摇摇头，面带愧色道："恩来同志，是我贺家不好，缴了械，耽误了革命的前程。"

周恩来摇摇头，用安慰的语气说："起义的失败，不关你贺家的事。你们贺家，为革命做出了巨大的牺牲。这次起义失败，原因是多方面的，但是起义的影响，是不可低估的。可以说，这是中国共产党领导中国人民进行武装斗争的第一步！"

贺龙说："恩来同志，我要求党组织尽快给我工作。"

周恩来说："你的工作，组织上已有考虑，你先休息一下。你在武汉的家属，我已派秦光远去寻找。"又说，"贺龙同志，如今南京悬赏10万大洋要你的头，你要多加小心。"

贺龙说："我这头早就交给了共产党。"

周恩来说："是啊，所以我们党对你的安全十分重视。"

对于党组织的关怀，贺龙后来回忆道："从香港到上海后，开始党组织不清楚，党派人找我贺云卿，开始也不认得，一直跟着我的线索找，说明共产党真伟大，真了不起，好关心我呀！"

对于贺龙的家属，根据周逸群给中央的报告，党中央派秦光远亦于武汉找到。在贺龙"东征讨蒋"之际，其家属均留在了武汉。当贺龙参加了南昌暴动，唐生智即下令查封了第20军武汉留守处和贺龙的私宅，其家属均闻风而逃。秦光远费了很大周折，才将贺龙的亲眷找到，带回上海。贺龙为此，甚为感激。

贺龙住下不久，中共中央政治局常委李维汉来看望贺龙。二人促膝长谈，贺龙对南昌起义的失败谈了自己的看法。贺龙认为起义失败原因虽然很多，但极重要的有两点：一是不该继续打国民党的旗帜；二是没有没收土地给农民。谈到今后的打算，贺龙说最好是回湘西拖队伍。李维汉说："中央打算要你去苏联学习。"

贺龙听了摇摇头说："中国字我还认不得几个，去学那洋字码，不是让我登天吗？干革命说一千道一万，得有枪杆子，我看我最好是去湘西拖队伍。"

李维汉点了点头说："我把你的要求向中央反映，去不去由中央来定。"又说，"起义以来，你一直很辛苦，先好好休息休息，待中央有了决定，我再通知你。"

李维汉把贺龙的要求向中共中央常委作了汇报。当时，中央已决定派刘伯承、林伯渠、贺龙去苏联学习。中央之所以要派贺龙去学习，一方面想提高他的军事文化素养，另一方面他在国内的目标太大，出国可免遭不测。

这当儿，共产国际代表罗明那兹和翻译刘绍文来看望贺龙。

罗明那兹同贺龙握过手后，挑着大拇指，用半生不熟的中国话说："你的，革命的精神，是这个。"

贺龙也挑起大拇指："你也是这个，为了中国革命，你抛家不远万里来到中国，让我佩服。"

罗明那兹说："南昌暴动失败了，这里有个责任问题。"

贺龙说："我是总指挥，我要负主要责任。"

罗明那兹说："责任的问题，中央政治局已经作了决定，你有责任，但不是主要责任，我们今天不提这话。"

罗明那兹又了解了一下贺龙家中情况。贺龙说："我的家属都已到了上海。"

罗明那兹说："我知道，这是你的老搭档周逸群让中央关注后才找到的。"

他接着说："中央要你去苏联，是因为你的目标大，蒋介石出钱10万元。"

贺龙说："我还是去拖队伍吧，至于蒋介石的悬赏，一张烂纸。"

罗明那兹与贺龙告别时，给贺龙留下了几千元钱。贺龙虽然对这位共产国际代表不了解，但还是颇为感动的。

贺龙虽然提出要回湘西，但是中共中央从贺龙的安全和方方面面考虑，还是决定让他去苏联，并定于11月17日与刘伯承、林伯渠一起启程。贺龙只得做好出国准备。就在即将启程的前一天，中共的一个秘密机关被敌人破获。敌人得知了贺龙已抵上海的消息，一时间，警探四布。贺龙无法再行动，只得秘密躲避。就这样，刘伯承、林伯渠动身去了苏联，贺龙留了下来。

转眼一个月过去，贺龙见暂无去苏联的可能，便决心去湘西拖队伍。贺龙对周逸群说："逸群，我还是去拖队伍吧，你了解我，中国字还认不得几筐，看那洋字码还不是看天书？我搞了十几年枪杆子，垮了多少次？垮了再拉起就是了，过去我是个人搞，如今是共产党领导我了，我是信心百倍啊！"

周逸群说："文常，这样吧，你的要求我向恩来同志报告一下，你呢，也找恩来再谈谈。"

贺龙当即向周恩来谈了自己的想法，最后说："不出3年，我一定为共产党再拉起一支第20军那样的队伍。"

周恩来说："贺龙同志，去苏联路途遥远，而你的目标大，且危险也大，你的想法逸群同志跟我谈了。我同意，待我向中央报告后再决定。只是……"

贺龙说："是不是怕我去湘西的路上出危险，中央只管放心，只要到了武汉，进了洪湖，我就可以活动了。"

周恩来笑道："老百姓说你是条龙，龙得水即可入青云，到了洪湖，你就是龙借水而升腾于云霄之中了。"

二人哈哈大笑起来。笑罢，贺龙说："罗代表给我留了几千元钱，一定要我收下，如今革命经费很紧张，我交党费了。"

周恩来很动感情地说："贺龙同志，你给党缴的党费太多了，一个第 20 军，你惨淡经营那么多年，都交给党了。"

贺龙说："那是党看得起我呀。"

1928 年 1 月 8 日，周恩来在中共中央召开的常委会上，把贺龙要回湘西拖队伍的要求提了出来，大家都同意。

1928 年 1 月中旬，贺龙、周逸群等接受中共中央的指示，离开上海前往湘西。15 日左右，他们一行人化装成商人，乘船抵达汉口。在汉口未做停留直接转船南行，于 18 日在洪湖边的新堤镇离船登岸。

贺龙借打听市场行情的机会，了解到镇上驻扎着湖南李觉师的队伍，数量不少且戒备森严。而附近的观音洲兵力薄弱，只有一支团防队，总共十几个人、十来条枪。

贺龙和周逸群商量："目的地快到啦，要搞武装没有枪不行，我们到观音洲，把枪搞来如何？"

周逸群说："我知道你老贺手里没枪心里痒痒，可我们刚到此地，怕不好办。"

贺龙笑着说："不用担心，他们就十几个人，好对付。我当面向他们借枪，其余的同志立即动手。几分钟就解决了。"

他们说干就干，找了条船直驶观音洲。船一靠岸，就大摇大摆地朝观音洲团防队部走去。团防队长不知究竟，看贺龙他们的打扮，以为是上司派人来视察，急忙吹哨紧急集合，列队欢迎。

没等团防队长说话，贺龙一步跨到他的面前，劈头一句："我是贺龙，特来借你的枪一用！"

团防队长没想到国民党的"通缉要犯"贺龙突然出现在面前,吓得魂飞魄散,居然忘记去拔腰间的手枪,转身逃跑,当即被贺龙扭住胳膊,下了手枪。

一个团防队员见状,赶忙去摸枪,被卢冬生打翻在地,贺龙的枪也响了。其他团防队员早已吓得呆若木鸡,不敢动弹。周逸群等同志趁机一拥而上,瞬息之间,所有枪支都转了手。贺龙等一行人精神抖擞登船离去,被缴了枪的团防队员只能眼睁睁看着他们远去。19日,他们在反嘴镇登岸,安全地到达此行的目的地——洪湖。

洪湖湖水面积438平方公里,是湖北境内最大的淡水湖泊。洪湖地区包括监利、沔阳、嘉鱼、蒲圻、汉阳及湖南临湘等县接壤地方。其周围除了有长江、东荆河等较大河外,还有紫林河、沙扬河、南衬河、太马河等数十公里长的大河,河道如蜘蛛网一样,纵横交错。在广阔的湖滨之上,芦苇丛生,湖堤阡陌,墩台星罗棋布。

(五)并肩创建红二军团,开辟湘鄂西革命根据地

来到洪湖不久,贺龙与堂弟贺锦斋取得了联系。这时,贺锦斋已拉起了100多人的游击武装。贺龙曾说:"这是我们赤手空拳来到荆江以后,第一个抓到手的本钱。"随后,贺龙又与参加南昌起义的老部下张天辉,及以李兆龙为首的石首中心县委取得了联系。通过石首中心县委,大革命时期保留下来的两支农民武装又集中在贺龙、周逸群的旗帜下。这样前后会合3支队伍,有了400

多人、300 多支枪。贺龙将他们编为两个大队，树起了"第 49 路工农革命军"的红旗。

石首县委与第 49 路工农革命军密切配合，发动了"年关暴动"。在较短时间内，就消灭了荆江两岸的团防和土匪 2 000 多人，缴获了不少武器，迅速打开了局面。工农革命军军威大振，到 1928 年 2 月中旬，由 400 多人发展到 1 000 多人。

在年关斗争胜利之后，大约于 2 月 20 日，贺龙、周逸群、贺锦斋等 10 余人前往湘西。1928 年 4 月 2 日，周逸群、贺龙等以贺龙的姐姐贺英领导的游击队为基本武装，发动了"桑植起义"。贺龙指挥工农革命军攻占了桑植县城，一举歼灭了守城团防武装，建立了桑植县革命委员会。

1928 年 5 月初，贺龙为了给部队筹款，去了湖北鹤峰。可就在这时，国民党第 43 军龙毓仁旅，倾全力向桑植及洪家关进攻。刚刚组建 1 个多月的工农革命军官兵，对革命还没有正确的认识，只相信贺龙，服从贺龙的指挥，可贺龙又不在，就这样仅仅打了几仗，部队就溃散了。用贺龙的话说，"就像抓在手里的一把豆子，手一松一下子都散了。"

几经周折，周逸群转移到了鄂西的石首，集中监利、沔阳、石首、华容等县游击队，乘敌不备一举攻克沔阳县重镇峰口。随后，他率游击队转移到洪湖沿岸活动。7 月中旬，鄂西特委成立，周逸群任书记。他把工作重点放在农村，恢复整顿党与群众组织，积极开展游击战争，建立农村革命根据地。1928 年秋，革命力量有了很大的发展。到年底,在洪湖、白露湖以及江南的东山一带开辟了若干小块游击根据地。

1929年3月,趁蒋桂战争的有利时机,周逸群运用"敌来我飞,敌去我归,敌多则跑,敌小则搞"的游击战术,接连重创国民党军,半个月内在江陵、监利、石首3县打了不少胜仗。7月,鄂西各县游击队在监利进行整编,统编为鄂西游击总队,周逸群兼总队长。1930年3月,组建中国工农红军第6军,周逸群任政委,并开辟了洪湖根据地。

与此同时,贺龙回到了湘西老家桑植。虽然经过几次失败,但他仍矢志不移地发展革命武装,从几十人枪队伍发展到1万多人,并建立了工农革命武装红4军,开辟了以鹤峰、桑植为中心的湘鄂边根据地。

鉴于形势的迅速发展,中共中央指示,尽快将湘鄂边革命根据地和洪湖根据地联结起来,壮大革命武装,扩大根据地的影响。1930年上半年,贺龙3次率红4军东进,努力打开与洪湖根据地的联系。7月初,红4军终于与周逸群为首的红6军在湖北公安胜利会师。会师后,红2军(原红4军)和红6军合在一起组成红二军团,贺龙任总指挥,周逸群任政治委员和党的前委书记。从此,洪湖苏区与湘鄂边苏区连成一片,形成了湘鄂西革命根据地。在以周逸群、贺龙为首的湘鄂西党组织的领导下,形成了主力红军、地方游击队、赤卫队三结合的一整套武装体系,在洪湖的平原水网、鄂西山区丛林,与反动势力展开了有声有色的游击战争。

红二军团的实力迅速壮大。

（六）听到周逸群牺牲的消息，贺龙失声痛哭："逸群同志值得我们永远纪念"

1930年年初，"左倾冒险主义"在中央占据了领导地位。鄂西特委按照中央的指示，要求红二军团进攻荆州、沙市、汉口等敌人力量强大的城市，并提出与红一军团等革命武装"会师武汉，饮马长江"的口号，以为革命可以在敌人的中心地区率先取得胜利。贺龙、周逸群从红二军团及根据地的发展中，总结出了要先在敌人力量薄弱的广大农村地区建立巩固的根据地及革命武装，然后慢慢向周围扩展的成功经验。他们认为没有必要离开赖以生存的根据地，冒险去攻打有坚固堡垒和兵力充足的城市。因为没有执行攻打城市的指示，他们受到了鄂西特委的指责和中共中央的批评。鄂西特委在给中央的报告中，称贺龙、周逸群"右"倾保守，害怕与敌人进行针锋相对的斗争。报告特别提出贺龙作为军事领导，只满足于刚刚建立的根据地，靠着在队伍中的威望，阻挠执行中央路线，有必要开展对他的思想斗争。在鄂西特委改组为湘鄂西特委后，中央把周逸群调离他和贺龙创立的红二军团，改任湘鄂西特委书记。

1931年3月，"左倾冒险主义"统治下的中央派夏曦来到湘鄂西，成立了中共湘鄂西中央分局，自任书记。夏曦新官上任，神采飞扬，他批判了李立三的"盲动主义路线"，同时也带来了王明的"左倾冒险主义"路线。他要求攻打城市，夺取政权。周逸群和段德昌对此非常忧虑，但考虑到夏曦在党内是老资格了，与毛泽东、郭亮❶不相上下，觉得应该尊重他，不好当面冲撞。

夏曦虽然大权在握，但他明显感觉到周逸群和段德昌的威信比他这个分局书记要高得多。夏曦决定先去掉周逸群。他找了一个堂而皇之的借口，说湘鄂西特委和中央分局实际上是重复的，遂自作主张撤消了湘鄂西特委。特委书记周逸群一夜之间失去了职务。刚好这时，江南的洞庭湖正在建立党的组织和政府机关，夏曦便将这个任务交给周逸群，要他去那里检查指导工作。

周逸群忍辱负重半夜乘着乌篷船，顶着大风，悄悄地离开了湘鄂西苏区中心瞿家湾，直奔长江之南的洞庭湖。在夜色中，默默为他送行的段德昌等人满眼都是泪水。夏曦还派段玉林和马武一道来江南，监视周逸群的行动。途中，周逸群因病发烧高达40度，同志们劝他安心养病，周逸群却说："只要我一天活着，我就一天不停止党的工作。"他曾对监利县委书记李铁青语重心长地说："铁青同志，你是铁匠出身，知道铁有多硬、钢有多强，我们共产党员就要像铁一样硬、钢一样强呀！"

段玉林被周逸群的大局观所感动，不但没有监视他，反而积极配合他的工作。就在周逸群着手建立洞庭湖特区之时，夏曦担心周逸群开辟了洞庭湖特区后，自己控制不了，又去信指责周逸群脱离洪湖是"右倾逃跑主义"，责令周逸群速回瞿家湾汇报

---

❶ 郭亮，湖南望成人，1921年冬由毛泽东介绍加入中国共产党，历任中共中央候补委员、中共湖南省委代理书记、中共湖北省委书记、中共湘鄂赣边特委书记等职。1928年3月27日在岳阳被捕，28日在长沙英勇就义。毛泽东称赞郭亮为"著名的工人运动组织者"。

工作。

  1931年5月20日下午，周逸群乘船由洞庭湖出发。战友们放心不下，派了一个班的战士护送。周逸群一行人扯起船帆，直奔洞庭湖东岸。护送他的战士发现有一只船在跟踪，他们便在岳阳附近的采桑湖上了岸，然后从树丛中隐蔽前进。当他们行到贾家凉亭王家屋场附近时，与从岳阳过来偷袭的敌军遭遇。在交战中，周逸群不幸中弹牺牲。由于敌人的火力密集，护送周逸群的战士大部分牺牲，他的遗体未能抢出。战斗结束后，周逸群的遗体由当地的老百姓自发安葬在君山区许市镇月台村。

  那天早上本是个大晴天，周逸群牺牲时忽然雷雨交加，大雨倾盆而下。这一年，周逸群牺牲时刚满35岁。周逸群的死实际上始终是个谜团，当年就有人指出，是党内出了叛徒，有人甚至认为夏曦是暗害周逸群的主谋，但是一直没有证据，无法定论。

  段德昌将周逸群牺牲的经过详细告诉了贺龙。贺龙闻此噩耗，失声痛哭。贺龙这条枪林弹雨里闯荡过来的硬汉，不知遇到过多少困难和挫折，从未流泪退缩。周逸群对于贺龙来说，不仅是同志关系，更是精神导师。贺龙曾说："没有他，我可能要走很多弯路，不会这么快成为共产党人，逸群同志值得我们永远纪念。"

  贺龙不会忘记，自己从认不了几个字到能读书看报写字，周逸群起了举足轻重的作用。南昌起义后，周逸群给贺龙念宋庆龄的宣言，贺龙听了觉得很好，便要周逸群再念3遍给他听。念完后，贺龙居然能一字不差地背出来，这使周逸群非常惊奇。他认为贺龙如能多读书、多识字就更好了。于是，周逸群实话实说："胡子，我是一字不差地念给你听，你是一字不差地背下来，这说明你的脑瓜够灵光。可这样还不够，常言说：'耳听为虚，眼见为实。'可惜你识字不多，如果念给你听的人有歹心，你不就会上当吗？"贺龙感动地说："这真是知己的肺腑之言，从现在起我决心每天认20个字。"贺龙说到做到。从那以后，他每天坚持识字雷打不动，即使是指挥战斗，他也利用战斗间隙读书识字。身边的参谋感动地说："贺军长可能忘记吃饭忘记睡觉，唯独识字忘不掉。"

后来，正是在贺龙的倡议下，中共湘鄂西特委为了纪念周逸群，将洪湖军校改名为逸群军校。

周逸群牺牲后，周恩来亲自撰文、发唁电沉痛悼念，多次询问周逸群牺牲的地点和经过。1950年7月，周总理又向李侠公问起周逸群家中还有什么人、处境怎么样。1963年，周恩来和贺龙一起写信给贵州省委，进一步了解周逸群家属的情况，要求贵州省委给予照顾。为了永久地纪念和宣传周逸群对中国革命作出的杰出贡献，周总理要求湖北省委在洪湖地区建立洪湖革命烈士纪念馆，后来还在周逸群牺牲的地方——岳阳市树起周逸群烈士纪念碑。

1967年1月下旬，已经蒙难的贺龙还想起这位早年的战友和同志。他对妻子薛明说："过去，周逸群曾跟我说过，要警惕党内有'老鸡婆'（机会主义分子）。我哪懂什么是老鸡婆？参加党才

那么几年，政治水平只有那么高。"由此可见，周逸群在贺龙心目中的位置。

四、他为我党执政创造出历史经验

湘鄂西苏区是第二次国内革命战争时期由周逸群、贺龙、万涛、段德昌等为代表的湘鄂西党组织，带领广大军民通过武装斗争创建起来的。苏区由洪湖、湘鄂边、巴兴归、荆当远、枝宜等革命根据地和洞庭湖特区组成。自1927年秋至1928年春周逸群、贺龙等领导的武装斗争开始，经过漫长而艰苦卓绝的斗争而逐步形成的红色割据区域——湘鄂西苏区，是当时中国三大革命根据地之一，也是唯一在富饶的鱼米之乡、反动势力十分强大的平原地区建立起来的红色根据地，是我党土地革命历史上伟大的创举。它的成功创造，为其他苏区乃至整个民主革命时期党的局部执政提供了宝贵的经验。

在周逸群诞辰115周年和牺牲80周年之际，笔者认为，实事求是地总结其在湘鄂西苏区局部执政的历史经验，对于我们当前加强党的自身建设、提高长期执政能力仍然具有十分重要的现实意义。

（一）坚持执政为民

中国共产党领导的新民主主义革命，实际上是依靠穷人打倒富人的革命。对于长期备受欺压的中国下层民众来说，他们只有在其根本利益受到严重威胁的时刻才会产生强烈的抗争，显示出坚定的革命性。因此，如果不能彰显其根本利益，就难以激发他们的革命斗志，苏区建设就难以获得成功。以周逸群为主要领导的湘鄂西党组织，坚持执政为民的指导思想，成功地解决了事关群众利益的根本问题。

（1）成功解决了苏区土地问题。土地问题是中国现代化进程中十分敏感而又特殊的问题，广大农民依附土地的现实使得土地问题的合理解决成为一个执政党能否真正获得民众支持、取得执政合法性的关键。周逸群对于农民疾苦十分了解，可以说旧中国农民的痛苦生活是促使他走向革命的动因之一，因此他充分认识到只有解决了农民的土地问题，才能实现农民利益的最大化，党才能有立足之地。1929年年底，周逸群指出"土地革命已到了非执行不能维持赤色农村的经济，更难保群众革命情绪"❶的地步，必须要下大力抓好这项工作。在解决湘鄂西土地问题上，他力排"左"倾错误思想的干扰，正确地划分了农村的阶级成分，在此基础上提出了"没收一切地主阶级的土地和财产，没收富农多余出租部分土地，没收教堂、庙宇、祠堂等一切公有性质的土地，不动中农的土地。"❷在分配土地上，他主张"平分土地不是社会主义，没收的土地主要是平均分给无地或少地的农民，甚至土地如有余时，还可分给非富裕中农一点。党主张以人口为标准，但有

---

❶ 周逸群：《政治经济概况、鄂西大会经过、组织问题、群众斗争情形及军事情况的报告》，1929年12月31日。
❷ 周逸群：《土地问题的基本政策》，1930年9月。

耕种能力之男女可得全份，否则可得半份。"❶ 这些政策非常符合当时的实际，极大地调动了农民参与土地革命的热情，同时团结了苏区内中农和政治趋向不明的富农，获得了广大群众对中共执政的认同和服从。

（2）减轻了农民的负担，促进了农村经济的发展。1930年10月，周逸群起草并经湘鄂西第二次工农兵代表大会讨论通过的《苏维埃政府法令》明确规定，废除一切豪绅地主与农民之间口头或文字的契约；废除旧政府派交的一切捐税，苏维埃政府只按累进率的原则收取公益费；取消一切高利贷，借贷率不得超过年利二分，同时取消当铺业等，这些措施极大地减轻了农民的负担。在此基础上苏维埃政府及时筹办农民银行，办理储蓄借贷，帮助群众组建生产、信用、消费等合作社；统一货币和度量衡；开展土地治理，兴修水利工程以防御天灾，兴办移民工程以预防水灾对人民生命财产造成损失；政府还协助人民开办公共农具场，帮助缺少农具的农民正常生产，苏区经济迅速恢复和振兴，在战火纷飞的年月确保了农村经济的稳定发展，坚定了广大人民群众紧跟共产党走的信心与决心。

（3）统筹兼顾了农民各方面利益和其他阶层的正当利益。周逸群在解决农民土地这一核心问题的同时，统筹兼顾了农民的综合利益。一是通过建立民用工厂以满足人民群众生产、生活的需要；二是加强农村各项保障制度建设，维护了农民的既得利益；

---

❶ 周逸群：《土地问题的基本政策》，1930年9月。

三是大力发展文化教育事业，提高农民的文化素质和思想觉悟；四是制定法律，依法保障人民的根本利益；五是大力开展妇女解放运动，提升妇女的社会地位，激发她们的主人翁意识。在彰显农民综合利益的同时，还兼顾了中小商人的利益，制定保护中小商人正常营业和自由贸易的政策。他说："敌人用经济来封锁我们，商品的方面固然不容断绝。假使商人都裹足不前，农村出产如何能销运出来，那么江、石、监、沔的棉花，将比海陆丰的食盐更高，这样农民将不会拥护甚至反对苏维埃。"[1] 由此可见，周逸群对搞活苏区经济流通的重视程度。

之后，周逸群依据不断变化的革命形势，以最大限度地实现群众的根本利益为目标，不断调整执政为民的各种政策措施，既抵御了国民党反共"围剿"造成的威胁，又将党中央"左"倾错误思想对湘鄂西苏区建设造成的危害降低到最低限度。这是湘鄂西苏区能迅速由弱变强，并坚持数年之久的重要原因。

（二）重视政权民主建设

周逸群在湘鄂西革命根据地的创建实践说明，政权民主建设是中国共产党执政合法性的重要基础。民主建设的由来是中国政治大变迁引起的，农民在经过土地革命之后，普遍从宗族、礼教和神权的束缚下解放出来，如何组织这些逆来顺受的农民，让他们有当家做主的政治参与热情，如何处理好党与苏维埃政权及各种社会团体的关系等，都成为苏区党组织亟待解决的问题。总的

---

[1] 周逸群：《鄂西经济问题》，1929年12月。

来看，以周逸群为主的湘鄂西党组织较成功地解决了上述问题。

（1）时刻保持着执政的民主意识，激发了群众的政治参与热情。周逸群十分重视苏区执政的民主意识的树立。他深知几千年来封建统治对农民的束缚，使农民对自己的政治权利极易满足，对民主的要求和呼声不多。但是没有农民民主法制意识的树立，苏维埃政权建设就失去了其原本的政治目的；没有农民广泛的政治参与热情，苏维埃政权建设的群众基础就会在强敌面前发生动摇。湘鄂西特委在农村基层政权建设中，明确规定年满18岁者均有选举权和被选举权；苏维埃政府由人民代表组成的苏维埃代表大会选举产生；选举者"如认为（所选举的代表或委员）不能代表他们的时候，就由群众直接撤回去，另选择代表来代替。"❶ 在普遍实行民主选举措施的同时，周逸群指出："委派制度、命令主义、恐怖政策、惩办主义是国民党的工作方式，必须坚决地改正过来，各级指导机关应尽可能实行民主选举。"❷ 这些民主执政理念的逐步推行，开创了中国历史上农村政治动员的先河，促进了农民集体观念的形成，使苏区农民受到了前所未有的民主意识的启蒙和训练，提高了农民的政治素质，激发了他们的政治参与热情，密切了党与群众的关系，为苏维埃政府高效施政提供了巨大的空间，为新中国民主法制建设也提供了鲜活的经验。

（2）不断完善了苏维埃政权的组织建设。从苏维埃组织的建

---

❶ 周逸群：《鄂西苏维埃政权组织及任务》，1929年12月。
❷ 同上。

设上看，湘鄂西政权的民主建设有 3 条重要的经验：一是正确处理好了党政关系，在党与苏维埃的关系以及苏维埃与各种工农会的关系上，湘鄂西苏区的认识无疑是中共理清党政、党群关系的实验地中开出的夺目花朵。周逸群一直强调党领导一切，但不包办一切，同时还强调党的领导必须是集体领导，杜绝个人主义。他提出"党是苏维埃思想上的领导者，就是说党只应通过党团的形式，在苏维埃中起领导作用，不能直接命令苏维埃或代替苏维埃。"同时他对党团在苏维埃中如何发挥作用，也作了进一步的论述。在苏维埃与其他团体的关系上，周逸群认为，"职工会的作用，是苏维埃走向社会主义的实现，在苏维埃成立后，就失掉经济斗争的意义。"其意是职工会只能在党的领导下起促进苏维埃政权建设的作用。在与农民协会的关系上，周逸群认为"苏维埃成立后，农民协会应自然取消，万一农民还觉着农民协会有保存的必要，我们也应当加强苏维埃的作用，使农民协会渐次失掉作用，逐渐达到取消的目的。"❶ 二是确保政权建设的广泛参与。周逸群提出"苏维埃的组织要建立在广大劳苦群众直接选举的基础上。苏维埃政权，一定要广大工人、农民等直接选举代表来组成，绝不能允许委派和少数人操纵。"❷ 三是认识到政权建设还具有探索性。他认识到有的只是看到了问题，但还找不到很好的解决办法；有的提出了解决问题的方法，但在实际操作中还缺乏灵活性。总

---

❶ 周逸群：《鄂西苏维埃政权组织及任务》，1929 年 12 月。
❷ 同上。

的看来，湘鄂西的政权民主建设是成功的，它使民众政治参与的热情高涨，广大苏区人民群众积极参加红军、赤卫军等武装队伍，参与农民合作组织。这种良好态势成为湘鄂西革命根据地越战越强、越战越大的坚强后盾。探索者并不一定要提出万能可行的解决方案，而是要以敏锐的眼光看到问题的实质，周逸群就是这样一个探索者和实践者。

(三) 加强干部队伍建设

干部队伍建设是执政党执政兴衰的重要因素。周逸群等革命家在湘鄂西革命根据地的局部执政中，把干部队伍建设当成重中之重来抓。周逸群在给中央的报告中说："目前最感困难的就是干部问题，训练下级干部，是鄂西党准备武装暴动过程中及党员军事化与武装训练群众的任务面前最主要的工作。"基于对干部队伍建设重要性的正确认识，周逸群在抓干部队伍建设方面同样为我们留下了可贵的经验。

(1) 重视从思想上培养干部，从制度上管理干部。"鄂西的党完全是秋收暴动的产物"，❶ 各级组织地方观念浓郁，从农民中成长起来的干部农民意识强烈，知识分子和少数富有阶级中走出来的干部受"左倾盲动主义"影响较深。针对这一实际，周逸群一方面加强了对各种保守观念、自由主义和激进思想的批评，指出这些观念对党的革命事业的危害，加强了马克思主义教育，培育他们自我批评促进步的精神，提高党员干部的政治水平和明辨

---

❶ 周逸群：《鄂西最新工作计划》，1928年8月。

是非的能力。强调一切党员干部要深入实际,每个同志都应接近群众,了解群众的心理和生活,掌握地方实情。另一方面,举办干部培训班。在相对和平时期集中办班,在战斗时期利用战场经验和教训做教材,开展士兵评议干部活动,流动性培养干部。在制度方面,建立了巡视制度,上级组织可以对下级组织采取有力的监督,随时掌握干部的动态和思想状况,对发现的问题及时加以解决。在党建方面,加强了党支部的建设,搞好每一个党员的思想政治教育,以储备后备干部资源。制定了党员支部生活会议制度,要求每个党员特别是各县党的指导机关的干部,要按时过支部生活,增强他们在党内的组织纪律性。

(2)注重干部结构,从实践中培养和锻炼干部。在干部结构方面,一是注重工人、农民、知识分子干部在各级领导机关中的比例,特别强调农民干部和妇女干部所占的比例;二是实行复式班子制,当地方党的机关遭敌破坏时,后备干部可以直接接替被捕或牺牲的干部。在对待干部的提拔上,一律坚持实事求是的原则,注重从那些基层的先进分子和在革命实践中得到群众认可、有一定威信的人员中选拔,及时将那些已经展现出才能的干部安排到各级领导干部岗位,使他们能最大限度地发挥自己的才能,为根据地建设服务。

(3)注重发挥干部的创造性,尽量保护干部的革命热情。由于根据地时刻处于战斗状态,党员干部牺牲比例大,干部更新速度比较快,而且苏区规模不断扩大,因此急需干部充实各级领导

班子。如果不注重在实践中发现干部的创造性，提拔有能力的干部，党的各级组织就有可能陷入停止发展的窘境。为此湘鄂西特委一是争取中央多派一些得力干部充实苏区革命队伍。二是一旦发现活跃分子，及时调到领导机关工作或安排在基层特殊岗位锻炼。三是各级党组织都要把培养和发现干部当成一项重要工作来抓。这些措施从制度上保证了新干部的不断涌现。周逸群还十分珍惜有限的干部资源。当沔阳县委发生集体自首事件时，他并不妄下结论，而是通过调查，分清真、假自首，对假自首的干部仍大胆使用，有些甚至根据其能力将其调到了更加重要的岗位。他对干部爱护有加，为了让他们的功绩与职务相称，他宁可让出自己的领导职务。当中央要求"肃反"时，他因对干部十分了解而没有认真执行，保护了一批干部的革命热情，使一些干部免遭打击和迫害。由于采取正确的干部政策，湘鄂西苏区的干部队伍得以不断壮大，基本素质也得以逐步提高，涌现出了一批政治坚定、作风踏实、能力较强的领导人才，满足了苏区政治、军事、经济、文化等诸方面发展的需要。

火龙将军：段德昌

段德昌（1904～1933年），字裕厚，号魂，湖南省南县人。在长沙读中学时参加爱国学生运动。1925年6月加入中国共产党，同年秋，入黄埔军校第4期学习，后转入中央政治讲习班学习。大革命失败后回到家乡，在南县、华容、石首等地组织农民武装，开展革命活动。他领导发起了公安县年关暴动，并相继开展湖区、平原游击战争。先后任鄂西游击大队中队长、鄂西游击总队参谋长、独立师师长。1930年2月起，他先后任红6军副军长兼第一纵队司令，红二军团第6军政治委员、军长。1931年4月任红3军（红二军团改编）第9师师长等职。他在反"围剿"斗争中屡建奇功，有"常胜将军"和"火龙将军"的美誉。1933年5月1日，在湖北巴东金果坪因"肃反"扩大化被错杀，年仅29岁。1951年，毛泽东主席为段德昌签发中华人民共和国中央人民政府第一号烈士证书；1994年，中央军委将段德昌列为"共和国历史上的36位军事家"之一；2009年9月14日，他被评为"100位为新中国成立做出突出贡献的英雄模范人物"之一。

一、黄埔军校学习期间被蒋介石开除学籍

忠勇坦荡、正道直行，是段德昌的性格特点。正是把理想和道德视为灵魂，他付出了沉重的代价，也赢得了正直人士的拥戴。

1924年，段德昌离开家乡，在华容与留法归国的共产党员何长工等人相识，接触到《向导》、《新青年》等进步书刊，受到共产主义思想的熏陶。

"五卅惨案"爆发后，在湖南南县第一国民小学执教的段德昌与其他进步青年一道发起成立了雪耻会，亲自担任调查股主任，指挥学生开展查禁日货运动。他的这一爱国行动，引起了南县一些乡绅的不满，攻击他误人子弟。校方也斥责他："当教员不拿教鞭拿棍棒，在街上转来转去，很不雅观，太有失体统。"

段德昌愤怒了："日本帝国主义枪杀工人顾正红，你看文明不文明？奸商想方设法贩卖日货，甘当亡国奴，难道这雅观吗？"校方见他软的不吃，就来硬的，"段德昌，你给我听好了，如果再闹下去，学校就解聘你！"段德昌也毫不客气地回敬了一句："校长先生，你也给我听好了，我段德昌宁可被解聘，也要将日货查禁到底。"就这样，第二天段德昌就被校方解聘了。

1925年夏，段德昌受中共南县党组织派遣，考入黄埔军校第4期学习。黄埔军校既是培养国共两党军事将领的摇篮，又是左

右派斗争最为激烈的战场。当时，在军校校长蒋介石的指使下，国民党右派学生组成了"孙文主义学会"；在军校政治部主任周恩来的领导下，共产党员、共青团员成立了"中国青年军人联合会"，由周逸群任主任。因此，两个团体围绕争夺军校领导权展开了激烈的交锋。

段德昌理论功底深，知识广博，能言善辩，词锋犀利，常常驳得右派分子面红耳赤、哑口无言。他还领着部分青年军人求见蒋介石，当面指责他身为校长，处事不公，偏袒一派，打击一派。在黄埔军校，从来都是校长给学生训话，哪有学生斥校长的？"段德昌，你胆子太大了！"蒋介石恼羞成怒，下令关了段德昌的禁闭。

第三天，蒋介石亲自来到禁闭室，温言相劝："你各科成绩都很优异，是可造之材，要专注学业，志存高远。如果你能承认错误，还是很有前途的嘛，校长我也不会怪你。如果你坚持己见，不公开认错，我就要开除你的学籍。你的倔脾气我是知道的，在南县执教时因与校方对着干被解聘过。你可不要犯同样的错误。"

"我为国民革命来黄埔军校学习，向校长提意见是为革命快点成功，何罪之有？"段德昌强硬地回答："关禁闭就关禁闭，开除学籍就开除学籍，我没有错，我决不认罪！"

段德昌的这一句狠话呛得蒋介石脸色发紫，立马站起身吼道："禁闭室你也别待了，马上卷铺盖走人。"

被开除学籍后，周恩来推荐段德昌来到由毛泽东、李富春等人主办的中央政治讲习班学习。1926年6月毕业后,他被分配到国民革命军第2军任营长,不久调入国民革命军第6军第5团任党代表。由于在醴陵、平江、汀泗桥、武昌等战役中宣传、鼓动得力,他先后晋升为国民革命军总政治部宣传科科长、国民革命军第8军第1师政治部秘书长、政治部主任兼《北伐周刊》主编。段德昌的领导才能和实际工作能力多次得到国民革命军总司令部、总政治部的通报表扬。蒋介石在签署嘉奖通报时,曾经很不情愿地对"孙文主义学会"头目缪斌说:"我就不明白,为什么像段德昌这样有才能的人都跟着共产党跑?"

二、彭德怀的革命引路人和入党介绍人

在激情燃烧的岁月里,段德昌像一团灼热的火焰,不仅无情地焚烧一切枯枝腐叶,还将一些向往光明的同志聚集到自己身边,团结他们一道前进。新中国成立后成为共和国元帅的彭德怀就是在段德昌的关怀、教育和培养下走上革命道路的,他也是彭德怀的入党介绍人。

在攻打武昌的战役中,段德昌与彭德怀第一次相见。当时,彭德怀在国民革命军第8军第1师担任营长。两人在性格上惊人得相似,都有一股热血,都有一身傲骨,都重信义、轻生死,都被人讥刺为炮筒子脾气,这性格至死不改。俩人相见恨晚,越谈越亲。在交谈中,段德昌发现彭德怀虽出身行伍,长期混迹于旧

军队，但洁身自好，保持着正直、善良的品质，更可贵的是，他始终把救国救民作为自己的追求目标，并在自己的队伍中建立了救贫会。段德昌决心"引渡"这位求道者。

1926年10月，正是秋高气爽、丹桂飘香的季节。为追击吴佩孚残部，段德昌与彭德怀率部进驻当阳。当晚，部队在玉泉山关帝庙宿营。

玉泉山素有"三楚名山"和"荆楚丛林之冠"的美誉。山下有泉，终年喷珠漱玉，称为玉泉；山上古木参天、层峦叠翠。这里相传是关羽显灵的地方。宋代以后，历代统治者均在玉泉山增修关陵。关陵占地百亩，规模宏大，除关羽墓外，还有祭亭、正殿、圣像殿、马殿等建筑物。

段德昌与彭德怀在关羽塑像前，铺了一层稻草，秉烛夜谈。对于这次对话，彭德怀几十年后还记忆犹新。

段问我对关云长有何感想。我说："关是封建统治者的工具，现在还被统治阶级利用作工具，没有意思。"段问："你要怎样才有意思呢？"我说："为工人农民服务才有意思。"段问："你以为国民革命的最终目的是什么？"我答："现在不是每天都在喊着打倒帝国主义、军阀、贪官污吏、土豪劣绅，实行二五减租吗？我认为应当耕者有其田，而不应当停留在二五减租上。"段说："一个真正的革命者，也不应当停留在耕者有其田，而应当变生产资料私有制为公有制，由按劳分配发展为按需分配的共产主义制。共产党是按照这样的理想而奋斗的。俄国布尔什维克领导十月社会主义革命胜利后,已实行按劳分配,消灭阶级剥削。共产党的任务,就是要实现社会主义和共产主义,共产党员就是要为这样的理想社会而奋斗终生。"段问我:"加入了国民党吗?"我说:"没有加入,我不打算加入国民党。"段问:"为什么?"我说:"你看现在这些人,如唐生智、何键等,都是军阀大地主,还以信佛骗人;何键、刘铏等还卖鸦片烟,同帝国主义勾结。这些人连二五减租都反对,哪里会革命呢?"段未答。我问:"国民党中央党部情形如何?"段告:"蒋介石、胡汉民、孙科、宋子文、戴季陶等都是些假革命、反革命。"

畅谈了约两个小时,我受益不少,当时表示了对他的感谢及内心的敬佩。到现在,有时还回忆起这次谈话。❶

段德昌的一席话点亮了彭德怀心中的明灯。他不仅按照中共统一战线纲领和军队政治工作制度修改了救贫会章程,创办启蒙夜校,还几次向段德昌提出加入中国共产党的要求。由于当时正是国共关系的敏感时期,中共决定暂不在唐生智所辖的部队中发展党员,彭德怀的要求暂时没有得到批准。

1927年5月,何键等人发动反共的"马日事变",下令通缉段德昌。段德昌按照党的指示,离开第1师。不久,他前往鄂中发动秋收暴动,在起义中受伤,于是秘密潜回南县养伤。事有凑巧,彭德怀也于此时率部进驻南县县城。

---

❶ 彭德怀:《彭德怀自述》,人民出版社1981年版,第43~47页。

段德昌对彭德怀在大革命失败后不同流合污、始终站在工农群众立场上极为佩服，向中共南（县）华（容）安（乡）特委建议吸收彭德怀入党。1927年10月，特委派代表找到彭德怀："段德昌同志介绍你加入共产党，现在特委已经讨论通过你为中国共产党党员，报省委批准后，再通知你。"彭德怀十分激动，又听说段德昌受伤了，于是主动派军医前去治疗。

几天后，两位知交进行了第二次畅谈。段德昌主要谈了两层意思：一是对形势的看法，二是对他发动兵变的建议。段德昌对彭德怀说："这次轰轰烈烈的大革命是失败了，现在的革命形势是低潮。但是中国共产党和革命群众是杀不绝的，取得了这次经验，今后会干得更好。在军队中建立党的基点是不容易的，要以工作条件较好的第1营为基础，逐步发展到全团，以至于全师。不要急于举旗，等条件成熟时，将来再起大的作用。"

段德昌送给彭德怀两本书，一本是《通俗资本论》，一本是《无产阶级的哲学》。他有针对性地提醒道："共产党永远是要革命的，但如果把每个共产党员都理想化，那也是不合实际的。看到个别坏现象，也不要失望。"

在白色恐怖的腥风血雨中，在共产党面临被敌人瓦解和消灭的低潮时期，在革命前途变得十分黯淡的艰难时刻，两位身居要职的国民革命军将军——彭德怀和贺龙毅然加入了中国共产党，后来他们都成为了共和国的元帅。他们的精神令人感佩，同样令人难以忘怀的是用自己的言行接引他们入党的使者。

对于段德昌这位播火者，彭德怀终生难忘。他始终把段德昌作为自己的入党介绍人写在履历表上，多次深情地回忆起段德昌："听了他的谈话，觉得身上增加了不少力量，改变了'马日事变'后的孤立感；觉得同共产党取得了联系，就是同人民群众取得了联系，也就有了依靠似的。"

三、毛泽东游击战略思想的最早创始人之一

水泊洪湖，是段德昌军事生涯的发祥地。

洪湖位于江汉平原的东南部，南临长江，北濒汉水，总面积近1 000平方公里。在这一地区，大小湖泊星罗棋布，港汊交错，沟渠纵横，水上交通便利。滨湖各县均为平原，土地肥沃，人烟稠密，人口和物质资源非常丰富。

这里既有湖泊可做军事屏障，又有丰富的物资和兵员保障，加上天灾频繁、阶级矛盾突出，非常适合开展土地革命。可是，这块兵家宝地最初却被贺龙忽视。

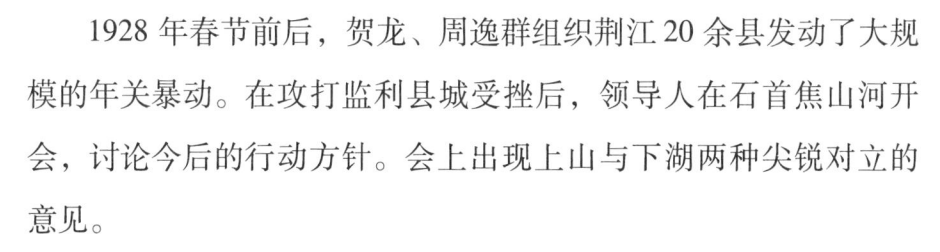

1928年春节前后，贺龙、周逸群组织荆江20余县发动了大规模的年关暴动。在攻打监利县城受挫后，领导人在石首焦山河开会，讨论今后的行动方针。会上出现上山与下湖两种尖锐对立的意见。

主张上山的多是贺龙在北伐军时的旧部。他们认为湘鄂边境山高林密，国民党统治力量薄弱，属于三不管的地带，有广大的

空间便于与敌周旋。

主张下湖的多是荆江两岸的地方干部。他们认为滨湖地区要粮有粮，要人有人，而且密如蛛网的千里洪湖更是兵家大显身手的疆场，其活动空间并不逊色于湘鄂边山区。

争论双方请求贺龙裁决。

贺龙沉吟许久，然后说："从上海出发时，周恩来同志一再嘱咐我，要依山建军，然后向平原发展。还是按中央的指示办，我们先上山，然后向山下发展。"❶

根据焦山河会议的决定，贺龙、周逸群带领旧部按原定计划前往湘西（1928年春，桑植起义失败后，周逸群与贺龙失散，返回鄂西担任特委书记），荆江两岸武装暴动由各县县委指挥就地坚持斗争。贺龙、周逸群走后，荆江地区武装力量失去领导重心，各县武装力量不仅没有发展壮大，反而被敌军各个击破，洪湖地区的革命形势跌入低潮。

荆江年关暴动期间，段德昌由于养伤，没有参加焦山河会议，他听到传达的会议内容后，非常惋惜地说："贺胡子这下看走眼了。如果讲发展潜力，也许武陵山脉还不及水泊洪湖。"

千里之行，始于足下；百丈之台，起于垒土。段德昌决心做一条翻江倒海的蛟龙。

当时，洪湖周围揭竿而起的游击队有十余支，远近闻名的暴动首领也不少，如石首的李兆龙、华容的刘革非、公安的杨荣

---

❶ 贺龙："回忆红二方面军"，载《近代史研究》1981年第1期。

祥、江陵的陈香波、监利的彭国才、鄂中的肖仁鹄,这些都是胆色过人、智勇兼备的好汉。但是,他们最后都纷纷汇集到段德昌的旗下。原因很简单,强中更有强中手,段德昌的军事才能和远见卓识超过了这些草莽英雄,成为统一洪湖武装力量的最佳人选。

机变百出而又举重若轻,这是各路英雄最钦佩段德昌的地方。再复杂的形势、再大的困难、再重的任务,到了他那里,都仿佛早有答案,一切都那样信手拈来、水到渠成。

1927年冬,段德昌奉命担任中共公安县委书记。到任时,他发现公安县党组织正发动党员变卖家产,准备筹钱购买枪支。

"除了变卖家产,你们就没有别的办法?"段德昌嫌他们笨。

"你脑壳灵光,有什么妙策?"有些负责人不服气地问。

段德昌故作神秘地说:"天机不可泄露。你们现在停止变卖家产,进行模拟训练,到时候只要会开枪就行了。"

众人半信半疑。此后一段时间内,大家发现段德昌整天在县城里转来转去,一副优哉游哉的样子。有人嘀咕道:"该不是一个扯白算数的书记吧?"

半个月后,段德昌通知游击队:"准备领枪。"按照他的安排,游击队员化装成渔民、商贩、叫花子夜里潜入县城,天亮后分头赶到县团防局操场。操场上,团防局士兵正在教官的指挥下做早操。看到围观的人特别多,士兵们做得很认真。他们的枪械集中

堆放在操场的一角，由两个士兵看护。

段德昌带着几个人悄悄地走近枪械堆放地点，突然发动袭击，挥拳打倒看护的士兵，高喊："抢枪！"游击队员一拥而上，夺过枪支，将枪口瞄准乱作一团的团防士兵。

到了这个时候，游击队员才明白段德昌整天游逛原来打的是空手套白狼的主意。

解决县团防局后，段德昌指挥队伍乘势占领县城，处决一批罪大恶极的土豪劣绅，释放在押的共产党员和革命群众，将没收的钱物分给贫苦农民，这就是著名的"公安暴动"。

兵不血刃的"公安暴动"打出了段德昌的声威，游击队员心悦诚服地说："洪湖出了能人。"暴动胜利后，公安县游击大队成立了，段德昌兼任大队长。1928年春，段德昌率部挺进洪湖腹地，与彭国才、刘革非领导的游击队会合，组建洪湖游击队，后扩编为洪湖游击大队，创建了以瞿家湾、柳集为中心的小块割据区域。

1929年3月，中共沔阳党组织遭到国民党严重破坏，段德昌奉调到沔阳担任县委书记。面对气焰张狂的地方保安团，他提出"硬碰硬"的策略，把攻击目标锁定在当时实力最强的张泽厚身上。

张泽厚是沙口镇著名的豪绅，拥有良田千顷。他效仿曾国藩，从训练家丁入手，招集地痞、流氓和惯匪，组编了一支500余人的沔阳保安团，逐步控制了峰口、府场一带，成为沔阳实力最强的地主武装。张泽厚心狠手辣，凡是落入他手中的共产党员、游击队员一律凌迟处死，他常用的刑法是五马分尸、开膛破肚、点天灯。当地人称他为"活阎王"。哪家小孩夜啼不止，只要有人在耳边轻声嘀咕一句"活阎王来了"，小孩就吓得不敢再吱声。

"张泽厚号称打遍沔阳无敌手，我这次要他倾家荡产、血本无归。"战前，段德昌做政治动员。为了鼓舞士气，他教唱了一首歌曲：

"老子本姓天，家住洪湖边。
有人要捉我，除非是神仙。
枪口对枪口，刀尖对刀尖，
有我就没你，你死我见天。"

其实打张泽厚根本不用动员，游击队员对他恨之入骨，情愿与之俱亡。但是，张泽厚老谋深算、兵强马壮，从来没有打过败仗，能战胜他吗？游击队员普遍感到担心。

段德昌说到做到。他先是派出小分队突袭沙口镇，活捉张泽厚的父亲，批斗、游街、斩首、示众，再把他的大管家一顿大棍，打得皮开肉绽，然后开释。大管家跑到峰口哭诉，张泽厚气急败坏，连夜带着保安团直扑沙口，一头撞进段德昌预设的伏击圈，被打得七零八落，张泽厚只身逃往峰口。

接着，段德昌兵指峰口镇。由于沔阳保安团被歼，国民党紧急调派正规部队一个营进驻防守。该营在镇外抢挖了一道深达数

米的水壕，又在水壕与城防工事之间铺设了铁丝网、梅花桩和鹿砦。敌营长忙活一阵后，自信万无一失，遂把兵力集中在进出峰口的要道、路口。张泽厚刚吃过段德昌的亏，一再劝说营长加强纵深防备："营座，段德昌奸猾过人，尤其善用奇谋，经常兵走偏锋，出人意料。只注意镇口恐怕还不够。"

"瞧你一副熊包样！你几时见过游击队敢强攻成营的正规军？借段德昌一个胆，他也不敢！你不懂游击队的策略，他们从来不打攻坚战。"敌营长训斥道。

也是这个营长晦气，偏偏段德昌不按常理用兵。他绕过敌人重兵设防的镇口工事，把突破口选在镇外背面。半夜时分，他亲率300余名游击队员，用梯子和木板搭桥，爬过水壕，剪破铁丝网，绕过梅花桩，搬开鹿砦，神不知鬼不觉地摸进敌营，向睡梦中的敌人发起攻击。敌营长、张泽厚等少数顽抗者被打死，大部分士兵束手就擒。峰口之役，消灭敌军一个整营，缴获轻重机枪和步枪数百支以及其他物资，游击队声威大振。

在此前后，段德昌还率队向江陵、石首、监利等县出击，17天21仗，全部获得胜利。1929年春，原鄂西特委军委书记邹资生在战斗中牺牲，段德昌接任军委书记一职，协助周逸群统筹全区军事工作。

1929年7月，鄂西特委将监利、沔阳游击大队和江陵、石首、华容游击大队合组为鄂西游击大队，由周逸群兼任大队长，段德昌任参谋长。不久，周逸群为充分发挥段德昌的军事才能，令他接任大队长一职。

段德昌是理论与实战兼长的军事家。他与周逸群一起，创造和总结了一整套水上、平原游击战术，如"分散游击，集中指挥"；"避其锋芒，击其无备"；"只打虚，不打实，要打必胜，不胜不打"；"分兵发动群众，集中应付敌人"；"敌来我飞，敌去我归，（敌）人多则跑，（敌）人少则搞。"这与毛泽东提出的"敌进我退，敌驻我扰，敌疲我打，敌退我追"的游击战术原则不谋而合。

他们在战略原则上也有重大建树。鄂西特委在《鄂西农村工作》中提出进退两种策略，即当敌人合力进攻苏区时，我军应取"保存实力的原则，埋伏于群众之中，看清敌人的弱点，出其不意地袭击敌人的后方，使其疲于奔命，士兵发生动摇，甚至引起兵变"；当敌军内部发生冲突时，我军应主动出击，傍着苏区向外扩张。鄂西特委这里所说的两种策略，其实也就是毛泽东所主张的波浪式发展的思想。

鄂西特委在报告中还写道："鄂西游击队的区域，没有高山掩护，而且交通便利，敌军调遣进攻非常容易。若无群众拥护，则非常危险。当初我们发动的时候，实在没有很大把握，以为武装发动多了，目标必大，易被敌人包围。其实只要有好的群众组织，武装虽多，敌人在军事上也不易包围。"这里所提到的在没有高山掩护的交通便利地区利用群众组织保护和发展武装力量的观点，在抗日战争时期被八路军总结为"人山"的思想。

为了把这支主要由农民、渔民和猎户组成的游击队训练成为正规的人民军队,段德昌十分注重军纪训练。他编写了《红军战士纪律歌》,亲自到连队教唱。歌词写道:

大马刀,红缨枪,

我到红军把兵当,

革命纪律要遵守,

共产党教导记心头。

行动听指挥,

团结又友爱;

官兵同甘苦,

平等来互助;

吃苦抢在前,

享受放后头。

大马刀,红缨枪,

我到红军把兵当,

革命纪律要遵守,

共产党教导记心头。

爱护老百姓,

到处受欢迎;

遇事问群众,

买卖讲公平；

一针和一线，

不损半毫分。

通俗的语言、亲切的教诲、简明的节奏、优美的韵律，《红军纪律歌》不胫而走。这首歌不仅提高了广大指战员的纪律意识，而且还让苏区人民认识到了红军才是自己的部队，这与毛泽东的"三大纪律、八项注意"又惊人的一致。

在段德昌的指挥下，鄂西游击大队在半年之内发生了3次质的飞跃。1929年秋，组建不久的鄂西游击总队升编为中国工农红军独立第1师（又称中央独立师），部队增到4 000多人；1930年2月，根据中央指示，独1师升编为中国工农红军第6军，下辖3个纵队共7 000余人。随着部队的飞速发展，段德昌的军事职务也出现"三级跳"，由大队长、总队长晋升为红6军副军长。

1930年春，段德昌奉命参加在上海召开的全国红军代表会议。开会期间，他撰写了《鄂西游击战争的经过及其现状》，系统地总结了洪湖地区游击战争的经验。他与各苏区军事负责人广泛交流、比较，得出了红6军的3个显著特点：一是在群众斗争中产生、发展起来，没有旧式军队的坏习气；二是有较高的政治觉悟并保持了与广大群众的密切联系，易与群众打成一片；三是有吃苦耐劳的精神，不怕牺牲，长于夜行军。❶

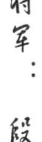

---

❶ 段德昌：《鄂西游击战争的经过及其现状》，1930年5月。

返回洪湖苏区后，段德昌传达贯彻会议精神，致力于部队由分散到集中、由游击战到运动战的转变，并利用1930年春蒋（介石）、冯（玉祥）、阎（锡山）军阀混战之机，指挥红6军大举向外扩张，迅速将江陵、石首、沔阳、监利、潜江以及华容等县红色区域连成一片，最终形成了以洪湖为中心、纵横数百里的根据地。

对于周逸群、段德昌创造的水上、平原工农武装割据经验，毛泽东后来给予了很高的评价。他说："红军时代的洪湖游击战争支持数年之久，都是河湖港汊地带能够发展游击战争并建立根据地的证据。"❶

1930年6月，根据中央指示，贺龙率红4军从湘鄂边区东下，7月初在公安与前来迎接的段德昌等人会师。一见面，贺龙就兴奋地擂了段德昌一拳，说："行啊，德昌，你与逸群白手起家，不到3年也拉起了六七千人的部队。"

段德昌说："胡子，洪湖是块宝地，这次来了就不要走了。"

"不走了，我们要在这里组建军团，把湘鄂边和洪湖连接起来，创建版图更大的湘鄂西根据地。"贺龙点头道。

红4、红6军会师后，合编成红二军团（红4军改为红2军），由贺龙任总指挥兼红2军军长，周逸群任政治委员，段德昌任红6军副军长（后为军长）兼第17师师长。

---

❶ 毛泽东："抗日游击战争的战略问题"，载《毛泽东选集》（第2卷），人民出版社1991年版，第390页。

两军会师既为根据地，也为段德昌提供了更为广阔的活动舞台。然而当时处在亢奋之中的人们，谁都没想到一片灿烂的前途会像昙花一样，刚露出笑靥，便逝如轻烟。

四、重建新6军，取得两次反"围剿"胜利

作为一个高明的军事家，段德昌反对在兵力悬殊的情况下进攻大中城市，反对脱离根据地的攻城略地。他形象地把前者称为"叫花子与龙王比宝——必输无疑"，把后者称为"猴子掰包谷——掰一个丢一个"。

1930年夏，红二军团面临着战略发展方向上的选择。中共中央和湖北省委执行"立三冒险主义"，要求主力部队向荆州、沙市推进，发动鄂西地方总暴动，争取与其他红军部队"会师武汉，饮马长江"。

"蓝图虽然宏伟，可惜做不到。"段德昌把制订计划的人叫做"图上作业家"，认为以红二军团的实力连沙市都没有把握攻克，根本谈不上会师武汉。他主张利用蒋介石、冯玉祥、阎锡山中原混战的有利时机，分兵四击，歼灭反动的白极会，拔去根据地内的白色据点，使洪湖根据地连成一片。

对于攻打沙市，贺龙顾虑重重："红2、红6军会师，虽然力量有所加强，可战术彼此都不了解，缺乏协同作战的经验，贸然强攻沙市这样的重镇，恐怕会力不从心。"

周逸群采纳大家的意见，决定以3个月为限，首先拔除洪湖苏区的白色据点，计划由贺龙率领红2军向荆门、钟祥、潜江、天门出击；周逸群、段德昌率红6军先将江陵、石首、监利、沔阳各县红色区域连成一片，然后与红2军会师潜江，经荆门、当阳、远安向襄河以北地区发展。

这是一个非常切合实际、进退自如的发展战略。如果红二军团全力实行这个计划，不仅可以将洪湖苏区与湘鄂边、荆当远、巴兴姊等红色区域联成一个整体，而且还可以形成一个横跨长江、汉水的战略根据地。可惜，这个计划在执行过程中遭到湖北省委的严厉指责：

现在的前委本身很右倾，当红2、红6军会师时，全鄂西反动统治动摇非常，尤其是沙市市面恐慌已极，而当时敌驻军也仅1个师，且红军声势浩大，群众斗争情绪异常高涨。此时红军应当立即攻占沙市，而你们以声东击西的办法攻监利，监利不克，又提出拔除数县内的"白点儿"，游击于潜江、天门一带。攻下潜江、岳口后，又经江陵返洪湖。省委两次督促你们进攻荆、沙，均不见回音，中央的方针是集中进攻，而你们是只集中不进攻。

随后，中共中央长江局巡视员柳直荀和鄂西特委书记周小康赶至军中，召开前委扩大会议，传达中央最新指示，要求红二军团立即从沔阳西返，准备攻打沙市。

贺龙委婉地说："中央提出要在一省或数省内首先取得胜利，

气魄很大。我对于全局不太了解，但对于红二军团的实力却很清楚。红2、红6军加在一起也不过万余人，远不如我北伐时期的第20军，而且缺少重武器，硬打一定会吃亏。"

段德昌介绍沙市守敌的情况后，强调："扼守沙市之敌为李虎城师。李虎城野战不济，可他是守城专家。他当年曾与杨虎城一起创造困守孤城8个月的奇迹，被称为西北军中的'两虎城'。"

"你们的毛病就出在这里。"周小康板着脸，批评道："把敌人看得过于强大，把自己力量估计过低，彼长此消，就失去了执行中央命令的勇气。"

9月4日，红二军团强攻沙市，激战一昼夜，受挫于坚城之下。红2军第4师第10团团长张一鸣等干部牺牲，伤亡达1 000余人。军团被迫撤回潜江一带。

这时，邓中夏受中共中央派遣来到洪湖，当即飞调红二军团集中于洪湖西岸待命。

邓中夏在党内地位极高。他被称为中国第一批马克思主义者，参与创建了北京共产主义小组和中共北方党组织；他是中国工人运动著名的领导人之一，领导过"二七大罢工"、"省港大罢工"等工人运动；他还是共产党早期重要的活动家，长期担任中央委员、政治局委员等职。中共中央派他来湘鄂西接任红二军团前委书记、政委和湘鄂西特委书记，其主要使命就是指挥红二军团渡江南下，截断武（汉）、长（沙）铁路，配合红一方面军攻打长沙。

南下之前，红二军团决定攻打阻碍洪湖根据地南北交通的最

大白色据点——监利县城。此前,红军曾经先后两次扑城,都未能攻克。贺龙这次把主攻的担子压在了段德昌肩上。

监利县城面江而立,城池坚固,守敌为装备精良的新编第3师主力——教导团和全部由惯匪兵痞组成的监利保卫团(16个连)。由于连续取得两次守城的胜利,他们气焰嚣张。

在战斗中,邓中夏见识到了段德昌疾掠如火的指挥风格。当时,红军分3路,从北门、小东门和黄高桥扑城。22日拂晓,战斗打响后,段德昌指挥红6军第17师锐不可当,首先突破黄高桥防线,涉渡后河,炸开城垣,一举攻入城内,然后通过巷战把守敌往城南江堤上逼。这时,潜伏在敌军中的共产党员杨嘉瑞率领两个连火线起义,敌军军心动摇,分作两股逃跑,悉数被歼。在整个行动中,段德昌率领的部队像一股红色旋风,接敌隐蔽,攻击突然,进展神速,并且他指挥作战很有层次,部队均成纵深配备,遇到突然情况能够灵活变阵,似乎所有变化早在预料之中。

攻克监利县城,是红二军团成立后取得的最大胜利,军团扩大到2万余人。战后,红6军军长旷继勋调到鄂豫皖苏区,由段德昌接任军长之职。

9月28日,中央派汤慕禹、刘鸣先到红二军团工作。邓中夏找贺龙商量:"汤慕禹在苏联是学军事的,经过正规培训,很有水平,段德昌虽然有勇有谋,但毕竟是打游击出身,我想让汤慕禹担任红6军军长。"

"你可别从门缝里看人,把人看扁了。德昌文武兼备,是难得的将才，有'常胜将军'的美称。洪湖子弟参军，都争着往他的部队里钻，可见影响之大。再说他才接任军长没几天就换人，恐怕于军心不利。"贺龙虽然对邓中夏非常尊重，但在任用段德昌的问题上丝毫不让步。

邓中夏强调："中央的意见是要汤慕禹任军长，违背上级的命令总不好吧。"

贺龙想一想也是，于是说："如果中央一定要汤慕禹任军长，段德昌不要换，我让出红2军军长之职，由孙德清接任，腾出军团参谋长之职，让汤慕禹担任。"

10月中旬，红一、红三军团已经从长沙撤离，退往湘东醴陵。邓中夏决定实行南征，渡过长江、向江南进军，伺机夺取常德，直驱长沙，希望以此激起红一、红三军团返攻长沙。这时，蒋介石已经取得了中原军阀混乱的胜利，正在部署对各根据地的第一次统一"围剿"，而红一、红三军团已经放弃攻打长沙，红二军团孤军独出，失去了任何战略意义。

其实，邓中夏自己也对夺取长沙缺乏信心。他曾在给中央的信中写道："渡江截断武长路及占领岳州，据我观察，红二军团能否担此重任，尚是问题，战斗能力实属有限。"但是，为了执行中央的命令，他还是机械地挥军南下了。

红军不合常理地突然在江南出现，出乎国民党的意料。红军很快攻占南县、华容、公安县城，开辟了江南根据地。这时理应开展地方工作，巩固新区。可是，邓中夏命令部队继续向南攻打

津市、澧县。

"邓中夏说不能像太平天国那样攻城略地，随得随丢，又说不能学猢狲抓板栗的样子，抓一个丢一个，可是我们现在的行动方针与长毛和猴子有什么差别？"段德昌敏锐地意识到军事战略出了问题，认为这次军事行动未能与巩固政权结合起来，前方与后方完全脱节，建议前委撤至公安或返回洪湖中心，主力转入以恢复和巩固根据地、进行反"围剿"准备为主。邓中夏不予理睬，继续向湘西北之石门、临澧用兵。

这时，洪湖根据地告急，由于主力红军远离中心区，国民党大军步步进逼，根据地兵力空虚。中共湘鄂西特委代理书记周逸群派人送来急信：

邓、贺、汤、段、孙：假如红一、红三军团又进攻长沙，则我们应配合这一行动。而今，据各方消息，说明红一、红三军团已远离长沙，敌大军正在云集，大有"围剿"红军之势，红军当速返苏区，做好保卫苏区的准备。

逸群、万寿、小康

贺龙、段德昌同意中共湘鄂西特委的意见，再次建议讨论回师洪湖的问题，邓中夏运用政治委员的最后决定权，坚持在占领石门、临澧后攻打津市、澧州，向常德方向前进。

12月上旬，红二军团强攻澧县7天7夜，付出重大伤亡，仍然不能取得进展，被迫退至松滋杨林寺。12日，在杨林寺一个大庙内，红二军团前委举行扩大会议，讨论下一步行动计划。

"这还用讨论吗？当然是回洪湖解围！"段德昌第一个发言，鲜明地亮出了自己的观点。

"现在回洪湖，等于送死！"邓中夏把头摆得像拨浪鼓："洪湖是水网地带，河流纵横，湖泊棋布，不适宜大部队行动。它好比是一口深井。现在深井里有人落水，进井救人，人固不救，救者必死！我们不能下湖，我们应当上山，红二军团向武陵山进发，凭借五峰、鹤峰、石门、长阳等山区有利地形，创造出像井冈山那样的第二中央苏区。"

邓中夏的话激怒了段德昌，他忍了多时的怒火一下子喷发出来："你这种说法不仅缺乏军事常识，而且还有负人民的厚望。洪湖人民养育了红军，养育了你我，现在敌人要屠杀洪湖人民，我们怎么能够因为救人有危险就袖手旁观、不管不理呢？这样做，对得起洪湖人民吗？不错，洪湖是水网地带，大部队行动确实不如渔民子弟识水性、通民情、熟悉湖中的一草一木，可是敌人一进湖就成了瞎子、聋子、傻子，就成了活靶子，那有什么不好！"

贺龙也不同意邓中夏关于创立第二中央苏区的提法："创立新苏区我同意，但是'第二中央苏区'这个词不妥。中央苏区只能是一个，我们不能另立中央。"

会上唇枪舌剑，展开了长时间的辩论。邓中夏仅有汤慕禹、刘鸣先两人支持，成为绝对的少数派。几乎所有的红军将领都支持段德昌的观点，要求立即返回洪湖。

"大家的意见不尽相同，容我考虑考虑再说。"邓中夏宣布散会。

会后，他对段德昌恼火透了，这门大炮不仅火力惊人，而且从来不分对象、场合和分寸，把段德昌留在身边，无疑是坐在火炮上。

几天后，湘鄂西特委又来信告急，邓中夏顺水推舟地对贺龙说："段德昌不是坚决要求回洪湖吗？特委那边又来信了，我看就让他先带伤员回去吧！"

"那怎么行？现在大敌当前，离不开德昌！"贺龙一向把段德昌视为左右手。

"开会征求大家意见吧。"邓中夏再次召开前委会议，作出两条决定，一是在松滋刘家场选择阵地与敌作战，二是让段德昌回洪湖，由汤慕禹接任红6军军长。

他的决定引起一片哗然。

贺龙出于对邓中夏的尊重，后退一步："德昌若回洪湖，建议把红6军带走。"红6军主要由洪湖根据地的地方武装扩建而成，要求返回的呼声最强烈。

孙德清提出异议："强敌当前，红2军、红6军不宜分开，要走就一起走。"

"不行！红2军不能走，红6军也不能走，段德昌可以带些伤病员走，部队要留下来作战。"邓中夏态度强硬地说。

段德昌热血直冲脑门，拍案而起，眼睛逼视邓中夏，一字一顿地说："好，我明天就回洪湖。洪湖若丢失，我提头来见！红二军团若遭损失，由谁负责？"

邓中夏应声而起："我是前委书记兼政委，当然由我负责！"

会议不欢而散。

第二天拂晓，段德昌赶往洪湖，贺龙送至十里开外，分手前，段德昌郁闷地说："胡子，邓中夏这不是撤我吗？他不懂军事，家长作风又严重，怎么办？我担心的不是洪湖，而是红二军团的安危。现在红2、红6军战线拉得过长，作战采取阵地战的方法，这是战略性的错误，你要注意纠正呀！"❶

贺龙长吸一口烟，徐徐地说："德昌，安心回去，洪湖需要你再拉一支队伍。"

贺龙说得不错，洪湖确实需要段德昌。

1930年冬，国民党纠集10万兵力对洪湖苏区连续发动两次"围剿"。由于红二军团南征时带走了大批地方武装，苏区当时"所留之枪，好坏共80余支，集中各地武装一共300上下"❷，处境十分艰难。很快，监利、沔阳、潜江等江北中心区失陷，敌人直逼江南的石首、华容。如果江南再陷，根据地就丧失了与敌周旋的战略支点。

危急时候，段德昌带着手枪队护送部分伤病员回到洪湖。接着，在杨林寺战斗中与主力红军失去联系的红军第17师第51团

---

❶ 毛友爱等老红军：《洪湖根据地的回忆录》，中共党史出版社1993年版。
❷ 《湘鄂西来信》，1931年3月7日。

陈光明、陈华山两个营，第49团杨嘉瑞一个营也相继回到洪湖。这些都是段德昌的老部下，他们一路尾随段德昌赶到洪湖。这样一来，成建制的武装部队增至1000余人枪。

周逸群见到段德昌，高兴地称："救星来了！"两个人合计后，决定以回来的红军部队为骨干，吸纳地方游击队，扩建新6军，由段德昌任军长。新6军下辖第48、第51两个团和一个特务营，成为根据地反"围剿"的主力军。

新6军成立后，在讨论今后作战方针时，段德昌说了3句话："敌来我隐蔽，敌多我撤退，敌少我包围。"就是利用这种游击战术，新6军迅速扭转被动挨打的局面：

——1931年1月上旬，段德昌率军佯攻华容高基庙，诱敌第11师主力来援，然后乘虚奔向鲇鱼须，歼其留守部队一个营，占领华容县城。

——1931年2月初，江北之敌南侵石首北部苏区，破坏苏区兵工厂、医院，由于未受抵抗，十分骄狂。段德昌率部从江陵奔袭石首北部，在拖茅铺歼敌第48师补充第2团数百人，大获全胜。

——1931年3月，集结于江北苏区的敌军全部南渡，围攻以石首为中心的江南苏区。根据特委的指示，段德昌率部挺进江北，一路打回洪湖。抵达朱河附近的陶家渡时，远方人嚣马嘶，灰尘四起。前哨来报，国民党新2旅一个营马上将进入陶家渡。这时，新6军经过连续激战，子弹已经告罄。作战参谋不等段德昌下令，便吩咐部队："赶快后撤！"

"为什么后撤？后撤来得及吗？"段德昌问。

"没有子弹能打吗？"作战参谋不解，反问道。

"会打仗，没有子弹也行！"段德昌命令全体士兵退出子弹，上刺刀，迅速埋伏到大路两旁的庄稼地里，只留小股部队迎敌。

小股部队与敌接触，自然抵挡不住，调头就逃，引来敌人进入伏击圈。段德昌一声令下，红军战士端着明晃晃的刺刀从庄稼地里蹿出，将敌人截为数段，干净彻底地予以全歼，一举收复朱河。

此后，新6军接连占领柳关、瞿家湾、峰口、周老嘴、新沟等重镇，基本恢复江北苏区，中共湘鄂西特委和联县政府及其他领导机关北迁到瞿家湾，瞿家湾成为洪湖根据地新的中心。

——1931年4月中旬，敌新3旅集结第1团、第3团，分两路合围周老嘴，寻找新6军作战。在讨论作战计划时，大多数人都主张避敌锋芒，因为新6军还没有消灭过整团的正规军。

"没有消灭整团的敌人，是因为我们没有找到好的战机。好的战机就是敌人的麻痹心理。他们以为我们会等着挨打或者先行躲开，我们反其道而行之，一定能打他个措手不及。"段德昌说服大家后，于20日半夜带领部队从周老嘴出发，主动向余家埠迎击，在东港口及四家湖遭遇敌第1团。果然如段德昌所料，敌第1团既不放警戒哨，也没有保持战斗队形，而是排着4路纵队行军，被红军一顿猛揍便乱了阵脚，结果悉数被歼。段德昌留小部队收拾战场,又率主力向北进军,击溃敌第 3 团大部。这次战斗共歼敌 500 余人,缴获轻重机枪、步枪 500 余支。敌旅长徐德佐只身逃回武汉,新 3 旅完全丧失战斗力。

在不到半年的时间内,段德昌就拉起一支部队,独立承担了保卫苏区的任务。这支几乎是在伤员和失散部队基础上创建的新 6 军,打出了军威,其声名甚至超过了游荡于边远山区的红二军团。武汉国民党报纸发出阵阵惊呼:"江汉平原,匪患日甚,匪首段德昌东山再起,彼用兵如神。我军不支,一再败北。"

围攻洪湖苏区的国民党部队惊怖于新 3 旅遭挫,不敢冒进,纷纷转为守势。1931 年 5 月,两广爆发反蒋事件,"围剿"苏区的敌第 48 师等部相继撤出洪湖,红军乘势发起反攻,收复江北全部、江南大部,根据地反"围剿"斗争取得最后胜利。

段德昌用胜利实现了军令状。新 6 军改编为红 3 军第 9 师,发展到 5 000 余人。而与此同时,红二军团在邓中夏的领导下屡遭挫折,部队损失近一半,最后被迫缩编为红 3 军(下辖红 7、红 8 两师),全军仅剩 5 300 余人。

数字为段德昌与邓中夏的争论画上了句号。

五、挽救了红 3 军,却落了个撤职警告处分

许多湘鄂西老红军都把夏曦看做"灾星",认为他是造成根据地最终丧失的"罪魁祸首"。但是,在一开始,包括段德昌在内的

大多数干部都以真诚的态度迎接这位"中央代表"。

夏曦，字蔓白，湖南益阳人氏，在党内也算资格较老的早期活动家。早年加入毛泽东领导的新民学会和长沙共产主义小组，大革命时期曾任中共湖南省委书记。1928年赴苏联莫斯科东方大学学习，1930年回国，在党的六届四中全会上增补为中央委员。1931年3月，王明等人为推行"左"倾路线，分别派代表团和"中央代表"到各大苏区改造领导机关。夏曦奉命来到洪湖担任中共湘鄂西中央分局书记。

夏曦到洪湖后，所有工作都进展得十分顺利，唯一有一件事令他愁眉紧锁，那就是红3军拒绝分局指令，坚决不返回洪湖苏区。

1931年4月，夏曦以湘鄂西中央分局名义发出第一封指示信，宣布："兹遵照中央决定，撤销邓中夏同志各种职务，并派唐赤英同志去代表政委工作，全军同志应在云卿、赤英两位同志领导之下，坚决执行中央及中央分局的指示，彻底改变红二军团（即红3军）的政治路线。"❶ 指示信还要求红3军迅速从五峰、鹤峰东下洪湖。

5月，夏曦连续几次派人赶往军中，责令邓中夏立即班师，如果违犯命令，将开除其党籍。

6月，夏曦专门致信贺龙，把督令主力回师的希望寄托在老朋友身上。

---

❶《湘鄂西中央分局致红二军团的指示信》，1931年4月。

云卿：

上海一别，又有两年。你在湘西的奋斗，我每每闻之兴奋。3月中央派我到湘鄂西及红二军团工作，代替中夏同志职务。哪知到了洪湖，离你的部队有千里之远，本想前来，但此间工作还没有整顿妥当。前次派人到你那里来，尚未打通联系，真是十分遗憾，现在军阀战争爆发，革命大有发展。亟盼你率队回来指挥湘鄂西整个军事行动，务希按照中央分局决定执行，这是中国革命所加于你的任务，而且这是一个光荣胜利的前途。我坚信你一定能担负起这个伟大的使命。❶

从3月到7月，送出的信、派出去的人，如同泥牛入海，全无消息。绝望之中，夏曦想到派一位能力强、威望高、对红3军有影响力和号召力的干部前往执行"劝驾"的任务。放眼苏区，具备这3个条件的唯有段德昌一人而已。

1931年7月，国民党集结二三十个团对洪湖苏区发起第三次"围剿"。此时恰逢长江发生全流域百年未遇的大水灾，整个苏区变成一片水乡泽国，苏区近百万群众流离失所，红军给养十分困难。湘鄂西军委主席团开会讨论南下与北上两个方案。

段德昌主张北上，他的理由是：红9师南下过江，必须攻克并巩固调关和焦山河两个渡江据点，否则遇到敌军压迫，就无法返回江北，只有走红3军的老路，向湘鄂边转移，苏区将再次出

---

❶《夏曦致贺龙信》，1931年6月。

现兵力空虚的现象。如果红 9 师向北挺进，攻打荆门沙洋之敌，渡襄河占天门，一则可以开辟襄北苏区，解决给养问题，二则可以就近向鄂北靠拢，争取将红 3 军接回洪湖。

夏曦闻言大喜，亲自找段德昌谈话："省军委同意你的建议，立即整顿队伍向襄北进发，一边开辟新区，一边打听红 3 军的消息，一定要将他们接回洪湖。"

8 月 2 日，湘鄂西省革命军事委员会通过《关于红 9 师最近行动的决议》，决定留红 25 团巩固后方，派红 26 团向潜江、天门等襄北地区发展。3 日，中共湘鄂西临时省委和军委召开联席会议，考虑到红 9 师北上很可能与红 3 军取得联系，遂作出补充决定："在能与红 3 军取得联系时，则须与之取得联系，但这是次要任务。为执行这一任务，派万涛随军出发，领导红 9 师行动，责成万涛转变红 3 军政治路线，接任红 3 军政委。"

经过短暂休整，8 月 10 日，段德昌、万涛带领红 9 师第 26 团和教导营北进，协助红 25 团占领潜江，然后趁夜袭击沙洋镇，消灭敌新编第 3 旅第 2 团和旅部特务营，击毙敌旅长徐德佐以下大批官兵。至此，主要担任襄北"剿匪"任务的国民党新 3 旅全部被歼。

沙洋战斗后，段德昌用缴获的精良装备组建了第 27 团。接着，向荆门挺进。同时派出多股侦察分队，远伸至鄂西北一带，希望能够传递接应信息。

他的苦心终于被贺龙获悉。

9月中旬，红3军在房县青峰镇召开前委扩大会议。红3军将领听说段德昌率部沿襄河北上，前来接应他们，高兴地嗷嗷直叫，要求南下会师。

邓中夏思想上转不过弯来，问："如果红9师接不到，新开辟的均（县）房（县）苏区又失陷了，怎么办？谁负这个责？"

"我负这个责。"贺龙对邓中夏顶着中央的命令不办早就有意见，说话也硬："坚决去碰红9师，在刘猴集碰不到，就去沙洋。再找不到，就去潜江。实在找不到，均房苏区又失陷了，我们再恢复也不迟。"

在贺龙与邓中夏争论时，战士们按捺不住，动手在墙上写标语："长胡子要上山，短胡子要下湖。我们跟短胡子走。"

邓中夏、贺龙都留胡须。邓中夏一副长髯，垂至胸部；贺龙短须浓密，煞是漂亮。邓中夏走出指挥部，看到标语，知道军心所向，不再说什么。

9月28日，红3军第7、第8两师与红9师会合于荆门刘猴集（现属宜城）。次日，部队召开团以上干部扩大会议，通过了《关于反对邓中夏同志错误领导的决议》。

在会上，邓中夏对段德昌说："洪湖苏区被摧残，红二军团被削弱，都应由我负责。"他在随后给中央的报告中满怀愧疚地写道："对于湘鄂西苏区，特别是对红二军团政治领导的错误，无疑应由我负主要责任……我希望党给我以深刻的纠正和教育。党按照我所犯错误的程度，给我任何处罚（除开除党籍外）我都能接受。"不久，邓中夏便离开部队，返回上海。两年后被国民党逮捕，遇害于南京雨花台，终年39岁。

对于邓中夏，贺龙作过一段客观的评价："中夏有很多学问，为人正派，不打击别人，能照顾团结。我和中夏争论很多，可是和他这个政治委员相处，同志关系还是好的。"

会师后，红9师归还红3军建制。10月上旬，红3军返回潜江。在一个多月时间内，段德昌、万涛顺利完成了开辟新区和接应主力两大任务，迎接他们的应当是鲜花和笑容。但是，他们得到的犒赏却是处分。

问题出在江南失守上。

原来，红9师进击鄂北期间，江南苏区在国民党优势兵力围攻下，除石首7区外，几乎全部失守。这在敌强我弱和洪水滔天的情况下，本来是难以避免的，即使红9师不出鄂北，甚至红3军主力留守江南，失陷也是必然的结果。对于这一点，夏曦在8月18日给中央的报告中，说得很清楚："红9师原来渡江右，因水势增长，而且作战没有把握（过江右只能胜利，败则无退路，水势更涨，更加危险），因此中止过江。"可是，当中央严厉追问"江南失守，原因何在"时，他没有表现出政治家的勇气承担责任，说明真相，而是诿过于段德昌和万涛。

10月8日，湘鄂西省军委会发出对红3军的训令，指责万涛等攻占沙洋后去接应红3军主力，是违背军委决议，是抛弃主要任务执行了次要任务，决定："明令撤销万涛同志政治委员之职，调后方工作；德昌、培英两同志予以警告处分"，同时由夏曦兼任红3军政委。

信而遭屈，忠而被谤，有功不赏，反遇横祸。夏曦的行为引起了全军将士的不满。

中共湘鄂西省委连续召开两次谈话会，试图平息愤怒。10月11日，万涛对夏曦说："红9师出沙洋，入京山，建成天门红色区域，这固然是军委的决定，但要与红3军主力取得联系，同样是军委的决定。当时，既有与红3军主力联系的条件，又有联系的可能，如果红9师不去联系，红3军主力也不可能回来，在当时的情况下红3军有解体的危险。你们怎么能说红9师违抗军委命令呢？"

10月19日，在第二次谈话会上，段德昌质问夏曦："江南失守是你的事，还是我的事？"

夏曦不做声。

段德昌又问："部队可以调，你为什么不调？从周老嘴到刘猴集一共300华里，其中180里是水路，顺河而下，朝发夕至，同时刘猴集又没有敌人，你不是可以叫红9师回去吗？能调你不调，怎么反而怪我们？"

夏曦脸色发红，紧闭嘴唇。

段德昌眼睛直冒火，拿出湘鄂西省军事委员会《关于红9师最近行动的决议》递到夏曦面前，说："这个决议恐怕你不会忘记吧？让红9师出襄北接红3军，是你当面向我交代的任务，有省军委的决议为证，你怎么能叫你老婆（谭国莆负责电台）向中央发假报告！"

夏曦索性闭上眼睛。

几天后，夏曦又来一招，并且把火直接点在了贺龙屁股底下。他指使湘鄂西省军委作出决议，取消师级建制，将全军分为5个团，大团7 000余人，小团5 000余人，由以他为主席的省军委直接指挥。这样重大的决定，他事前既不征求贺龙等军队干部的意见，也不和他们打招呼。取消师部后，段德昌等一批师长、师政委被变相罢官，贺龙也成了一个光杆司令。

贺龙气极了，骂上门去："我是中央分局委员、军委分会副主席、红3军军长，为什么这些重大的决议都不征求我的意见？是分局领导省委，还是省委领导分局？你凭什么用省委的决定取消各师？这个决议是错误的，我可以不执行。请你开一个党员大会，大家来投票。如果都赞成你的主张，我离开这里，回中央去。"

夏曦一时语塞。

"我们认识8年多，也算是老朋友了，我说几句心里话。"贺龙放缓语调，好心地劝道："派红9师出去，是你亲自交付的任务，怎么又反过头来怪红9师？你组织红3军前委，不要当政委的万涛参加，这不是非驴非马的组织吗？你处分了段德昌，又不敢通知他，纸能包得住火吗？你办的几件事，哪一件事是站得住脚的？你来洪湖才几天，对情况不熟，对红军不熟，与群众不熟，可你随便处罚干部，今后怎么再与他见面？"

火龙将军：段德昌

由于夏曦拒绝接受不同意见,万涛两次向中央写申诉报告;以段德昌为首的前方将领写信,反对夏曦担任军政委,对省军委提出6条改进工作的意见,即军委会要充实军事、政治人才,军委会决定大的行动原则和作战方针,不能代替军部的具体指挥,军委会发出训令要审慎,等等;以苏区"四大文豪"(江陵县委书记侯文蔚、监利县委书记孙之楚、沔阳县委书记栩栩、石首县委书记许斌)为首的地方干部对夏曦执行的"左"倾干部政策、土地政策、经济政策提出全面的批评。双方争执不下,无法调和矛盾,只好决定派苏维埃政府秘书长尉士钧到中央反映分歧意见,请中央裁决。

如果讲政治智慧,段德昌、万涛和"四大文豪"都不是夏曦的对手。反对派把宝押在中央秉公裁决上。但是,他们可能没有想到,反对派所指斥的错误政策源自"左"倾中央,中央怎么会支持他们呢?夏曦洞若观火,静如老僧。

1932年1月,中共湘鄂西省第四次代表大会在洪湖瞿家湾召开,贺龙、段德昌从前线赶回来参加会议。夏曦首先作政治报告,说在他的领导下取得了巨大的成绩。会上有70多位代表发言,反对他所作的政治报告,异口同声地批评夏曦执行过火政策给根据地带来的严重恶果。段德昌还与众多的代表一起签名,要求撤换夏曦的领导职务。夏曦的处境空前孤立。

可是到了第四天,中央派关向应随尉士钧来到洪湖,宣布夏曦代表的是"正确路线",万涛等人对夏曦的批评是"对中央进行的派别活动，是反中央、反国际路线的小组织活动。"

尉士钧在会上作了揭发："我去中央是万涛选的中间人物，但动身之前，万涛暗嘱我务必告倒夏曦。我把万涛的话告诉了中央，中央认为万涛指控夏曦是别有用心。"

会议以夏曦压倒性的胜利而告终。

会后，段德昌痛苦地问贺龙："党内还有讲道理的地方吗？"

六、苦心积攒的家当被夏曦丢得干干净净

"有贺不倒，无段不胜。"这是湘鄂西的一句民谚。

贺龙是红二军团、红二方面军的一面旗帜。他能维系军心、鼓舞士气，只要他在军中，无论遭受什么样的打击，面临何种艰难险境，部队都能败而不溃、屡挫屡奋。

段德昌是湘鄂西根据地最主要的战将和战役组织者，洪湖苏区几乎所有的胜仗都有他的功劳。

他统率的部队被称为常胜军，苏区青年参加红军点名要到红9师。在频繁的战争中，兵员补充历来都是最头疼的事情。但对段德昌领导的红9师来说，这不是难事。官兵们自豪地编成顺口溜来唱："杀我一百，只要一息；杀我一千，只要一天；杀我一万，只要一转。"意思是说无论受到多大伤亡，红9师只需在苏区转上一圈，立刻兵员补充足额。

1932年春，段德昌的军事生涯绽放出炫目的光彩，他月歼一旅的奇迹，令人叹为观止。

这年1月，红3军恢复师级编制，下辖红7、红9两个师和一个独立团。1月中旬，红9师奉命出击襄河北岸，寻找战机。19日，袭战皂市，计划围点打援。皂市位于京山与应城之间，是国民党安在襄北苏区的战略枢纽。敌第48师与段德昌交手多次，从未讨到便宜，他们判断红军攻皂市意在诱敌，拒不出战。

一计不成，又施一计，段德昌乘胜兵指应城。红9师在汉川独立团的配合下，分割包围应城西南的陈家河与龙王集两个制高点，攻势甚急。如果这两个据点丢失，应城将无险可守，应城侧后便是武汉。国民党湖北省政府主席、武汉绥清主任何成浚急调孝感花园第4师第12旅张联华部前往解围。张联华不知深浅，督军急行军，赶往战场，几千人的部队被拉成一条长龙。

26日，段德昌率部攻克陈家河，解除后顾之忧，然后乘夜埋伏于龙王集至应城的公路两侧。埋伏地点设在毛家河与张家庙的山坡树丛间。

27日拂晓，张联华率部进至毛家河边缘。时值冬晨，大雾弥漫，前面山冈上矮树灌木，模糊难辨。参谋长心中生疑，提醒道："旅座，谨防伏兵。"

"公路两厢，共匪纵有天大的胆，也不敢设伏。"张联华不以为然，驱动部队前行。前行不到15分钟，便听到半空中一声"开火"，山坡上飞下无数的手榴弹，轰隆隆炸倒一片。接着，红军指战员从树林中冲下，将公路上的敌军压缩成一团。仅仅用了一个多小时，红军全歼敌12旅，生俘张联华，歼俘敌军4 000余人。这次战斗缴获的战利品堆积如山，其中步枪3 000余支、迫击炮20余门、轻重机枪80余挺，军装10 000多套。段德昌把轻重机枪全部集中到机枪连，还用缴获的战马装备了骑兵团。

龙王集战斗后，贺龙率红7师渡过襄河，襄北红军兵威大盛，当地的地主、豪绅纷纷外逃武汉。何成浚重新调整兵力部署，从洪湖中心区抽调11个团组成3路纵队，限令在半个月内肃清襄北红匪。他还把段德昌的首级赏格提高到8万元。

2月下旬，敌军以天（门）汉（川）苏区为重点发动清剿。敌第114旅在旅长韩昌俊的带领下，由皂市出发沿汉（口）宜（昌）公路向灰埠头进剿，敌徐继武旅同时由天门、张截港向灰埠头移动，互取呼应之势。3月初，大雨如注，公路泥泞难行，韩旅遇阻于文家墩，徐旅也退回天门。何成浚见韩旅孤军独处，急令韩旅撤回皂市。韩昌浚接电后，犹豫不决，既担心部队辎重难运，又害怕雨中受袭，于是采取"拖"字诀，想等到雨停后再移动。这一动向被红军查知，段德昌带领红9师冒着滂沱大雨，经过一夜的急行军，在3月4日拂晓赶到文家墩，突然向敌人发起进攻。韩旅官兵都在蒙头大睡，外围手榴弹响成一片，还以为在打雷。等到红军冲进帐篷，才仓促应战。很快，全旅4 000余人被歼，韩昌俊被擒。敌48师驰援韩旅，被贺龙阻于皂市以北，敌师长张振汉受伤。

段德昌在襄北连捷遵循的是游击战与运动战相结合的原则，

在战术上做到了"集中优势兵力,各个歼灭敌人"。

但夏曦不满意,他认为段德昌崇拜的游击战术已经过时,毛泽东在井冈山创造的 16 字诀不过是童谣。他提出"三打三不打":"只准打仗,不准休整;只准打大仗、打硬仗,不准打游击战、运动战;只准打宜昌、沙市、岳州、武汉等中心城市,不准打小据点。"❶ 湘鄂西军事委员会主席团为此发出《关于改造红 3 军的训令》,指出红 3 军存在两个弱点,第一是军阀制度的残余;第二是游击主义,游击主义表现为"不转变到大规模作战的各种准备,如城市战、堡垒战、大规模平地战、射击飞机等。"

根据夏曦"正规化建设"和阵地战的命令,红 3 军连续组织了瓦庙集、张家场两场硬仗。

瓦庙集打的是一场遭遇战。当时,国民党集中了第 41 师、第 44 师、第 48 师和若干特种兵共 2 万余人,寻找红军主力决战。红 3 军第 7 师尚在控制襄河渡口,第 7、第 8 两师向京山运动。两军在京山瓦庙集以西地区相遇,发生激战。

"胡子,我们可不能跟敌拼'车'呀!"段德昌觉得不妙,建议撤出战斗。

贺龙苦笑:"夏曦代表中央,他是金口玉言,违抗不得。"

战斗打了 7 天 7 夜,结果只消灭了敌人一个营,红军伤亡在 1 400 人以上,伤亡人员均为部队连排级干部和老兵骨干。

张家场打的也是一场消耗战。红 3 军集中主力在天门张家场

---

❶ 贺龙:《湘鄂西初期的革命斗争》,中共党史出版社 1993 年版。

猛扑敌第132旅及补充第2团，未能一举歼敌，形成拉锯，激战8天8夜，毙伤敌人800余人，自己却付出了2 000余人的伤亡。

瓦庙集、张家场两场战斗打的都是得不偿失的阵地战，红军伤亡过大。更严重的是，在拼消耗中，根据地多年积攒的武器弹药全部用光。敌前敌总指挥徐源泉向何成浚报捷："赤匪历年上来得之于国军弹药兵器耗于斯役殆尽，而肃清鄂中区匪患之成功，实基于此役！"

夏曦根本觉察不到正在逼近的危险，到处作报告，口沫四溅地说："像这样7天7夜、8天8夜持久剧烈的战斗，是在'中夏路线'领导下红二军团所没有的。这是中央分局在执行国际路线上的重大转变和成功。"

红军陈兵襄北，洪湖后方空虚。6月初，徐源泉兵分3路奔袭中共湘鄂西中央分局所在地——监利周老嘴。其中，范绍增所率第4师进展迅猛，连破老新口、龙湾、张金河、谷港防线，湘鄂西警卫师抵挡不住，夏曦惊出一身冷汗，急令红3军主力不惜一切代价回援洪湖。

从襄北到洪湖，不仅有襄河和众多湖泊阻隔，仅路程就有200多里，哪怕是按照急行军的速度，红军也赶不及。

远水一定要解近火。贺龙把驰援的任务交给段德昌。

段德昌临危受命，表情仍然是举重若轻。他把部队所有马匹都集中到骑兵团，亲率800余名骑兵作前锋，奔驰一天一夜，赶到新沟，立即抢修工事。随后，3个步兵团也赶到预防阵地。

13日，范绍增第4师大摇大摆地朝新沟开进，走在最前面的是神兵团。范绍增是四川袍哥中的著名首领，处事怪诞，人称"范哈儿"。他将袍哥兄弟全部编为神兵，一律红褂红裤，手执大刀，上阵之前，先喝咒水，吸鸦片烟，然后发起冲锋，状如疯虎，战斗力不可小视。有鉴于此，段德昌吩咐部队："没有命令不准放枪。"

红军小股部队与神兵团略作抵抗，便被砍翻数人，迅速后退。范师分成数路纵队，沿东荆河河堤冲至红军预设的障碍物面前。段德昌一声暴喝"打"，几十挺轻重机枪同时开火，射出几十条火龙，顿时人仰马翻，敌人死亡枕藉。神兵团虽然骁勇，但没等近身肉搏便伤亡过半。红9师发起反冲锋，将敌人压缩至阵地后围。范绍增亲自带领督战队，连斩10余名后退的官兵才稳定阵脚。正当他组织火力准备反击时，按照段德昌的命令，迂回到敌后的骑兵团突然冲击敌阵。

800匹战马、800名勇士从天而降，马蹄声、呐喊声、马刀斩击声响成一片。在前后夹击下，敌第4师全线溃逃，范绍增受伤落马，趁着战场混乱，骑一头水牛渡过东荆河方才捡得性命。他的部队3 000余人非伤即俘。

新沟大捷稳定了洪湖中心区极其危急的形势，也拯救了惶惶无计的夏曦。战后，中共湘鄂西省委、省政府联合举行庆功大会。贺龙发表热情讲话："第9师师长段德昌真是个好同志呀！他当机立断，杀出了红军的军威，给了范哈儿毁灭性的一击！湘鄂西党、政府和人民危急之中，如果不是段德昌赶得快，我们的同志全部会被逼到洪湖吃水！"

贺龙这番话是说给夏曦听的。夏曦照例闭着眼睛听会，面无表情。

1931年8月，蒋介石亲任鄂豫皖"剿匪"总司令，指挥50万人马对鄂豫皖、湘鄂西根据地发起第四次"围剿"。其中，对湘鄂西根据地的"围剿"由左路军负责。8月18日，左路军10万人马潮水般涌进洪湖地区，各路敌军采取密集阵形，齐头并进，同时派海军军舰游弋于长江、汉水配合行动。根据地空间被压缩，回旋余地极小。在这种情况下，贺龙、段德昌、段玉林等红3军将领提出，目前在内线击破敌人已经没有可能，应该集中至少10个团的兵力转到外线，挺进国民党布防薄弱的武汉外围，迫使左路军后撤，然后集中主力在敌人后撤过程中寻找战机。这个建议被夏曦一口拒绝，他提出"不使苏区一寸土地被敌人蹂躏"的口号，命令红军各部和各级党委修筑工事，坚守市镇，坚决进行苏区保卫战。

段德昌心里藏不住话，嚷着找"老鸡婆"（老机会主义分子）论理。贺龙善意地提醒他："德昌，夏曦现在视你为眼中钉！你以后说话要注意分寸，注意场合，注意方式。"

于是，段德昌把不满闷在心里，修建工事时，不时发出冷笑。情况被反映上去后，夏曦马上给段德昌一个党内"最后警告"的处分。

一个多月的苦战，伤亡惨重。分兵把口，口口被破。节节抵抗，节节败退。危急时刻，红3军领导人再次提出转入外线作战。夏曦有条件地接受这个建议，命令贺龙带领红8、红9两师出击襄北敌后，牵敌回援，自己率红7师坚守内线。

贺龙毫不客气地说："你这种安排一定失败！为什么呢？分兵不对头，指挥不统一。你现在手上的兵力比较雄厚，除红7师、警卫师一部分、军委警卫营外，留在苏区的还有各县警卫团、警卫营，都是能打的队伍，关键问题是要将他们拧成一股绳。你现在搞寸土必争，实际上是使他们分散挨打。"

"你的任务是完成外线牵制任务，内线不用你操心。"夏曦拍着胸脯说："洪湖苏区要是丢了，我夏某的性命也不要了。"

8月，贺龙、关向应、段德昌率红8、红9师转渡襄河，夏曦则与红7师师长王一鸣坚守内线。9月初，敌军突入瞿家湾后方机关，红军后方医院3 000余伤病员落入敌手，惨遭杀害，红军兵工厂、被服厂等所有后勤机关悉被焚毁。

又过了20多天，夏曦带领红7师残部1 000余人在鄂北赶上红3军主力，见面的第一句话就是："洪湖苏区失陷了。"

七、贺龙三次力保爱将，却终不能免其一死

"洪湖苏区丢失，原因何在？"段德昌代表广大将士尖锐地向湘鄂西中央分局提出这一问题。从夏曦进入苏区执行"左"倾错

误路线开始，段德昌就旗帜鲜明地站在抵制、反对的立场上，坚定地支持以贺龙为代表的正确主张，这就是人所共知的"反夏不反贺。"

湘鄂西根据地第四次反"围剿"斗争之所以失败，最主要的原因是"左"倾政策、错误的军事策略和严重的"肃反"扩大化，尤其是内部"肃反"极大地削弱了党、政府和红军的战斗力。大多数老同志都说，湘鄂西根据地是被"夏曦杀垮的"。但是，夏曦完全持相反的观点，他认为洪湖失败的原因是暗藏在革命阵营内部大批反革命、"改组派"破坏的结果。因此，到达大洪山后，他就开始了第二次"肃反"，并且把"肃反"与段德昌挂起钩来。

贺龙回忆说："洪湖的区县干部是杀完了。红3军中到最后有的连队前后被杀了10多个连长。夏曦在洪湖杀了几个月（即第一次肃反），仅在这次肃反中就杀了1万多人。现在活着的几个女同志，是因为先杀男的、后杀女的，敌人来了，女的杀不及才活下来的。洪湖失败后，夏曦与红3军在大洪山会合，在那里打圈子时，他仍然是白天捉人，夜间杀人。捉人杀人都没有材料根据，都是指名问供。比如捉樊哲祥、谭友林等，原因是他们曾在段德昌的领导机关刻过油印。"

很多老红军都用"阴狠"来形容夏曦。在洪湖苏区，尽管段德昌公开反夏，除了给予党内处分外，夏曦还能保持几分忍耐。一出洪湖，他就露出杀心，并且毫无顾忌地把目标锁定在段德昌身上。为什么会有这样大的变化呢？

黄新庭老将军生前曾对作者这样分析道：

夏曦来到湘鄂西，除了杀自己的同志外，实在没有什么成绩。苏区的失败，主要是"肃反"把各级军政干部杀光了，没剩几个会指挥作战了。当时"肃反"弄得人人自危，一些指战员刚下战场就被捕，未经任何审判，也没有任何证据，抓到就枪毙。撤离洪湖苏区时，夏曦下令将所谓"犯人"一半枪决，另一半则装入麻袋、系上大石头、投入洪湖活活淹死。当时吓得渔民不敢下湖打鱼，因为捞上来的多是死尸，致使洪湖水都改变了颜色。凭国民党进行"围剿"是打不垮我们的。夏曦并不傻，只是太阴狠。如果没有撤出洪湖苏区，夏曦可能杀掉贺龙，留下段德昌，因为段是洪湖苏区和红军的主要创始人之一，在洪湖与敌人斗争，凭夏曦是不行的，所以他不敢杀段德昌。到了湘鄂边，贺龙是那块苏区和红军的创始人，威望高，群众基础好，夏曦要想保住自己的命也不敢杀掉贺龙。那个时候，分局书记一句话，说杀谁就杀谁，他真要杀贺龙，别人也没有办法。依我看，他想杀贺龙，又不敢杀。

在大洪山一带，夏曦逗留了很长一段时间，一直犹豫不决。一方面，他对恢复洪湖苏区失去了信心，想一走了之；另一方面，他又有所顾忌，因为贺龙、段德昌等人坚决主张打回洪湖，同时还怕中央会追究他脱离苏区的责任。直到有一天，他见到红四方面军离开鄂豫皖苏区向川陕转移的布告,才下定决心:"红四方面军可以离开苏区,我们也可以离开,我们到湘鄂边还不是离开,从那里还可收复洪湖。"

在向湘鄂边转进的过程中,夏曦加紧实施第二次"肃反",先后捕杀241名干部,遭到株连的战士更多,红3军由出发时的14 000多人锐减到9 000余人,而且思想混乱、士气低落、人人自危,战斗力极其薄弱。

1933年1月13日,在经历3个月的长途跋涉后,红3军来到贺龙的家乡——湖南桑植,占领县城。在这里,红军获得了一个极好的喘息机会。

"湘西王"、国民党新编第34师师长陈渠珍与贺龙是一对老"朋友"。他们共过事,打过仗,交过手,留下了数不清的恩怨。陈渠珍忌惮贺龙的指挥才能和红3军的威名,主动写信议和,提出可以让出桑植、大庸等相邻几县,双方签订互不侵犯协议。

陈渠珍主动伸出橄榄枝是为了保存实力。而在当时,红军也急需休整。

贺龙将信递给夏曦,说:"陈渠珍是个玻璃猴子,对他的话不能全信,但是,达成暂时的妥协有利于我们争取一个休整和发展的时间,哪怕是先拿下桑植全县也好。"

夏曦不屑一顾:"陈渠珍在玩手腕!这种浅薄的伎俩,你们看不出来,还由他摆布?"

两人争执不下,于是把红9师师长段德昌、政委宋盘铭找来商量。

"这是个好机会。"段德昌脱口而出:"我们的部队长途行军,体质下降,因伤、因病减员严重,给养困难,现在已是寒冬,战士们还是穿单衣、草鞋,战斗力已非当年。如果能够利用敌人的矛盾,先站稳脚跟,对于将来的作战和争取战场主动权很有帮助。"

夏曦窝了一肚子火,不敢对贺龙发,便全部倾泻到段德昌头上:"你们思想的出发点很成问题,宁愿听信陈渠珍的鬼话,也不相信红军的实力,想靠投机取巧,这是'右'倾和革命不彻底的办法。我以分局书记的名义,命令红军立即进攻周燮卿。"

陈部周燮卿的第3旅驻桑植泥湖塔、永顺桃子溪一带,凭借有利地形和坚固工事,以逸待劳,一战击溃红军。经过作战,他们觑破了红军子弹严重不足、人员不整、战斗力下降的弱点,立即转守为攻,夺取桑植县城,将红3军逐回湖北鹤峰毛坝的大山中。从此,红3军处于流荡状态,部队总数下降到5 000余人。

夏曦将桑植战役失败的责任归咎于红3军第7、第9两师将士作战不力和"改组派"的阴谋破坏,在中央分局扩大会议上异想天开地提出清党的"主张"。

"综合政治保卫局'肃反'的情况,在我们的党内、政府内和军队内潜藏着大批的国民党特务,我们的党政军组织往往成为反革命的特务组织,因此,现有的所有组织都不能相信,都必须打散重建。目前首先解散红3军中党团组织及政治机关。"夏曦还举出了莫斯科支部局先解散清理然后重新建立的例子。

听了夏曦的上述屁话，段德昌一针见血地提出："红军失败是什么原因造成的？苏区坍台是谁造成的？除了敌人的进攻外，有没有你夏曦个人的责任？"

会场顿时一片静寂，夏曦闭口不答。

段德昌拍案而起，指着夏曦质问道："你把红军搞完了，苏区搞垮了，又要搞垮党，你是革命的功臣还是罪人？你有什么权力解散党组织？中央让你来当分局书记是要你解散党组织的吗？湘鄂西的党被你解散了，你这个湘鄂西中央分局书记还当什么？"

夏曦闭上眼睛，不说话。

宋盘铭是留苏干部，详细讲解了莫斯科支部局改组的缘由，提出这与根据地解散党是两回事，两者不能相提并论。他说："我从小被党送到莫斯科，在莫斯科加入党。解散党，我不同意。"

由于遭到所有人的反对，夏曦没有办法作结论。但是在一个月后，他还是运用所谓书记的"最后决定权"，悍然作出了解散党、团组织的决定。解散党组织、停止党的活动后，整个红3军只剩下夏曦、贺龙、关向应、卢冬生4个党员。随后，他又将清党与"肃反"结合起来，掀起第三次"肃反"狂澜，其高潮就是逮捕段德昌。

1933年春，红3军在以鹤峰为中心的湘鄂边区游击，经常被国民党撵得东奔西跑，战斗伤亡和非战斗减员特别多。鹤峰地区山高沟深，地瘠民贫，人口稀少，经常数十里不见人烟，兵源补充和物资给养非常困难。缺粮、缺衣、缺弹、缺药的情况更加严重。原来洪湖苏区参军的红9师战士都迫切希望打回洪湖去。

一天，段德昌找到贺龙，要求带兵回师洪湖。贺龙劝他暂时不要提这个意见，因为夏曦已经对恢复老苏区丧失信心。段德昌不听，写信给夏曦，提出应该把恢复洪湖苏区作为目前红3军的行动方向。

3月25日，夏曦接到信后，立即通知段德昌到鹤峰邬阳关红3军军部开会。段德昌当时正在宣恩、鹤峰边境指挥作战，得到通知后立即带警卫排赶回邬阳关，当即被肃反委员会逮捕。

逮捕段德昌的经过，老红军朱达声记得很清楚：

"我于1931年10月参加红军，刚开始在红3军第9师第25团当勤务兵。过了一段时间，被调到师部警卫排当战士。从这个时候起，我就给段德昌师长当警卫战士，直到1933年3月，段德昌同志被夏曦以'改组派'的罪名逮捕。

1933年3月，我们向津市、澧州（今澧县）开进。段师长的意图，是想在这一带开辟一块新的根据地，与洪湖根据地隔江相望，尔后再派一支游击队去洪湖，打开局面，把两块根据地连成一片。当我们向津市、澧州发展时，接到军部电令，让立即返回。这样，我们警卫排随师长、政委一起到了邬阳关军部。刚一到，段师长就被保卫队捆了起来，戴上了手铐脚镣。我们警卫人员眼睁睁看到段师长蒙难，束手无策，只得回师部。第二天，湘鄂边政治保卫局局长姜奇来到师部。警卫排的人员也遭到和师长同样的命运，都被看管起来了。"

"段德昌被抓了。"消息很快在军中传开。贺龙知道大事不好，日夜兼程地从前线赶回军部。

"你为什么要抓段德昌？"贺龙见到夏曦，劈头便问。

夏曦给段德昌扣了两顶帽子："他分裂红军，企图逃跑。"

"你有什么根据？"

夏曦底气很足地拿出一封信，朝贺龙一扬："他从前方带信回来，要求带部队回洪湖，这就是他拖枪逃跑、企图叛变的证据。"

贺龙悲愤地说："真是'莫须有'的罪名！德昌写信是向你提出建议。他要是真的拖部队去洪湖，大可一走了之，又何必写信给你？又何必应召回军部来？我担保德昌绝不是叛逃，应该马上放人。"

夏曦认为铁证如山，坚决不放人。

关押期间，贺龙去看望段德昌，给他带上一些营养品。段德昌被折磨得不成人样，但是精神还好。

段德昌说："胡子，我是反夏不反贺。"

贺龙心酸地点点头，一时不知说什么好。

段德昌又说："胡子，给我一个连，我愿立军令状，保证恢复洪湖苏区。"

贺龙只好说："我知道，我知道。"

段德昌要求贺龙尽快把他救出来，说："洪湖人民还等着我们打回去呢！"

贺龙探狱回来后，又找到关向应，做他的工作，希望能联名力保段德昌。关向应说先审审看。贺龙感觉得出来，夏曦已经同关向应打了招呼。眼睁睁地看着患难与共的战友要遭毒手，自己枉为一军之长竟然无能为力，贺龙心如刀绞，情绪非常不好。他的警卫员谭友林回忆道："全军都知道，那时，他跟周围同志开玩笑的朗朗笑声很久听不到了。一天到晚，老是一个劲儿地抽烟。"

夏曦决定公审处决段德昌。在分局会议上，他说："今天的会，主要是向大家通报一个重要情况，段德昌、陈协平、王炳南是'改组派'，他们分裂红军，攻击中央分局，尤其是段德昌，公然向中央分局写信，要回洪湖拖队伍。这三个人极其顽固，段德昌被打得昏死数次，王炳南一条腿被打断，陈协平十指打折。对他们，还要用重刑。我看，也不一定要等什么口供，现在就可以进行公审。"

贺龙反对："德昌有大功，杀不得。我愿以项上人头担保他不是反革命！"

夏曦硬碰硬："段德昌是'改组派'，要严厉打击！"

他们争论时，都动了气，把桌子拍得山响。特别是贺龙，激动得不能自制，喊叫的声音传出几十米远。整个军部工作人员和警卫人员面面相觑，不知发生了什么事。

当意见争执不下时，夏曦一拍桌子狠狠地说："好，决定了，杀！"

对于被捕后的遭遇，段德昌早有清醒的认识。他把明朝于谦的《石灰吟》用石块刻在牢房的墙壁上:"千锤百凿出深山,烈火焚烧只等闲;粉身碎骨浑不怕,要留清白在人间。"这是他最喜欢的诗句,也是他一生的行为准则。

随着一声枪响,名震遐迩的洪湖名将猝然倒地。

段德昌牺牲时,年仅29岁。

他的才华、战绩和情操,给世人留下了难以磨灭的印象。他的上级、战友无不为他的英年早逝而扼腕叹息。同时,他的冤屈、遭遇过于离奇,过于典型,使他成为整个湘鄂西数以万计在内部"肃反"中蒙难者的代表。

尸体可以入土为安,但冤魂却不能随肉身飘然远逝。包括段德昌在内的无数冤灵需要用公正来昭雪和抚慰。

湘鄂西"肃反"是中共历史上最为悲惨的一页,也是红军老战士痛心疾首、始终不能忘怀的心结。红二方面军战史曾经总结了湘鄂西内部"肃反"的4个特点:

湘鄂西的"肃反",虽然也同全国其他根据地一样,是在当时中共中央总的指导下进行的,但有其显著特点。一是打击面宽。湘鄂西各根据地、军队、地方机关和人民群众中无一例外都开展了"肃反"运动,"左"倾统治所及之处,无不深受其害。二是时间长。大规模"肃反"持续了两年多的时间,虽然区分为4次,但间隙都很短,或者没有间隙。三是由"肃反"发展到解散党、团组织和苏维埃机关,大大削弱了党的领导,导致了根据地和红军建设的大倒退。四是革命的骨干力量损失惨重。大批领导干部

被错杀，而且以反第四次"围剿"期间战斗十分紧张频繁的时候捕杀的数量最大。军队的领导机关被严重削弱；地方党委、政权机构几乎全被摧毁。各级地方领导机关，完全没有力量进行有组织的动员、率领群众进行反"围剿"，失败之后则更少有领导群众做恢复工作的，以致苏区全部沦为白区，隐蔽斗争也很少支持下来。这当然也同红军和各级地方机关仓促撤退、缺少坚持斗争的有力措施有关，但为害最烈、影响最为深远的还是摧残革命骨干，整垮了党的组织。这种情况在第二次国内革命战争中是比较少见的，是湘鄂西革命斗争史上最惨痛的教训。

1945年，党中央在起草《关于若干历史问题的决议》时，任弼时详细介绍了段德昌忠于革命、坚贞不屈的事迹，闻者无不潸然落泪。同年，党的"七大"正式为段德昌恢复名誉。

1951年，毛泽东主席为段德昌签发中华人民共和国中央人民政府第一号烈士证书。

八、五五年授军衔期间，毛泽东为德昌动情

1955年的春天比任何一个春天都更像春天。3月才开了个头，中南海怀仁堂旁边的小花园里，灿烂的迎春花尚未谢尽，夹竹桃的枝头便已闹出一团团缤纷。

太阳刚刚冒顶，彭德怀和解放军总干部部副部长徐立清等几位同志，准时来到怀仁堂门前这块芬芳馥郁的空地上。他们是按约来向毛泽东主席汇报全军军衔评定工作方案实施细则的。

半年前，彭德怀被任命为国务院副总理兼国防部部长和国防委员会副主席。在朝鲜战争差不多水落石出的时候，他成了毛泽东在和平时期治军方面的重要助手，这给他的精神面貌带来深刻的影响：蓬勃、稳健、自信而勇往直前。

早在1951年国庆节的晚上，彭德怀在朝鲜半岛上指挥志愿军迎击美军"秋季攻势"的间隙，就给毛泽东发回一份电报，提出了后来对新中国国防建设产生过重大意义的7项建议，其中有一条就是：在全军实行军衔制。

这实在不是一件容易做好的工作。在解放军28年的战斗历程中，哪一位将领没有一段曲折经历？所有人员都来自不同的革命根据地和方面军，以及一些地区性的部队。要实现"既增强团结，又提高积极性"这样一个工作目标，决非一蹴而就。

按照要求，元帅和大将的授衔名单，由中共中央书记处提名，最后经政治局审议确定。而1 000多名将军，特别是其中几十名上将的授衔名单，则须由彭德怀主持拟定，上报中央政治局。现在，彭德怀的方案已经拿出来了，并且带着名单分别拜访了每一位"老总"，万事齐备，只要毛泽东点个头，下一步就是落实一切具体事宜，如服装、衔牌以及授衔典礼的安排等。

毛泽东已经不止一次点校名单，每次都看得非常仔细，今天

火龙将军：段德昌

也不例外。看完之后，他点点头，说："不错，你考虑得很仔细，也很周到，是个好名单。"

接着，徐立清让总干部部的一位干事念授衔人员的部分简历。这是一份冗长的文件。虽说没有严格地划分大单位，但原则上还是按照红一、红二、红四3个方面军的顺序往下排列的。

毛泽东听得极为耐心，不时插进一句话，表示他的强调和重点关注。

"老彭，拟授将军以上的同志里面，有多少是黄埔生？"毛泽东突然问道。

彭德怀一愣，这个数字他事先并没有刻意地去计算。但是，按照他的一贯作风，又绝对不愿意报个概数，于是当场扳指头。约摸算了10分钟，彭德怀告诉毛泽东："据我所知，是81个。"

"嚯！"毛泽东朝大家看看，嘲讽地说："蒋校长晓得了要生气啰！"

彭德怀憨厚地笑笑："我们有许多同志，从一开始就是受党的选派，进到黄埔学习的。而后，又是周恩来同志的军事训练班，又是苏联'老大哥'的军事学堂，加上战场上的实际锻炼，有理论有实践，牌子硬得很！像许光达同志，就是这样的一个。"

"大将里面，许光达是红二方面军唯一的。"毛泽东说。

"红二方面军的将才、帅才本来也很多……"说到这里，彭德怀叹息了一声："都是那个'左'倾路线，屈死了多少好同志哟，像段德昌……"

"听说此人很会打仗?"

"不但会打仗,还很会做群众工作。他也是一个黄埔生……"彭德怀陷入痛苦的回忆。段德昌是彭德怀的入党介绍人,两人当年的情谊如同手足。对于他的死,彭德怀一直觉得心痛。在与贺龙、许光达的私下交谈中,彭德怀多次袒露过这一隐衷。因为贺龙、许光达曾在湘鄂西战斗过,并和段德昌同样结下了深厚的情谊。

毛泽东说:"许光达的脑壳也差一点像段德昌一样掉了啊!"他用手指着自己的脑门比画:"贺老总讲,他是捡了一条命。"

"是啊,不是国民党给他那一枪,去不得苏联,今天还有么子许光达哟!"

话到这里,两人都觉得很动感情,就一块儿沉默了。

一个时代的新生,无法不背负一个沉重的记忆作为代价。它绝不仅仅是肃穆的陵园和热闹的纪念碑。当悲伤被抽象成某种仪式,都意味着或多或少的矫饰。真正的刻骨铭心,是个人的无言。因为,只有无言才能表达生命间那种真实而深刻的联系。

毛泽东起身,点燃一支烟,自言自语道:"段德昌!段德昌!"尔后一语不发地摆摆手。彭德怀见主席此时两眼饱含着泪花,于是吩咐总干部部的几个干事:"不念了,改日再议。"然后,他和徐立清一起向毛泽东道了声"再见。"

1951年3月4日,政务院民政部举行颁发全国革命烈士证书仪式。毛主席凝望着盖有"中华人民共和国之印"的烫金证书,神情庄重地思考了好几分钟,然后拿起序号为"壹"的那一张,用毛笔遒劲有力地写下了"段德昌"的名字。

新中国成立后,在很长的一段历史时期内,多劫将星段德昌的英名引起了社会各界的广泛关注和高度评价,都说段德昌是能文能武、智勇双全的红军领导人,杰出的共产主义战士。他对党忠诚,待人诚恳,才思敏捷,浑身充满着革命的战斗激情和力量。在军史学界,有研究者甚至认为段德昌若不死,以他的杰出才能,必能被毛泽东重用,独当一面,成为开国元帅中的前几位,甚至能进元帅前三名。

韩英原型：贺英

贺英（1886~1933年），原名贺民英，乳名香姑，湖南省桑植县人，湘鄂边红军和苏区的卓越领导人，共和国元帅贺龙的亲大姐。1906年，20岁的贺英和丈夫谷绩庭组建了一支专与恶势力抗衡的土著武装。1916年，她支持弟弟贺龙杀死盘剥农民的桑植县大豪绅朱海珊，赶走贪赃枉法的知县陈慕功。1922年，丈夫谷绩庭被害后，她出任游击队支队司令，开始了更加顽强的斗争。1928年春，贺龙、周逸群、卢冬生等受中共中央指派到湘鄂西开展武装斗争。贺英得信后即刻带领游击队1 000多人参加了桑植起义。同年10月，红军主力在石门受挫，处境十分艰难。贺英倾尽积蓄，多方筹措，长途奔驰40余里，送去棉花、棉布、银元和子弹，随后又帮其补充兵源，挽救了红军。1932年第四次反"围剿"后期，湘鄂边武装斗争形势异常险恶，贺英带领游击队在桑植边界的大山中孤军奋战。1933年5月5日深夜，因叛徒告密，部队驻地被包围。战斗中，为掩护廖汉生等一批共产党员和留守部队安全突围，贺英不幸中弹牺牲，时年47岁。2009年9月14日，贺英被评为"100位为新中国成立做出突出贡献的英雄模范人物"之一。

一、号召妇女反对封建礼教 坚决不做"小脚"女人

在旧社会，女孩子 13 岁后就要开始包脚，把一双漂亮的大脚板自残成又小又丑的小脚板，留下终身痛苦。贺英长到 13 岁，按照旧时代的习俗应当包脚了。可是，她敢于反对封建礼教，坚决不做"小脚"女人。族内一些婶娘们上门责备道："女儿家，伸出一双大脚板，不怕别人笑话？"贺英指着那些小脚女人嘲笑道："你们包成二指宽的尖尖脚，走起路来一扭一扭的，真'好看'，小心踩死蚂蚁！"婶娘们讨了个没趣，只好又找到她的父母说："养女不教，一双大脚，疯疯癫癫，成何体统？"父母听后叹了口气，于是多次对贺英说："香姑，你还是把脚包了吧，免得人家整天笑话。"贺英理直气壮地说："不值得笑，应该反过来，我笑她们才是！一个人活在世上，不在脚板大小，要看她的路走得正不正。我们穷苦人家，把脚包得尖尖的，肩不能挑，背不能扛，手不能提，长着个嘴巴靠谁养活？"父母听女儿说得在理，也就再没逼她包脚。

看见贺英仍保留着一双大脚，能帮助家里干农活，周围的姑娘们很是羡慕，她们都纷纷请求香姑帮助自己不做"小脚"女人。贺英不仅在家里姊妹兄弟中威信很高，谁若互相打闹，惹是生非，旁人只要说一声"我向大姐告状去"，大家立即停止，鸦雀无声。

韩英原型：贺英

她在村里大人们眼里也是一个说话在理、威信很高的乖女孩，只要她上门做工作，大叔大婶们都听得进去。如今好多女孩子都上门求她，她理所当然地伸手相助。有一天，贺英把本村和附近寨子的30多位十三四岁的姑娘召集在一起开会，研究对策。她告诉大家："不做'小脚'女人，你们自己首先要在父母面前硬起来，敢于理直气壮地进行抗争，讲清'包脚'是封建统治对妇女的迫害，这种把女人不当人的封建礼教旧习俗一定要在我们这一代人身上被打破。"她的话迎得了姐妹们的一阵阵掌声，香姑虽然没上过学，可讲起道理来却一套一套的，不仅口才好，而且所讲的话句句在理。事后，她又请来村里的文化人写标语、发传单，大张旗鼓地向封建礼教宣战。

有这样两首很有意思的顺口溜，新中国成立前在贺英的家乡湖南省桑植县洪家关一带流传很广：

有女莫逼包小脚，
封建礼教不能学，
保持女儿大脚板，
别让一生不快活。

找妻不能要小脚，
否则过门成婆婆，
地里农活干不了，
全靠男人来养活。

在搞好宣传教育的同时,贺英还到少数封建思想严重、家长作风霸道的家庭登门拜访,一个一个地做耐心细致的说服工作。经贺英这么一搞,女孩子的家长怕找不到姑爷,女儿嫁不出去,再也不敢逼其包脚了。打这以后,在洪家关一带的妇女再没有包脚的旧习俗了。后来跟着贺英上山下湖打游击的许多女战士曾风趣地对她说:"香姑,你真行,想得远,看得也远,如果当初不是你把我们这些女孩子从小脚女人中解放出来,哪有这么多女游击队员跟着你闹革命!"贺英不愧是中国妇女解放运动的先行者和早期领导人之一。

二、丈夫被害后仇恨满胸膛
接过手中枪当上女司令

1906年冬天,20岁的贺英同表兄谷绩庭结拜天地成婚。谷绩庭,又名谷虎,身材高大,好交际,守信义,是当地打富济贫组织"光棍会"的龙头大哥。湘鄂川黔边界的崇山峻岭、街道码头,到处都有他的朋友。他在朋友的帮助下,弄了好几十条枪,在四周都是悬崖绝壁的鱼鳞寨修屋筑堡,正式竖起一面劫富济贫的旗帜,不少贫苦农民兄弟投奔他的旗下当兵。他的队伍发展到300多人,200多支枪,以鱼鳞寨为根据地,有时驻扎县城,有时转战到相邻的大庸、慈利,在鸟峰、石门、龙山、永顺边界一带开展游击战争。这支队伍在湘西很有影响力。

民国5年(1916年),袁世凯称帝时,贺龙与志同道合的伙

韩英原型:贺英

伴刀劈了盐局，拉起了一支队伍，当时谷绩庭也在其中。之后，贺龙树起了"湘西讨袁护国军"大旗，为了掌握县里的武装，贺龙要姐夫谷绩庭当桑植县警备队队长一职。谷绩庭开始不愿干，贺龙请姐姐贺英相劝，谷绩庭这才答应了。1918年，贺龙担任湘西护法军第5军第5团第1营营长，驻防桑植。他的姐夫谷绩庭任澧州游击第二支队司令，在安乡一带驻防，贺英也随丈夫到了安乡，协助谷绩庭料理部队。

1919年仲夏，贺龙接到两张委任状，一张是湘西巡防军统领陈渠珍要他当支队司令的委任状，另一张是澧州镇守使要他当团长的委任状。时部下官佐意见不一，最后贺龙选择到澧州镇守使那里当了团长。这一选择，引起了身边参谋谷膏如的极大不满。谷膏如已暗中投靠了陈渠珍，他暗起杀机，想趁贺龙午睡时杀死贺龙。他正要动手时，被贺英发现，谷膏如吓跑了，惊慌中丢下尖刀一把。谷膏如跑后，与洪家关附近的巫师章老二扯到了一起。章老二说："圣水要往贺龙家里喷，快刀要向贺龙脑壳上砍。"这年农历7月27，谷膏如和章老二带着"神兵"，火烧了洪家关，血洗了贺龙家。这一夜，贺姓人家受害48家，房屋被烧毁200多间，残害致死30多人，其中贺龙的亲属就有14人。

贺龙率队急至洪家关，章老二被生擒，谷膏如逃往永顺投靠了陈渠珍。当时，贺家族人埋怨贺龙说："出了一条龙，害得全族穷。""一人出门玩枪，全族跟着遭殃。"贺龙安抚了亲友，贺英也出面说服，告诉族人不要相信那些封建迷信的鬼话，并帮助受害者安排好生活。当时就有 30 多人参加了贺龙队伍。

第二年,谷膏如又勾结土匪陈继之,率众土匪在慈利叶家桥,偷袭了贺英父亲贺士道和弟弟贺文掌。贺士道被当场打死,贺文掌被谷膏如、陈继之放在大蒸笼里活活蒸死。时贺英正率一支队伍驻防安乡县刘家河,闻讯立时怒不可遏,在赶往桑植奔丧之前,砸了谷家祠堂,谷姓人家都深感事态严重,惊恐不安。谷贺两家械斗,一触即发。贺龙对姐姐和族人说:"我们贺、谷两姓,儿女亲家,世代通婚,贺家嫁谷家,谷家嫁贺家,不说满千,也有百把人,光我家就有一个姑姑、两个姐姐嫁给谷家人,贺、谷两姓要仇杀起来,不得了。谷膏如不但是我们姓贺家族中的仇人,也是姓谷家族中的仇人。谷膏如、陈继之之流,我早晚要他们的首级。"

一场大型家族的械斗,被贺龙涣然冰释。不久,贺龙好友钟慎吾将陈继之抓获,谷膏如却从此销声匿迹。

谷绩庭当澧州镇守使唐荣阳委任的支队司令不到一年,就被唐荣阳用武力缴了械。谷绩庭与贺英逃回了家乡。在杜家山的鱼鳞寨重整旗鼓,与官府豪绅作对。时土匪陈黑到了洪家关,陈黑是谷绩庭的老朋友,他设"鸿门宴"骗请谷绩庭吃饭,谷绩庭从杜家山到了洪家关,刚一进门,就被陈黑一枪打死。谷绩庭的贴身警卫徐焕然带枪冲了出来。

谷绩庭的遇害,给贺英带来了极大的悲伤。贺英与谷绩庭结婚后,夫妻二人感情很深。贺英还生一子,名"豹豹",不料这儿

韩英原型:贺英

子不到数月即夭折了。此后贺英再没怀孕,终身无子女。

贺英强忍悲痛,同弟兄们一起把丈夫的尸体运回杜家山。她吩咐人挑来一担清水,亲自把丈夫尸体洗干净,又找来针线把伤口缝好,用白布裹紧后,装入棺材。出殡时,她请来了7个道士做道场。谷绩庭生前好友都前来吊丧。

桑植及周围各县实力派,有同情的,也有幸灾乐祸的。当时,贺英在她家大门口的正前方,修起一座高高的坟墓,安葬了自己的亲人。此后,每天一早一晚,她都要站在墓前,默默地说:"你闭上眼吧,我一定为你报仇。"

"羊无头不走,鸟无头不飞。"一支队伍哪能没有首领?丈夫谷绩庭牺牲后,队伍中的弟兄们像掉了魂似的。贺英见弟兄们精神不振,急得吃不下饭,睡不好觉,开始思索这支农民武装的前途命运。解散吧,武器交给谁?这些武器都是弟兄们用鲜血换来的。再说,谷绩庭死后,各地的实力派都急着想来夺这批武器。此外,已当了旅长的弟弟贺龙远在川东涪陵一带,要是家乡没有一个队伍做后盾,乡亲们要吃多大的苦头啊!如果弟兄们不敢把劫富济贫的旗帜继续高高举起,还乡团很快就会回来,老百姓就会家无宁日。想到这里,贺英大胆地作出了决定,她把排连以上的骨干招到议事厅开会。会议开始时,她站起身来大声疾呼:"弟兄们,劫富济贫的旗帜我们一定要打下去,现在司令谷绩庭没了,谁来领这个头?"经过一阵热烈的讨论,大家一致推举贺英来当这个司令。

民国以来，全国军阀混战，你争我夺，闹得乌烟瘴气。桑植虽没有什么大军阀，却出现了许多称雄割据的"草头王"。什么"八大诸侯"、"四大鳌鱼"，有的三五条枪，有的十多条枪，不是你打我，就是我打你，厮杀不断，流血不止。贺英作为一个农家女子，带领一支队伍，要在这乱世中立稳脚跟，真是不容易。她将谷绩庭留下的队伍收拾起来后，选择了鱼鳞寨这个一夫当关、万夫莫开的天然城堡作为活动据点。贺英把这所古寨重新经营起来，在寨上盖好营房，修好工事，备好粮草弹药。这支队伍的人员中，多以亲戚、朋友和丈夫旧部为主，后来也逐渐增添了不少新人。她率领这支队伍曾和周围各县的封建军阀、贪官土豪劣绅及土匪打过不少仗。1926年夏，贺龙率部队从铜仁北伐之际，贺英联络了地方武装贺廉元、李云清、谷志龙等部，竟攻下了桑植城，把县长肖善堂追得屁滚尿流，最后跑到大庸的桥头镇才喘过气来。当时，贺英的势力控制了桑植县的一大半地区。老百姓和各界人士纷纷送来"万民伞"，欢迎女英雄贺司令进城。

贺英每次作战时，身穿紧衣，头缠青丝，脚蹬草鞋，身先士卒，勇不可挡，且双手打枪，百发百中，乘跨烈马，疾驰如飞。一次，贺英队伍与敌陈渠珍所部的两个团在永顺的塔卧遭遇。贺英趁早晨天降大雾之机，率队夺路而出。之后，她又组织队伍在瑞塔铺附近设伏，狠狠地打击了团防的嚣张气焰。接着，她又在东旺坪、八斗桥一带，打垮过慈利县恶霸胡三老板的反动武装，还多次击退过肖沛然、刘金星等匪徒对鱼鳞寨的偷袭和进攻。

韩英原型：贺英

三、提醒贺龙蒋、汪靠不住 务必选择一条新的出路

1927年4月,风云突变,蒋介石在上海制造了大屠杀。时任国民革命军独立第15师师长的贺龙率部驻防武汉一带,写信请大姐贺英来武汉。贺英带着妹妹贺满姑,贺龙的妻子、女儿等亲人和几个随员到了武汉贺龙处。在武汉期间,贺英亲眼目睹了国民党内左右两派的斗争,同时也接触了周逸群这样的共产党人及国民党左派人士,更看到了复杂的政治形势。

离开武汉的前一天,姐弟俩就当下时局进行了长谈。贺英对贺龙说:"看来蒋介石、汪精卫这些人都靠不住,国民党那帮人只顾升官发财,不要指望他们能干出什么好事来。我觉得像周逸群这样的共产党人不错,你要多听听他的。大姐虽然没上过学,但对时局的判断八九不离十,你相信我的话不会错。你现在人马多,气候大,但脑子要清醒一点,记住'兵败如山崩'这句老话。我得回去稳住后方那支队伍,一旦你在外面碰到难题,也有条退路。"贺龙劝大姐多住一段时间,贺英硬是要走。于是,贺龙送了大姐一些枪支弹药,并让张月圆随她一起回湘西。

贺英一行刚回到桑植不久,湖南就发生了"马日事变",国民党反动派到处追捕、屠杀共产党人和工农群众。形势一天比一天紧张,特别是到了1927年秋天,听说贺龙参加南昌暴动,并担任了总指挥,国民党反动派对洪家关更不留情了。1927年10月,陈

策勋调集600多人枪围剿贺英，扬言"不抓到贺英不收兵"。贺英骑着一匹大白马，指挥弟兄们边走边打，成天在枪林弹雨中过日子。龚莲香和张月圆两人手里握着短枪，总是跟随在她左右。他们从桑植城边绕道慈利边界的官地坪（新中国成立后划归桑植县），进入湖北鹤峰地区，29天打了32仗，有时一天一仗，甚至一天打几仗。贺英率部在堰垭住了一段时间，又经过走马坪，进入她外婆家乡——鹤峰县的王家河，在割耳台一带隐蔽下来。这里山高林密，到了冬天，山上一尺多厚的雪，气候相当寒冷。吃饭靠老百姓送包谷米，吃菜靠弟兄们上山打猎、挖野菜。生活艰苦，贺英同大家不怕，最难受的是荒无人烟，与世隔绝，听不到贺龙的消息。

贺英叹道："以前咱们在桑植能站得住脚，是有贺龙这面大旗在外边飘扬，如果贺龙这面大旗倒了，我们就立不住脚了。"贺龙的种种谣传，使贺英的心情极为沉重焦虑。

后来，贺英从参加南昌暴动失败回乡的王玉林、李云清、王炳南、贺学栋口中得知贺龙的一些消息后，派了王炳南到武汉探听。自己又带了几十个人，化装成一支运盐队伍，经慈利、石门、临澧等地，冒着种种危险，转了一大圈子，去寻找和迎接贺龙。然而这些活动都没有结果，他们只好抱着满怀的怅惘，返回王家河。盼望贺龙回来，贺英的心几乎要盼碎了，她真是望眼欲穿，愁肠欲断。

1927年年底一个严寒的日子里，贺英率队在泉峪与敌人打了一天。天黑后，敌人退去，贺英面向东方，昂首挺胸，直直地站在山头，清冷的月光照着她的身影，寒风抖动着她的衣襟。她一动不动，像一尊雕像，她盼着东方的亲人啊！

四、助贺龙和周逸群拉队伍 湘鄂边成立工农革命军

1928年春，当湘西万木生发之际，一个洪钟般的声音在湘西大地响起，贺英日思夜盼的弟弟贺龙回来了！他和周逸群、卢冬生等受中共中央指派回到湘鄂西开展武装斗争。

贺英听到这消息，兴奋极了。当贺龙等到达洪家关之际，她就急急忙忙地从鱼鳞寨赶回了洪家关。

贺英与贺龙相见之后，周逸群、贺锦斋也都过来同大姐见面。贺英高兴地对周逸群说道："逸群，云卿（贺龙字云卿）走上革命的道，大姐我十分高兴，你可是他的引路人啊！"

周逸群说："大姐，云卿走上革命道路，是他自己的努力，也离不开你这个亲姐姐的帮助啊！大姐的英名，早就在我们党内传颂开了。"

贺英摆摆手说："我怎么能同你们共产党员比哟！"

接着，贺龙把黄鳌、卢冬生等人给贺英作了介绍。黄、卢等人同贺英一一见过礼。

这时，贺英从身上掏出一支崭新的、金光闪闪的、上面刻着外国旗的小手枪，走到贺龙面前，亲手递给贺龙说："常常（贺龙的乳名），你看这是什么？"

贺龙接过手枪一看，不禁大喜。这是贺龙在讨贼军中当团长时，在四川与川军打仗期间，从范傻儿处缴来的枪。后来被姓马的骗了去，再也不知下落。不久前，贺英同陈策勋人马作战时，又缴回了此枪，现在，贺英把枪还给了弟弟，可谓"物归原主"。

一旁黄鳌见了，高兴地说："这是一个好兆头！"

贺龙等人到了洪家关后，立即着手宣传共产党的政策，树起了招兵买马的大旗。立时，桑植及周围各县都震动了。他当年的旧部和零散的农民武装及附近的青年，都纷纷前来投军。

这天，有个青年来见贺龙，他把一个灵牌递给了贺龙。贺接过一看，见灵牌上写着"恩公贺龙之位"。这个青年人叫柱子。柱子7岁那年，他爹被桑植大恶霸朱雨农逼死了，孤儿寡母没法过日子。当时，贺龙刚刚拉起队伍，知道了此事，便给了他们母子俩200元光洋，靠这钱，母子俩得以活下去。转眼10多年过去了，柱子长成了20多岁的小伙子。南昌暴动贺龙兵败的消息传来后，母子俩听说贺龙被打死了，十分难过，大哭了一场。娘儿俩忘不了贺龙的救命之恩，便偷偷地供起了贺龙的牌位，每日三叩首，早晚一炷香。贺龙回到洪家关，娘儿俩得到信儿，自然高兴万分，于是，儿子拉着妈妈来到贺龙面前，把牌位交给了贺龙。贺龙手托着灵牌，笑着说："我死不了，那些乌龟王八蛋咒我死，是做梦，我还要回来亲手杀死他们哩！"

柱子娘拉着贺龙的手说："柱子也长大了，当年，你救了我们娘儿俩的命，今儿，柱子就交给你了。"

韩英原型：贺英

贺龙拍了拍柱子的肩头说："好，是个机枪射手的材料。"

在贺英的奔走串联和宣传鼓动下，贺龙、周逸群等到洪家关树旗之后，归附者络绎不绝。亲族中有贺龙妹丈、红土坪的刘玉阶率枪10余支，人员30名；贺龙妻兄刘子维，虽与贺龙不睦，可还是来相投。刘是桑植罗峪大地主，也是个大团防头子，率枪数10支，人员300余名，还将家藏的粮食、骡马、猪羊、银元，献给了贺龙作为投奔队伍开支之用；贺英给贺龙长枪20余支，人员30名；贺龙族兄五洋关的贺炳南率枪数10支，人员200多名；族弟贺佩卿率枪10余支，人员百余名；旧部王炳南、梨树垭的李清云、竹叶坪的钟慎吾、杜家山的谷志成等，都率队前来。

王炳南，桑植五里桥乡袁家坪人。其父王仕杰，系贫苦农民，租佃福音堂几亩水稻田种。王仕杰共生三子，老大炳南、老二朝礼、老三朝盖。因家境贫寒，王炳南只读了两年私塾被迫停学。20岁时，王炳南娶妻另过。妻子朱子姑也是贫寒人家女儿，勤劳贤惠。王炳南耕种了几亩佃田，还煮酒卖，妻子纺纱织布。夫妻俩日夜勤俭，倒也勉强度日。王炳南24岁时，他们有了个小孩，日子越发困苦。无奈，王炳南便借贷与人合伙做生意，不想头一趟便被土匪抢个精光。正当王炳南走投无路时，贺龙等刀劈盐局，举枪拖队，夺了县城。王炳南知道后，一跺脚说："不是我要上梁山，是官府逼我上梁山。"遂同妻子洒泪而别，投军于贺龙旗下。王炳南身材高大，打仗勇猛，办事干练，生性直爽，贺龙甚是喜爱，不久便升其为连长。贺龙当澧州镇守使时，王炳南已升为营长。1926年，贺龙率师北伐之际，王炳南为第5团第1营营长。南昌起义后，王炳南升任第5团团长。起义失败，王同贺龙失去联系，也不知贺龙等人死活，便辗转回到了桑植，又拖起了一支队伍。他准备重整旗鼓，再定干戈。就在这时，他听贺英说贺龙来了，高兴异常，当即前来与贺龙等相见。

不到半个月的工夫，贺龙便拉起了一支3 000人的队伍，其中1 000多人是贺英旗下的游击队员。

贺龙见人马已有3 000，便同周逸群一起，将这支队伍整编了一番，建立了工农革命军，贺龙为军长，周逸群为党代表，黄鳌为参谋长，贺锦斋为第1师师长，王炳南为第2师师长。贺英将队伍交给贺龙、周逸群后，又在四里八乡招收一批游击队员回到了鱼鳞寨。

五、队伍交给党后重建遇险 贴身警卫和贺满姑牺牲

贺英把跟随自己多年，而且有丰富作战经验的队伍交给党组织后，开始重新拉队伍。就在此时，险情一个接着一个扑面而来。1928年9月16日，罗峪团防刘子维因与贺龙彻底闹翻，突然袭击贺英新组建的游击队驻地。贺英当时正与队员们吃饭，四表弟王华在哨位上听到崖壳地的芭蕉哗哗响，知道有情况，马上鸣枪报警。贺英听到枪声后，立即指挥着徐焕然、向连生、唐佑清、龚香莲、贺满姑、张月圆等一面抵抗敌人，一面掩护家属和孩子们

韩英原型：贺英

撤走。待家属和孩子们撤走后,敌人已冲进了村子。贺英的贴身警卫龚香莲不幸中弹牺牲,妹妹贺满姑带几个人冲了出去。贺英、徐焕然、唐志么、王华正等几个人跑到了一座山上,徐焕然的4岁儿子,突围时没带出来,亦被敌人抓走。

贺英等几个人正商量如何收容失散的同志时,刘子维又指挥人马冲杀过来,敌人边冲边喊:"贺寡妇只剩两杆空枪了,追上去抓活的呀!"

敌人发疯似地向山上冲,贺英等边抵抗边撤,子弹穿透她右臂,她撕下一块衣襟,缠了一下,又与敌人打了起来,最后,她和几个队员终于冲出重围。到了堰垭附近一个叫凤翅山的地方,才停住了脚步。凤翅山上有座青峰庙,这是个尼姑庙。庙里的老尼姑与贺英相识,老尼姑见贺英满身是血,忙拿出自己的衣衫给贺英换上。

为了收容失散的队员,贺英在这一带坚持了20多天,打听失散队员的下落,一些被打散的队员陆陆续续地来到了这里。对于龚香莲的牺牲,大家都很悲痛,尤其是贺英,更是难过。

龚香莲是贺英最喜爱的女兵之一,每晚都睡在她的身边。贺英像对待女儿一样待她。

贺英在凤翅山收拢了队员之后,即率队进入鹤峰县,经梅坪、走马坪、太平镇等地,进入了贺英外婆家王家河。

王家河一带,山高林密,群众基础好。老百姓对贺英都很敬重。贺英就带着队伍在这一带站住了脚。这一带的山民不多,且很穷，常年吃苞谷。贺英就带着队员采取长途奔袭的办法，到几十里外的村镇抓土豪，或去淡水河里拦截官船。贺英把打来的浮财一部分留给自己的队伍用，一部分救济了附近的穷苦山民。因此，山民与贺英队伍关系甚好。

王家河附近有个生产陶器的窑子，贫苦的窑工都认识贺英。一天，贺英带着徐焕然、向连生、张月圆等正与窑工谈心，侦察员回来了，见到贺英即难过地说："香大姐，不好了，你的妹妹贺满姑被桃子溪团防张恒如抓住，关在桑植县城了。"

贺满姑比贺英小12岁，嫁给本县的一个土家族农民向生辉。当时，她已是5个孩子的母亲。她在罗峪被刘子维打败后，带着几个人，在山里找了好几天，始终没有找到姐姐贺英，以为贺英转到了别处，便带着人回到了外半县的家乡杨垭，打算在家乡一边活动，一边等贺英、贺龙回来。

满姑随贺英出外拖枪之后，5个孩子均由其夫向生辉看护。向生辉是个贫苦本分的勤劳农民。满姑回到杨垭后，见反动势力猖獗，不敢在家中停留，就三天两头地换地方，多住在亲友家。她惦记着孩子，就把3个最小的接到身边，就是由于这3个孩子到了她身边，使敌人发现了她的踪迹。

一天，贺满姑转移到周家峪附近一个叫段家台的小村里住着，消息被桃子溪的团防头子张恒如侦知，张恒如即率兵将这小村包围，把贺满姑及3个小孩子都抓走了。

张恒如抓住贺满姑后，自以为立了大功，遂连夜将贺满姑及3

韩英原型：贺英

个孩子押到桑植县城。这3个孩子是三儿子向楚才，只5岁；四儿子向楚汉，只3岁；五女儿才生下8个月，还没起名，家里人都呼为"门丫头"。

贺满姑被张恒如星夜押到县城后，即交给了驻防县城的省军于团长。于团长听说抓了贺龙、贺英的胞妹，大喜，当即电告省城，谓其"捕获湘西工农革命军妇女总队长、女匪首贺英之胞妹贺满姑"。

敌人连夜审问贺满姑，问："贺英现在哪里？"

贺满姑说："她在哪里我怎么知道？"

敌人说："你带我们去抓贺英，不然，你，还有你的3个孩子，都不能活。"

敌人自然得不到满意的回答，遂对其动用酷刑。敌人见贺满姑还不说，就当着她的面毒打她的孩子。贺满姑见敌人如此卑鄙，怒骂道："你们不用狂，我英姐、龙哥一定会回来为我报仇的。"

满姑的堂屋嫂嫂叫陈桂姑，见满姑和孩子被抓，就到了城里，托人花钱，将3个小孩子赎了出来。

贺英从侦察员口中得知贺满姑被敌人抓住，非常焦急。也派人到县城活动，托人保释，但敌人发话，决不放贺满姑。

敌人对贺满姑不断地折磨、侮辱。贺满姑自己也不想再作生还的打算，便想服毒自尽。时桑植县内有个穷苦女人叫郑冬姑，是个常给牢里送饭的老婆子。这婆子与满姑早就相熟，她对满姑很同情。一天，这婆子又往牢里送饭，满姑悄悄地对她说："郑嫂，我是活不出去了，你想法给我弄点鸦片烟进来吧。"郑婆子立时明白满姑之意。回去之后，即做了十几个汤圆，里面包了鸦片烟，送到牢中。贺满姑遂将汤圆都吞下，很快，毒性发作了。贺满姑满脸发青，满嘴吐沫。敌人原想在农历 8 月 15 中秋节那天处死她，并以此炫耀他们的声威，如今见贺满姑服了毒，遂决定当即行刑处死，将其押往城北门校场坪。当时，贺满姑已奄奄一息，刽子手们仍把她架到行刑地，脱掉她的衣服，将她捆在木桩上，用刺刀将她一刀一刀凌迟处死。5 年后，杀害贺满姑的桃子溪团防队长张恒如被红军抓住，贺龙派廖汉生、肖庆云、满姑的儿子向轩将其押回军部。押送途中，因后面有敌人追赶，张恒如伺机逃跑，被当场打死。

六、主力红军受挫陷入困境
　　冒险相助送吃穿补兵源

  1928 年 7 月，贺龙率领工农革命军前往石门、澧县、松滋一带打游击，桑植只留下一些地方工作人员和游击队坚持斗争。主力部队一走，地方团防、土豪劣绅、流氓地痞等统统都活动起来，他们疯狂屠杀共产党员和红军家属。贺英这时是共产党游击队的主要领导人，在公开场合大家都叫她"司令"，平时一般都称她"香大姐"。她带着游击队活动在桑植的罗峪、龙潭坪、四门岩，鹤峰的堰垭、柘平、太平、割耳台等地，发动群众，联系一些地方武装，巧妙地同敌人周旋。

韩英原型：贺英

农历 8 月的一天，贺英率领游击队从鹤峰开过来，在桑植罗峪一带打游击。这里山高林密，地势险要，敌人轻易进不来，群众基础也比较好。贺英同农民一起做工，有时上山"赶场"，不容易暴露目标。只是消息闭塞，很难同外界取得联系。她陆续派出一些侦察人员，化装成老百姓到处打听情况，他们回来说了一些不好的消息。比如贺龙部队在石门一带受挫，特别是参谋长黄鳌、师长贺锦斋先后阵亡。南京、长沙的报纸大吹大擂，说什么"消灭共军干将"、"斩断贺龙两只臂膀"等。消息传到县里，剿共头子陈策勋得意忘形，更加不择手段地镇压革命。就在这时，贺龙率领的主力部队也陷入了极端困难时期。他们在石门一带打游击，几次受挫，全军只剩下 200 多人，70 多条枪，从南北墩退到桑植与鹤峰交界的堰垭一带大山上坚持斗争。国民党军队姜文舟一个团 600 余人，步步为营，层层封锁，对红军实行残酷围剿。贺龙将部队化整为零，转战于崇山峻岭之间。由于敌人的围剿日益加剧，增加了红军的困难，日不能归屋，夜不能成寐，仅一个多月时间，就转移了 23 个地方。特别是到了冬天，战士们还穿着单衣，寒风怒号，白雪纷飞，大家冷得直打哆嗦。部队穿深山，住岩洞，没有粮食，只好吃树皮，啃草根，过着非人的生活。红军越是困难，敌人越是缩小包围圈，扬言"不把红军打死在深山，也要困死在深山"。贺英得到贺龙被围困深山的消息，便把部下召集到一起，商议解救办法，大家一致表示要长途奔驰，支援主力部队。

于是，他们采取以往惯用的长途奔袭的办法，到 40 公里外的沙道沟一带打了几家土豪，弄了不少银元、布匹、棉花、腊肉、粮食之类的东西，用骡马和人力运着往堰垭大山送去。

这天，贺龙正与战士们一起套山鸡，忽见山谷之中，来了一支马队，十几个人。贺龙等警觉地躲了起来。当马队走近时，贺龙和战士们都高兴地迎了上去，原来是大姐贺英。

贺英同贺龙见面后，她见指战员穿得像叫花子，一个个面黄肌瘦，头发又长又乱，心里说不出的难受。她忍住泪指着战士们笑着说："文常，你这条龙，怎么带了一群猴儿兵啦！"

贺龙笑着回答道："大姐，你别看他们是猴，他们也会七十二变。到了春暖花开之际，我们就一变十，十变百，百变千，变成千千万万个猴儿兵。"

贺龙的话，让大家都笑了。战士们卸下银元、布匹、弹药，对大姐的雪中送炭无不感激万分。

这时，贺英又问贺龙："老躲在深山里也不是办法，下一步你有什么打算？"

贺龙长叹了一口气说："我来湘西快一年了，拉队伍几起几落，如今队伍到了这个地步，心里难受。"

贺英说："你也不要太难过。我告诉你，队伍要有一个能拴得住人心的东西，不然就不成队伍。"

贺龙说："我知道，大姐。要说天寒地冻，缺衣少穿，兵微将寡，这些都好办。最大的难处，是和党组织失去联系。队伍怎么搞，心里没底呀。我已派卢冬生去找党组织了。"

韩英原型：贺英

贺英说:"文常,你想想,过去人家提着脑袋跟你东奔西杀,图的是升官发财。而今你跟上了共产党,共产党为穷人打天下,这些人明白这个理吗?"

稍停,贺英又说:"你总要有个东西把人家的心拴住才行啊!"

贺龙说:"我入党晚,共产党这一套怎么搞,我还没弄熟,要是周逸群在就好了。"

贺英说:"我听周逸群说过,队伍里有 CP(Communist Party,共产党)、CY(Communist Youth League,共青团),就有了骨架儿。如今你的队伍里有多少 CP、CY?怎么才能让他们当好骨架儿?你要动一番脑筋。比如葫芦有个把,依我看,共产党和共青团就是葫芦把儿,你呀,要抓住队伍里的核心,队伍就准能发展。"

贺英的一番话,拨亮了贺龙心中的一盏灯,贺龙频频点头,说:"大姐,你虽然还不是党员,但我听着像是党的领导给我上了一堂生动的党课,我心中有数了。"

贺英走后,贺龙把现有的 14 名党员召集在一起开会,成立了党支部,亲任支部书记。

没过几天,贺英又派人给贺龙送了几百名青壮年、小伙补充到红 4 军队伍之中。贺龙紧紧依靠党团骨干,加紧练兵,使部队很快恢复了元气。

转眼间,又是一年春草绿,依然十里杏花红。湘鄂西大山之中,响起了第一声春雷。1929 年第一场春雨过后,这天中午,卢冬生带来了周逸群及中共湘西前敌委员会的指示。贺龙和指战员喜出望外，当即召开红4军党员大会，由卢冬生做了传达。时中共湘西前敌委员会受湘西、鄂西两个特委的委托，负责领导红4军和湘鄂边地方党，更名为中共湘鄂西前敌委员会，由贺龙任书记，张一鸣、陈协平、李良耀、汪毅夫、罗统一为委员。周逸群的信中介绍了洪湖地区开展革命斗争的情况，介绍了朱德、毛泽东在江西井冈山建立革命根据地的情形，讲了半年前中国共产党在莫斯科召开的第六次全国代表大会的精神。当贺龙听到卢冬生讲朱、毛在井冈山建立根据地的情形时，连连点头说："是啊，白鹤还有个滩头，野鸡还有个山头，建立红军得有个根据地才行。正如我大姐说的，你带这么多兵老是东跑西颠的怎么行。"经过讨论，决定红4军到鄂西活动，扩大红军队伍，建立革命根据地。行动前，贺龙对部队进行了整编，加强了政治思想教育，制定了建立根据地的方针、政策等各项工作。

贺英得知此消息后十分高兴，特意派人给贺龙捎话："根据地的选择，应是党和群众组织有相当基础的地方，并以给养丰富，地势险峻的地方为最佳。"

贺龙接受了贺英的建议，他将部队拉出堰垭，经沙道沟到成丰县的黑洞，智取汪家营，夺得不少枪支。接着奇袭建始城，镇压了国民党建始县县长，在邬阳关收编了陈宗瑜神兵。1929年5月，相继解放了鹤峰县城、桑植县城、长阳县城等地，红军人数不断壮大，根据地也日益巩固和发展。

韩英原型：贺英

七、困难危险自己主动担当
　　确保主力红军发展壮大

20 世纪 70 年代，作者在撰写第一军军史时，曾采访过杨家瑞、张树芝等许多老红军战士。他们告诫我："写第一军的军史，一定要写贺英，她对湘鄂西红军和革命根据地的创建和发展，是立了大功的。为确保主力红军发展壮大，贺英倾注了全部心血，承担了太多的磨难和牺牲。"

1930 年 4 月，中共中央要求贺龙领导的红 4 军与周逸群、孙德清、段德昌领导的红 6 军迅速会合，组成红二军团。湘鄂西前委根据鄂西特委的指示精神，积极进行东进会师的准备工作，遂组织了鹤峰中心县委，由江毅夫任书记，负责领导湘鄂边苏区的各项工作。并从红 4 军中抽出部分骨干，编成一个独立团，加上地方游击队 2 000 多人，作为湘鄂边武装力量。独立团团长贺炳南、副团长文南甫、桑鹤游击支队队长贺佩钦、五路指挥陈连振等都留在湘鄂边，这些部队统一由联防司令贺英指挥。

贺英与贺龙分手后，为免遭不测，即带领留守部队从鱼鳞寨撤出，向鹤峰王家河一带转移。反动团防头子陈策勋等见此得意忘形，他纠合刘子维等内半县的反动武装，向贺英的留守队伍及革命群众猛扑过来。贺英闻讯，同独立团团长贺炳南一起率部激战 3 天 3 夜，终于打退了敌人对苏区的进犯。

没过多久，敌人又调集了几千人马开始逐村逐寨清剿，大肆搜捕共产党员和革命家属，到处都是白色恐怖。时贺英的一个远房兄弟贺廉元（红4军的一名团长）的妻子汤小妹，在躲避敌人扫荡时，拖着一个8岁的孩子跑到了山上。然而这些丧心病狂的团防兵仍不肯善罢甘休，进山拉网式搜查。正当敌人即将抓住母子俩之际，汤小妹抱着孩子一起跳下了山崖，母子俩宁死也不愿意落在敌人手里。还有，红4军师长王炳南的父亲和他的儿子，被敌人抓住后打得遍体鳞伤，并被关进了大牢……敌人到处张贴告示："一家通共匪，十家灭满门；十家通共匪，杀掉全寨人。"

听到这些噩耗，看到这些反共气焰，贺英马上意识到这是敌人趁我主力红军不在而对我后方家属举起屠刀的危险信号。自己作为留守部队的联防司令，有责任保护好红军的家属和孩子们。为此，她立即召集留守部队的干部开会，做出4条保护措施：一是对到了上学年龄的孩子，通过地下党组织，把他们分别护送到上海、湖南常德等地读书，以培养革命的后代；二是对上了年纪、跟着队伍东奔西跑不方便的红军家属，则安排到比较安全的地方隐蔽起来，并派专人保护；三是对16岁以上、50岁以下能扛枪打仗的红军家属，则分发枪支给他们，将他们编入留守部队中；四是对少数有一技之长、会做点小生意的红军家属，则给他们一些盘缠，以外出做生意为掩护，求得生存的生机。

除了采取上述措施外，贺英还把一些烈士子女留在自己身边，亲自保护。贺满姑牺牲后留下5个孩子，贺英对他们做了非常精心的安排。她怕敌人对满姑的后代斩草除根，就把满姑的大儿子向楚生、二儿子向楚明、四儿子向楚汉接了出来，留在自己身边。后来向楚生和向楚明到了上学年龄，她就通过地下党组织把这兄弟俩送到上海上学。四儿子向楚汉一直带在自己身边，女儿"门丫头"送给了鹰嘴岩一户没儿女的张姓人家，还有一个儿子向楚才则由父亲向生辉领着。

值得一提的是，新中国成立后先后任北京军区政委、国防部副部长、南京军区政委、沈阳军区政委、后为全国人大常委会副委员长的廖汉生，就是由贺英从小拉扯大，并引导走上革命道路的。

廖汉生，1911年11月4日生于桑植长瑞乡一个农民家庭，适值辛亥革命暴发之际，其父廖茂才按照乡间流行的口号"推翻满清统治，恢复汉家天下"，为其取名"汉生"。廖茂才是个文化人，在长沙读书时，加入了中华革命党。廖汉生5岁时，廖茂才到了贺龙军中，为贺龙办文墨，百姓称其为"师爷"。在廖汉生10岁时，廖茂才染上暴病，逝于贺龙军中。后来在贺英的帮助下，廖汉生上了高小。贺龙在澧州任镇守史时，贺英又送他去常德读了3年中学，期间结识了共产党人滕代远，开始接触马列主义。1927春，大革命风暴席卷湖南，时廖汉生回到家乡，他同乡里的几个学生一起，搞起了农会。后来，反革命的血雨腥风从上海刮到了省城，又吹到湘西，桑植农运遇到危险，廖汉生等几个学生也散了伙。而团防头子刘子维仗着手下有十几条枪，要整廖汉生等人。眼看在家里待不下去了，廖汉生又回到贺英身边，投靠了贺英领导的游击队伍。从此，廖汉生投笔从戎，拿起了刀枪，走上了武装反抗旧制度的道路。贺龙回洪家关组织工农革命军时，廖汉生也参加了工农革命军。后来，贺龙又让廖汉生回到了贺英身边，在贺英的培养教育下，廖汉生迅速成长为一名有理想、有抱负的坚定革命者。

1930年秋，四川土著武装甘占元、张轩等部2 000余人，被四川军阀刘湘追击，进入鹤峰边境。贺英受湘鄂边鹤峰中心县委委派，到奇峰关争取甘占元、张轩率部加入红军。贺英受领任务后，首先派侦察员了解情况，得知甘占元、张轩已与共产党员覃伯卿的"共产军"合二为一，总兵力达3 000多人。覃伯卿是四川的第一批共产党员，后来在杨森部队中做秘书兼随营军事政治学校教官。1928年，覃伯卿在杨森部队中秘密组织兵变，因事泄而逃回家乡忠县石宝寨乡，继续拉队伍，活动在川东一带。时见甘、张为避吞掉之险，覃伯卿想趁机把他俩拉过来。甘、张与覃系同乡，遂愿与覃的"共产军"合为一体。此时，杨森派兵围剿"共产军"，"共产军"不支，退入鄂西。贺英得知覃意投贺龙部后，很快秘密与覃伯卿接了头。但贺英同时也了解到甘、张二人打着"共产军"的旗号在走马坪镇驻扎时，曾打着贺龙的旗号拉夫派款、征粮征草、打人骂人、又偷又拿，闹了七八天才走。贺英将自己与覃伯卿会面及调查了解到的这些情况向中心县委作了汇报，县委对收编这支"共产军"有些犹豫，主张等贺龙带主力红军回来后再议。贺英说"不能犹豫,'共产军'纪律涣散,我们收编后进行整顿、严加管教就是。"贺英决定冒险到"共产军"中与覃、甘、张会谈,县委同意了她的意见后,贺英出发时派人给贺龙送了一封信介绍了这一情况。

第二天,贺英来到"共产军"驻地,与覃、甘、张见了面,商谈了收编事宜。覃、甘、张对贺英提出的收编方案满口答应。尔后,贺英将"共产军"3 000人马带到了奇峰关一带,等待贺龙的收编命令。

贺龙收到姐姐贺英送来的信后,报告了邓中夏。邓中夏听说"共产军"有3 000人马,当时吸了一口冷气说:"我等新败,这3 000人马若反水,我们可吃不消啊!"

贺龙说:"甘占元、张轩都是土著军阀,覃伯卿我不了解,但据信上说他是共产党员。"

军团政治部主任柳直荀插话说:"不管怎么样,既然他们相投,我们总是要以礼相待才是。可约他们前来,以便进一步从中查出他们是否真心。"

贺龙说:"此事是我大姐接的头,还是请她代劳相约吧。"

当下,贺龙给覃伯卿、甘占元、张轩写了信,邀请3人前来相商。贺英接到贺龙的信,即派人飞马送覃、甘、张3人。

与此同时,贺英又亲自来到红二军团营地当面向邓中夏、贺龙、柳直荀等诸位领导介绍了说服这3 000土著武装加入红军的经过,并提出了自己对收编改造这支队伍的具体想法。

一天后,在走马坪前的坪坝上,红二军团召开了收编大会。贺龙站在雪地中,亮开嗓门对被收编的士兵说:"从今以后,你们就是红军了,我贺龙是你们的总指挥。可我是有'老板'的,我的老板就是共产党,我们大家要一起听共产党的话,为穷苦人打江山,争天下!"

八、因叛徒告密遭敌人包围 掩护部队突围不幸牺牲

1932年秋,国民党反动派对各个苏区实行残酷围剿。湘鄂边苏区失陷后,仅剩下了贺英领导的一支游击队,于桑植、鹤峰两县边界的四门岩山里打游击。游击队中还有一些家属是红军将士的妻子,有的还怀了孕。艰难困苦之状,一言难尽。10月的一天,沙道沟的团防匪超然、张焕然带领1 000多人包围割耳台,贺英只好率部转移,隐蔽在石家河的硝洞里。敌人扑了空,转了一圈走了。游击队在洞里没有东西吃,得派人出去打给养,大家都争着出去。最后由贺英点到张月圆和几个机灵的青年人出去。他们这次上了敌人的当,没料到敌人转了一圈之后,没过多久,杀了一个回马枪,把女兵张月圆抓住了。张月圆被捕后,敌人对她严刑拷打,要她供出贺英的下落。张月圆宁死不屈,吃尽苦头,始终守口如瓶,没供出一个字。她知道贺英、廖汉生、徐焕然、向连生、肖银之等游击队负责人和共产党骨干都隐蔽在洞长湾,敌人要是知道他们的下落,就会将他们一网打尽。她宁愿牺牲自己的

韩英原型:贺英

性命，也决不出卖一个同志。可是，灾难终于来了。1933年5月5日这一天，当地农会出了个叛徒名叫许黄生，他向敌人告密："贺英领导的游击队躲在竹林丛中的洞长湾。"鹤峰县的团防大队长覃福斋、保长孙海青等人立即率领300多人连夜包围了游击队驻地，并钻进茂密的竹林里逐渐缩小了包围圈。警惕的哨兵唐佑清听到竹林中有响动，马上站起来大声喝道："干什么的？"他正鸣枪报警，敌人"砰砰砰"射来一串子弹将他打倒在地，献出了年轻的生命。

此时，贺英正在睡觉，听到枪声立即从床上抄起双枪命令游击队员们与敌人展开激战。在大家的英勇还击下，敌人不敢拢来，伤员和家属小孩们在二妹贺茂妹的带领下得以从后门撤出。战斗持续了一个多小时后，敌匪人多势众，步步紧逼，边打边叫："冲啊，打死贺英有重赏！"贺英紧靠在前门侧边，沉着应战，敌人始终冲不进来。突然一颗子弹飞来，打中了贺英的右腿，她倒了下去，鲜血流了一地。徐焕然解下自己的腰带，将贺英受伤的大腿根部扎紧，然后用白布包好她的伤口，背上她正要走，一颗子弹擦伤贺英的肋下，射中徐涣然的肩膀，背不动了，只好把她放下来。贺英一边让徐涣然先走，一边继续还击，并急切地对身后的廖汉生等人说："这时刻我怎么能离开战斗岗位，我掩护，你们赶快突围！"她不顾伤痛继续坚持战斗。"砰砰砰"、"咣咣"的枪弹声响成一片。

战斗在激烈地进行，队员们的伤亡在不断地增加，贺龙的两个外甥也都负了伤，贺英的伤口在剧烈地疼痛，血不停地从伤口往外流,她咬紧牙关,鼓励战友:"坚持就是胜利,天亮后我们的人就会赶来。"她顽强地同其他游击队员一道英勇地阻击敌人,使敌人不能前进。渐渐地东方透出了鱼肚白,她知道附近的游击队、赤卫队听到枪声会赶来救援。

可正在这时,又有两颗子弹击中了贺英的腹部。一颗击中肚脐左侧,另一颗射入小肚子。小腹部的一颗是炸子,贺英的下腹部被炸开了一个洞,粉红色的肠子顿时流出来一尺多长。贺英明白自己的时间不多了。她镇定地托住自己流出来的肠子,将其塞回腹中,然后一边叫人用一尺宽的白布把自己负伤的肚子紧紧缠起来,一边把自贺满姑牺牲后一直跟随着自己的8岁外甥向轩叫过来,强忍着伤口的剧痛将两把枪递给向轩说:"孩子,莫哭,快去找红军,找大舅去,报……仇……",然后命令徐涣然等人撤退。

向轩接过枪,含着泪水和徐涣然等人一起撤退了。

贺英见众人撤退,她又艰难地端起一把长枪来和敌人厮杀。此时贺英怎么也想不到,二妹贺茂妹为了救自己,将家属小孩藏到一个安全的山洞后,又向洞长湾杀过来。结果半路上,她不幸牺牲。

时间一分一秒地过去,贺英腹部缠着的雪白绷带已经完全被鲜血浸透,她的意识逐渐模糊起来。突然,敌人射来的一颗子弹击中了香大姐的左胸,射穿了她的心脏。她永远地倒了下去。

鹤峰县团防大队长覃福斋等人终于带人冲进场屋,只见贺英凤眼圆睁,背靠墙壁坐在血泊中,手中仍然持着一杆长枪。慑于

韩英原型:贺英

贺英的威名，竟然没人敢上去查看。覃福斋令人对贺英的尸体又放了一排枪，见贺英全无反应，这才确定贺英的确断气了。

覃福斋下令将贺英的尸体抬去县城领赏。走到村外一块水田里，突然听到身后洞长湾喊杀连天，原来徐涣然等人带着增援的赤卫队赶回来了。情急之下，覃福斋一刀砍下贺英的头颅提在手里，然后命人将其四肢砍下，十来个团丁每人各扛一节尸块，加快速度，逃了回去。

第二天敌人发布告示，声称已经将"巨匪贺仙姑等人击毙正法，尸首悬挂四门示众。"得知大姐贺英、二姐贺茂妹英勇牺牲，惨遭分尸示众，贺龙心如刀绞，仇恨的泪水滚滚而下。他恳求贺炳炎去收尸："你带点钱去，总还剩点骨头渣渣吧，收拾一下。"

在当地群众的帮助下，收拢了烈士的遗体，缝合起来入殓安葬。新中国成立后，烈士的遗骨被迁葬到了烈士墓园。贺龙与贺英姐弟情深，贺龙在回忆湘鄂西革命斗争的历史时，曾多次提到贺英，他说："我大姐是穷人家的长女，从小锻炼得很能干。她长得高高大大，大手大脚，很像现在的女子篮球、排球队员。我们一大家子人，我不大管家，那时我也没得经济能力给她资助，都是她自己克服困难支撑着一家人，养育着红军家属和不少烈士子女。1930年我带着主力红军东下洪湖后，因为'肃反'扩大化，根据地和部队都遭破坏，湘鄂边只留下我大姐的这支游击队。她为中国革命贡献了一切，她保护了许多人，特别是像廖汉生等一批共产党人就是从我大姐那支队伍中突围出来找到红3军的。如今他们都成了共和国的将军，而我的大姐却在掩护他们的战斗中惨遭杀害。所以说，我大姐用生命保存了一批革命力量，这一功劳是不可抹掉的，应该载入革命的史册。"

值得一提的是，为建立新中国献出了毕生精力和生命的贺英，却不是共产党员。贺龙曾披露过大姐为什么没有入党的原因。他说："我大姐曾三四次向周逸群和我提出入党要求，周逸群当时是书记，他向我大姐解释说：'香姑，你目前不入党比入党作用更大，湘鄂边的一些团防、民团首领，有的反共，有的是中间派，还有的是支持我们的。你在这里关系多、影响大，要多做团结争取他们的工作，以减少对我军的阻力。太红了，人家看你是共产党，就不敢接近了。党需要你暂时不入党，但你的心早已向着共产党，党是知道的，待适当的时候再履行入党手续。'就这样，贺英一直到牺牲也没有入党，但她却是人们心目中纯粹的共产党人。"

黄新庭将军1989年8月曾向作者介绍这段历史，他十分动情地说："在第一军红军时期牺牲的英烈中，最使我感到心痛的有两位：一位是段德昌，他才华出众，对革命贡献那么大，却在'肃反'扩大化中惨遭不幸；另一位是贺英大姐，她带领的游击队是共产党领导的，为了党的事业却没有入党，当时找她谈话的党的书记周逸群同志早已牺牲。现在我们共产党应该兑现承诺，追认她为中国共产党党员，否则，我们就对不起这位为建立新中国而英勇献身的革命英烈！"

韩英原型：贺英

土家英豪：万涛

万涛（1904~1932年），原名诗楷，号铁民，曾化名王德，土家族，四川省黔江县（现重庆市黔江区）人。1924年加入中国共产党，湘鄂西革命武装和苏区创始人之一，红军高级将领，无产阶级革命家。

1928年夏，万涛作为中共中央巡视员到鄂西视察工作，后任中共鄂西特委副书记兼组织部长，同周逸群等领导鄂西地区人民开展武装斗争。在白色恐怖中，他曾被捕过，遭敌人严刑拷打，始终英勇不屈。1928年冬，在党组织多方营救下获释出狱。1930年年初，被派往湘鄂边革命根据地，传达中共中央和鄂西特委关于中国工农红军第4军与鄂西红6军会师的指示，任红4军政委，并兼任红4军第二路军党代表，与贺龙一起率部东进。同年7月4日，红4、红6军在湖北公安胜利会师，组成中国工农红军第二军团，至此，以洪湖为中心的湘鄂西革命根据地初步形成。1931年3月，红二军团缩编为红3军，已离开洪湖苏区远征数月。为打破国民党军队对洪湖的"围剿"，党派万涛和段德昌一起率新成立的新6军向北行动，开辟新苏区，并寻机与红3军取得联系。

会合后，新6军改编为红3军第9师。1931年6月，他参与领导洪湖地区第一次、第二次反"围剿"斗争，同年9月，他接替犯错误的邓中夏，任前委书记、军委分会主席团委员兼红3军政委，与贺龙一起率部安全回到洪湖苏区，巩固与发展了湘鄂西革命根据地。1932年9月，在湘鄂西苏区"肃反"扩大化中被关押、被捕期间，他坚持真理，宁死也不承认强加在自己头上的所谓"罪行"，最后被扣上"反革命的高等坐探"、"改组派首领"的帽子，被害于湖北监利县周老嘴，年仅28岁。

1957年12月，党中央为万涛平反昭雪，正式追认他为革命烈士、无产阶级革命家。

一、重庆求学期间秘密入党 领导学运和青运显才华

在地处武陵山区的黔江,有一条美丽的河叫阿蓬江。阿蓬江中段有个著名的风景区叫官渡峡,离黔江县城20多公里。官渡峡是阿蓬江上的一段峡谷,两岸悬崖百丈,峭壁摩天。抬头蓝天一线,低头绿水一泓,船工撑船而行,见山崖藤萝倒挂,飞瀑直落江心,崖棺悬置绝壁……此情此景,比长江三峡和大宁河小三峡更见奇美,是著名的风景点。就在官渡峡景区的冯家镇桂花村,有一片占地面积1780平方米、总建筑面积约1100多平方米的青瓦木结构建筑。它始建于清朝同治十一年(1872年),单檐悬式屋顶、穿斗式梁架,包括正房、厢房、前厅,共有房间23间;门楼、绣楼一应俱全;同时花窗、楼栏、板梯以及屋脊雕饰的狮纹、卷草纹、水波纹,无不显现出高雅气派。这一处清代古宅院,就是万涛烈士的故居。

由于其家境颇富,万涛少年时投读于塾师门下,1920年入县城高等小学堂读书。该校校长陈宿航曾留学日本,万涛经常听他讲中国长期受欺凌侮辱的历史,从小受到爱国主义思想熏陶,对日本侵略者的野蛮行径和封建军阀统治者的腐败无能深恶痛绝。

1923年7月,万涛高小毕业后,告别新婚才3个月的妻子,来到重庆求学深造。这时,重庆地区的革命氛围很浓厚,由共产党人萧楚女主笔的《新蜀报》积极宣传马列主义，宣扬"五四运动"民主与科学的精神，对万涛产生了很大影响。他积极参加进步学生运动，并带领广大青年学生走上追求真理的道路。

他在重庆学运动员誓师大会上曾发表了一篇震惊整个山城的演讲，他说："……困难当头，形势紧迫，求学业不如求真理；反动统治，腐败透顶，只有推翻打倒它，老百姓才有好日子过；太阳的曙光已经在中国大地上亮起，共产党的主张道出了四万万同胞的心声，只有万众一心跟着这样的党走，中国才有希望。"万涛的这一演讲，当时在重庆的各个大学、中学引起了强烈的反响。

此外，为把更多的青年学生动员起来，他还深入到学生中去，积极宣传中国共产党救国救民的政治主张。在万涛的影响和带动下，广大青年学生纷纷响应，积极投身其中，使重庆地区的青运、学运一浪高过一浪。

他还多次劝说父母"把家里租田地收的押金全部退掉，佃户每年交多少租就收多少，不要多收，因天灾人祸交不起租的一律免交，千万不能逼债。"父母听从了他的劝告。从此，万涛家乡的30多位青年不再为家里交租发愁，先后离开农村走上了革命道路。

万涛凭借其工作能力和对革命的执著，受到重庆党组织的高度重视。1924年，他光荣地加入了中国共产党，成为重庆地区著名的学运和青运领导人之一。党中央非常欣赏和看好这位革命青年的才华和胆量。1926年，万涛被调往临时中央所在地上海，在周恩来的直接领导下，专门从事学运、工运、农运的调查研究工作。期间,他不知疲倦地冒着生命危险深入全国各地学运、工运、农运第一线调查和指导工作,总结出了许多各具特色的斗争经验,纠正了一些地方一度出现的盲动主义错误和政策上的偏差,为我党正确地指导全国各地的学运、工运、农运提供了理论和政策依据。

二、临危受命湖北指导农运 被捕入狱始终坚贞不屈

1927年8月7日,中共"八七"紧急会议在汉口召开,会议中心议题有3项:一是共产国际代表报告与议定告全体党员书;二是临时中央常委代表瞿秋白报告与讨论会议决议案;三是改组中央政治局。

"八七"会议结束了陈独秀"右倾"路线对中共的统治。会议选出了瞿秋白等中共中央临时政治局常务委员会。之后,瞿秋白这位中共的"舵手",把中共这条航船一下由"右"拨向了"左",使中共全党的中心工作集中到了"暴动"上。暴动成了革命与不革命、革命与反革命的分界线。

中共由"右"突然至"左",有主观亦有客观原因。对国民党屠杀政策的仇恨和对陈独秀投降主义的愤怒,使党内"左"倾情绪很快发展起来。除了这种"左"倾情绪外,还有一个认识问题,即所谓"左"比"右"好。"左"是站着斗,"右"是跪着降。当时在党内(一定范围内)已经形成了舆论,而"左"倾情

绪和"左"倾认识（理智）结合起来，就成为盲动主义的发展动力。于是，盲动主义代替了投降主义，中共历史证明，矫枉极易过正。

但是，"八七"紧急会议对中国革命起了巨大的推动作用。"八七"会议毫不妥协地批判了陈独秀的"右倾投降主义"错误，坚决地纠正和结束了危害革命的"右倾投降主义"路线，确定了土地革命和武装反抗国民党反动派屠杀政策的方针，号召党和人民群众继续革命。

"八七"会议之后，中共领导的暴动在城市和农村纷纷举行。中共中央制定了《两湖暴动计划》。计划称：

（1）目前两湖的社会政治经济情形，纯是一个暴动的局面，本党当前唯一重要责任，就是坚决地实行土地革命，领导两湖的工农群众实行暴动，推翻武汉政府与唐生智的政权，建立真正的、平民的革命政权，如此才能保障革命猛烈的继续进展。

（2）两湖的暴动尚未开始，在时间上已经是失败，这是犹豫不决与不相信农民群众力量的结果，如此便要丧失革命。

（3）土地革命必须依靠真正的农民群众力量，军队与土匪不过是农民革命的一种辅力，纯粹依靠军队的行动而忽略农民本身之组织力量与行动，也是机会主义的一种表现形式。这样领导暴动，无疑要归于失败。这不是暴动，而是一种军事的冒险或军事投机。

（4）两湖的农民暴动必须开始于9月10日，因为两湖的环境不同，两湖应各有其中心区域，应各创成一种独立的暴动局面以发展暴动，但总的政治目标、口号与行动须一致。

（5）湖南暴动可以分为三大区：一为湘南各县、郴州、宜章、汝城、永兴及衡阳、耒阳、衡山两路，须于9月6日开始暴动，夺取衡阳，暴动成功后，会合潭醴之师合攻长沙。第二区为湘中、湘东各县，为安源、醴陵、湘潭、湘乡一路，浏阳平一路，宁乡、益阳、安化一路，湘阴、岳阳、长沙与其近郊一路，各路以长沙为中心准备于9月10日开始总的暴动。各区暴动成功之后，除留一部分力量维持本区之秩序外，应迅速调动大部分力量攻长沙。长沙于9月12、13日应有一暴动，实行取得政权推翻湖南省政府。湘西分临澧、安乡一路及常、桃、汉一路，常德为中心，准备于9月10日开始暴动，夺取常德为长沙应援。此外湘中之宝庆一带及湘西之醴陵一带，亦须有准备于9月10日左右发动暴动，以为各路主力之声援。如此全省范围的暴动，应普遍地以中国革命委员会湖南分会的名义为号召中心，此革命委员会于暴动成功之后组织湖南省临时革命政府。

湖北的暴动计划分为6个暴动区：鄂南区、鄂中区、鄂西区、襄枣区、京汉路区、鄂东区。鄂南区为通城、崇阳、通山、蒲圻、嘉鱼、咸宁、武昌7县；鄂中区为沔阳、潜江、汉川、天门、京山、应城、监利7县；鄂西区为江陵、公安、石首、荆门、当阳、宜昌、宜都、松滋8县；襄枣区为襄阳、枣阳、宜城、光化、谷城等县；京汉路区为黄陂、孝感、应城、应山等县；鄂东区为黄冈、鄂城、大冶、蕲春、黄梅、广济、阳新等县。

《两湖暴动计划》要求湖北的暴动区域应于9月10日从鄂南开始，而后鄂中、鄂西即响应，3个区域的暴动创成一独立局面，威胁武汉或从鄂南攻取岳州威胁长沙。襄枣区的暴动亦于9月10日起，至迟不过12、13号，如鄂中、鄂西、襄枣暴动开始之后，鄂东区、京汉路区须尽量响应。

对于暴动中的政策界限，计划中亦作了规定。对于土匪，应对他们进行宣传，使之在农民协会或革命委员会之下进行改编。

湖北省委书记罗亦农根据"八七"会议精神和中央的《两湖秋收暴动计划》，制定了《湖北秋收暴动计划》。

9月，中共中央机关开始迁往上海，为了加强对长江中部各省革命运动的领导，中共中央决定委派万涛作为中央巡视员，到湖北指导农民暴动。

在万涛来湖北之前，湘鄂西地区已经发动了几次农民暴动。虽然灭掉了一批反动军警、官吏、土豪劣绅，打击了其反革命气焰，但因缺乏领导起义的经验，革命力量损失惨重。

在这艰难时刻，万涛临危受命，勇挑重担。不想，困难和艰险接连不断。1928年1月，鄂西特委在沙市成立，万涛任特委委员。可4个月后，特委书记张计储被害。上级委派周逸群恢复重建鄂西特委，周逸群任书记，万涛任副书记。当时，敌人正进行残酷的"清乡"活动，大肆捕杀共产党人，鄂西特委所辖的各县党组织损失很大，其中公安、长阳等县党组织几乎全被敌人破坏，

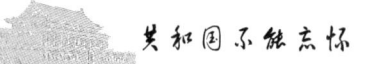

革命事业面临严峻考验。

万涛同其他特委同志一起及时总结纠正了一度出现的盲目主义和地方主义倾向，清理、恢复、整顿各县党组织。他要求党员以灰色面孔出现，利用各种社会职业作掩护。同时，把工作重点从城市转移到农村，发动各县开展抗捐抗债活动，发展农村游击战争，使党组织在较短的时间内得到了巩固和发展，若干小块游击根据地不断出现。

就在革命形势出现转机时，万涛前往华容巡视指导反清乡斗争，不幸被敌人抓捕入狱。其间，尽管敌人使尽了威逼利诱的各种招数，但万涛始终坚贞不屈，没有暴露自己的身份，后经党组织多方营救，于1928年冬获释。

1929年3月，蒋桂战争爆发，驻鄂西桂系军阀外调与蒋介石作战。一时间，鄂西的敌人力量变得薄弱起来。万涛等领导的鄂西特委及时抓住这个有利时机，迅速发展游击战争，实行农民武装割据，打土豪分田地，将没收的土豪劣绅财物分发给穷人，群众踊跃参加革命。到夏天，江陵、石首、沔阳、监利等县交界的洪湖、白鹭湖沿岸大片区域，形成了工农武装割据的大好形势，在湖港交错的江汉平原上，一块初具规模的红色区域逐渐成形。

三、重视部队思想政治建设
助贺龙重振红4军雄风

1930年年初，贺龙领导的红4军遭遇重大损失，由原来的

3 000多人、700余条枪锐减到92人、70多条枪,几乎就要全军覆没。这一重大损失是省委、特委在不了解敌情的情况下,强行命令红4军去石门增援伍伯显、袁任远、侯宗汉的暴动游击支队造成的。

石门位于澧水中游,邻接湖北省,虽系偏远之地,然大革命时期也搞得轰轰烈烈。其中有影响的共产党员有苏清锡、张海涛、邓恒泰、袁任远、阎昌奎等。"马日事变"后,阎昌奎等惨死敌手,军事部长罗效之叛变。中共湖南省委又派伍伯显到石门。伍抵石门后,即同袁任远一起建立了一支武装力量。首先于南乡消灭了石门县20余名警察,打出了"暴动队"的旗号。而后又端了夏家港团防,与侯宗汉领导的一支武装合编为暴动游击队支队。他们以石门的太浮山为依托,与敌人周旋,队伍扩大到千余人。

时何键下令石门、慈利、常德、临澧、桃源5个县的团防联合"围剿"这支刚合编而成的游击支队,并令湘军陈嘉佑团前往。鉴于此情,中共湖南省委和湘西特委令红4军前往增援。当贺龙接到省委、特委指示之际,暴动游击支队正被敌人打垮。而省委、特委不了解此情,贺龙亦不知晓,遂率红4军火速奔石门。

当贺龙率人马行至石门北磨岗隘时,中共湘西特委机关遭敌破坏,特委委员蔡以诚等被捕,蔡叛变后供出了贺龙率红4军开进石门的计划,湘敌大惊,遂集中3个师和数县团防武装开赴石门,要一举"包剿"红4军,而此情,省委、特委丝毫不知。

当贺龙率红4军进至石门碟阳时,天色已晚,又阴雨绵绵,

遂下令宿营。军部和侦察大队驻新开寺,贺龙随军部手枪队及前委驻曾庆轩家。半夜时分,突然枪响。贺龙猛然惊醒,侧耳一听,对左右说:"这枪不一般,不是民团,是国民党正规军,快撤!"

由于敌人有准备,红4军处于被动,加之天黑,贺龙指挥也不灵了,人马被打散。敌人边冲边喊抓贺龙,使得到处都响起抓贺龙的声音。贺龙深知已陷入敌人重围,急带手枪队向西北角冲去。七转八转,直到天明才突出重围,贺龙一看身边只剩下几个人。

贺龙突围之后,即收拾部队,人马损失大半。参谋长黄鳌牺牲,众人无不伤感。这时贺龙才从侦察员报告中得知,夜袭之敌是敌第14教导师李云杰部。贺龙遂率残部退到澧县的泥沙镇。在这里,为牺牲的将士开了追悼会。部队刚安顿下来,石门团防队长、叛徒罗效之率团防和陈嘉佑两个营又赶来偷袭了红4军。贺龙发现敌情严重,下令全军撤退,贺锦斋率警卫营断后。这一场战斗,枪炮声震得群山乱抖,喊杀声催得斗转星移。到了金鸡报晓之际,红4军大部分人马撤走,贺锦斋正要下令警卫营撤退,一颗子弹飞来击中了他的头部,片刻身亡。战士们哭喊着:"贺师长!"哭喊声竟为敌人知晓,敌群中有人高兴地叫道:"贺龙被我们打死了!"敌人蜂拥着扑过来,一看不是贺龙而是贺锦斋,便把他的尸体抢了过去。罗效之遂令人砍下贺锦斋的头,悬挂在石门县城南关帝皇旗杆上,同时上报请功。长沙、武汉、南京各报纸都在显赫位置刊登了消息,谓:"共产党的虎将贺锦斋击毙于泥沙镇！""湘西一龙一虎，虎死泥沙，龙入浅滩。"

罗效之因杀害贺锦斋有功，晋升为旅长。何键下令，谓贺龙已势孤力单，当趁火烧鱼，遂集中罗效之旅、周燮卿的保安团、朱疤子的保安团、黔军李燊一个团及杂七杂八土匪共计1万余人向红4军紧追不舍。到9月底，红4军被迫转移至湖北鹤峰县堰垭附近的大山中，此时，部队仅剩下200余人。由于粮草尽，弹药光，天气寒冷，饿死、冻死不少人，到后来只剩下前文所讲的92人和70余条枪。

为了重组红4军，重振红4军雄风，中央任命万涛为红4军政委。接到命令后，他立刻来到湘鄂边红4军驻地鹤峰，协助贺龙开展工作。在万涛到达之前，贺英已先后给部队送来了一些给养和补充了一些兵源。万涛到达后，首先把部队召集在一起开会，把大家的心拧在一起。他神情严肃地说："同志们，我们现在面临着重重困难，这是实情，但我们不能被困难吓倒，因为我们有共产党的领导，在我们身后还有千千万万个支持我们的穷苦百姓，只要我们认真总结失败的教训，打起精神来，真心实意跟党走，无怨无悔为穷人打天下，就没有过不去的坎。"他接着说："眼下我们红4军人是少了点，枪也就那么几十条，但最缺的不仅是这些，更重要的是不能丧失革命信心和战斗意志，我们每个指战员心中要有一个坚定的理想和信念，相信我们党的事业一定会成功，相信我们这支军队一定能从弱小走向强大。"万涛的一席话，点亮了干部战士心中的一盏灯，大家的脸上露出了灿烂的笑容。贺龙也高兴地握着万涛的手说："讲得太好了，我入党晚，共产党这一套怎么搞，我还没弄熟，你来了就好了。"

会后，万涛协助贺龙即时在军队成立政治部，在连队建立党支部，发展优秀士兵入党，组织宣传队鼓舞士气，加强部队政治工作等，并完成了关系到湘鄂西红军生死的走马坪、堰垭整编，使红4军指战员的政治觉悟和精神面貌发生了深刻的变化。

在此基础上，万涛与贺龙一起利用手中的现有人马，采取集小胜为大胜的战术思想，在战斗中逐步扩编和发展壮大。第一仗，在野鸡沟消灭了团防头子王文轩，俘敌100多人，缴获各种枪支近200件；第二仗，在桑植罗峪消灭了刘子维部，俘敌80多人，缴获枪支100余件；第三仗，打败了以陈策勋为团长的桑植保安团，部队迅速攻占了桑植县城，并相继成立了桑植苏维埃政府。一时间，桑植城中锣鼓喧天，红旗招展，许多穷人子弟听闻贺龙再占桑植，纷纷加入红军。大庸县土著武装覃辅臣部300余人也加入了贺龙的队伍。贺龙遂委任覃辅臣为中国工农红军第4军第二路指挥，万涛兼任党代表。至此，红4军逐步发展壮大到4 000多人，又恢复了昔日的元气，重振了红4军的雄风。

而后，根据中央的指示，万涛和贺龙率红4军离开鹤峰，向松滋、公安方向开进，经过数次艰难转战，于1930年7月3日，与红6军在湖北公安县胜利会师，组成红二军团。两军合编后总兵力达1万余人，会师后红4军改为红2军。两军会师，标志着湘鄂边、湘鄂西两块苏区连成一片，湘鄂西革命根据地正式建立。

会师后，万涛离开部队继续留在地方工作。

四、领导艰苦卓绝的游击战
粉碎敌人对洪湖的围剿

万涛离开红二军团回到地方工作后，结合湘鄂西苏区的具体情况，领导苏区军民开展了军事、政治、经济、文化等各方面的斗争，取得了显著成效。到1930年年底，仅洪湖苏区就建立了11个苏维埃政权，还有大片游击区。当蒋、桂、冯、阎大战结束，敌人调集重兵向洪湖"围剿"。没过几天，监利、华容、潜江相继失守。可此时，红二军团在邓中夏的强令下，已远离苏区去攻打中心城市。敌人占领洪湖苏区后，即对苏区人民进行了血腥镇压，牺牲于敌屠刀下者数以万计。面对如此严峻的形势，万涛和周逸群连连发信向邓中夏告急，希望红军主力返回洪湖，以粉碎敌人之"围剿"，而邓中夏却按兵不动。无奈之下，万涛和周逸群只得将游击队集中，带领300余人与敌周旋，开展了自洪湖苏区创建以来最艰苦卓绝的游击战争。

就在这时，万涛收到一个勤务兵送来的口信，说段德昌带着红二军团被打散的人员和一些伤病员回到了洪湖。他顿时喜出望外，立即将这个好消息告诉了周逸群。万、周、段三人见面后非常高兴，当即决定将段德昌带回的这些红二军团的人马与300多名游击队员合编成洪湖独立团，由段德昌任团长、周逸群任政委、万涛任政治处主任。在洪湖独立团成立大会上，万涛作了政治动

员。他对战士们说:"洪湖人民养育了红军,今天,敌人到处屠杀洪湖人民,我们决不答应,我们要依靠现有的力量与敌人血战到底,誓死保卫洪湖苏区。"经过短暂整训,部队很快投入战斗。第一仗,趁敌麻痹没有防备,在东港口伏击了敌徐源泉部一个团,毙、伤、俘敌180多人,缴获各种武器230多件,取得了东港口大捷。这一仗震慑了敌军,纷传是贺龙主力回到了洪湖,敌人"围剿"之势收敛了许多。同时,这一仗也极大地鼓舞了洪湖苏区人民,广大青壮年纷纷加入独立团。接着,第二仗攻下石首县城,夺得大批粮食弹药。同时,在江左、江右发动了不少攻势,取得了不少的战绩,并在江南苏区恢复和发展了20多个党支部。洪湖独立团在不长的时间内发展到2 000多人,有江左、江右两个师,遂扩展为新6军,段德昌任军长,周逸群任政委,万涛任政治部主任。

这年夏天,湖北各地连降暴雨,洪湖地区一片汪洋。江北苏区几乎全被淹,灾民达百万之多。哀号之声,延绵千里。敌趁机集中兵力向苏区大举进攻。时部队因苏区无粮,为减轻人民负担,打破敌趁水灾对苏区加强的"围剿",欲转移到外线作战。一战黄家场,二克沙洋,三攻潜江,伏击敌萧之楚一部,并将缴获的敌械组建了红27团。是年5月,"两广"(广东、广西)反蒋,"围剿"洪湖之敌相继撤出。万涛等率新6军趁机连续作战,使苏区的江北区除监利、沔阳外,全都解放。到1931年上半年,苏区各方面工作均已复苏。

五、临危受命任红3军政委
　　遭夏曦迫害引贺龙大怒

新6军北上在刘猴集与红3军（红二军团改编而成）会合后，改编为红3军的第9师，段德昌由新6军军长改任红3军第9师师长。两军会合后，当晚召开了团以上干部参加的前委扩大会议。由万涛传达了中共中央和湘鄂西中央分局的指示，会上通过了《关于反对邓中夏同志错误领导的决议》，改组了红3军前委，由万涛取代邓中夏任前委书记兼红3军政委一职。由于柳直荀留在房县工作，红3军政治部主任由刘鸣先担任。会上，大家给邓中夏提了几十条意见。特别是段德昌，对邓中夏意见更大，轰得邓中夏直冒汗。贺龙也在会上发了言，他说："同志们对中夏同志所犯错误提出批评是对的，但不要扣帽子、打棍子，要以理服人。中夏同志有学问，为人正派，不打击人，能照顾团结。我和中夏同志相处以来，争论也很多，有时还红脸，可我感到他这个政委还是很好相处的。红3军的失利，中夏有责任，我这个军长也是有责任的。"万涛根据大家提的意见，将邓中夏的错误归纳了12条。

会后，前委决定红3军立即南下洪湖。1931年9月29日，正是秋风阵阵催人忙之际，万涛和贺龙率领红3军从丰乐河东跨襄河，经洋梓镇南下。10月2日克钟祥，翌日到达京山县永隆河地区。

· 173 ·

时襄北一带有敌第34师、第41师及新3旅残部，计7个团之众。万涛、贺龙见其兵力部署分散，遂集中兵力，分头进击，以红7、红8两个师攻岳口，以红9师攻张截港。当日，即将两地攻克，缴获了大批粮食和物资。万涛、贺龙即令运输队火速将这些粮食和物资运往洪湖，以解苏区缺粮燃眉之急。

就在这时候，红四方面军取得了黄安、商潢、苏家埠等战役的重大胜利，粉碎了敌人对鄂豫皖苏区的第三次"围剿"。敌人甚为恐慌，急将"围剿"洪湖苏区之人马抽调于平汉路以东地区，万涛、贺龙了解此情况后，决定突袭襄北之敌。

时守襄北应城、皂市、瓦庙之敌为敌第48师。由于这3个地方位于汉口至宜昌的公路之中，所以敌方甚为看重。为确保交通运输线，敌第48师又分兵在皂市30里远的龙王集放一个团另两个营的兵力，在陈家河放两个营的兵力，三处成犄角之势。

1932年1月19日，万涛、贺龙下令段德昌由泗港渡襄河，突袭皂市。时值隆冬，气候严寒，红9师出发时，又值雨雪交加。段德昌指挥人马冒雨雪突袭了皂市，守城之敌大部被歼，余敌皆逃往应城。段德昌又接军部部署以两个团兵力包围了龙王集之敌，以一个团兵力包围了陈家河。如此吸引敌之援军，达到围点打援之目的。国民党应山县县长兼保安团团长蒋作宾，急派其工兵营前往救援，在距龙王集不远处被红9师歼灭。

万涛、贺龙下令对龙王集、陈家河两处敌兵继续围而不打。此举使武汉震动，武汉绥靖公署主任、湖北省主席何成浚连电龙王集、陈家河之敌固守待援。同时命令第10军徐源泉部所属第4师第12旅旅长张联华率部由孝感增援。张联华接令后，即沿汉宜公路前往增援。

当其人马行至一个叫木匠湾的地方，见四处丘陵起伏，公路两旁遍生杂草短树，冬日雾气之下，视线更加不清。张联华的参谋长见此地形，心中生疑，怕有伏兵。张联华对他说："红军纵有天大胆，也不敢埋伏人马。"张联华不听参谋长之劝，驱动人马继续前行。不到半个钟头，行进到一个叫毛家畈的地方，突然公路两厢枪声大作，无数红军人马杀出。原来，万涛、贺龙得知张联华敌军增援，遂令少数人马围困龙家集和陈家河，大部人马埋伏于此。这一仗，张联华旅被全歼，敌另外3个团援军也仅跑掉1个团。接着，万涛、贺龙又率人马迅速攻克龙王集和陈家河，全歼这两处守敌。这一仗，除全歼张联华旅外，还歼灭第48师特务团、工兵营全部及矿警、民团等，取得俘敌旅长张联华以下共4 000余人，缴获迫击炮20余门，轻、重机枪60余挺，步枪3 000余支，子弹数万发的战绩。与此同时，红7师也先后袭击了汉阳之黄陵矶与朱儒山，歼灭钱大钧部一个营，威逼武汉外围，使敌人大惊失色。

就在红3军指战员满怀信心地重返洪湖之际，中共中央批评了湘鄂西中央分局，并要求分局写出检查。原来，在红9师（新6军改编）北上迎接红3军之际，长江以南的苏区完全为敌人所占，敌人于苏区内烧杀抢掠。中央对江南苏区的丢失十分不满，因此，严厉批评湘鄂西中央分局失职。但事实并非如此，在红 9 师的前身洪湖独立团（后发展扩编为新 6 军）成立初期，敌人已占领了大片苏区，红 9 师是在向北发展迎接红 3 军的过程中逐步扩编起来的。

时任湘鄂西中央分局书记的夏曦乃争功诿过之人。他接到中央的批评后，眼珠一转，把责任完全推到万涛和段德昌身上。同时，他认为红 3 军南下，也是红 3 军领导不要后方，不要苏区，是"立三路线"的继续。夏曦亲自向中央写了违背事实的诬告报告：

中央：江南苏区的丢失，我很痛心。在接到中央指示之前，我们已经查明原因。经过是这样的，在红 9 师克潜江后，不经中央分局批准，便突然改变了军事计划，而冒进地脱离了苏区，北上攻荆门，又至刘猴集与红 7、红 8 两师会师。这样一来，洪湖已无兵可守，便使得长江南岸的苏维埃政权，除石首县第七区外，全被摧残。……而红 3 军此次南下，将军师政治部及教导团统留房县，这完全证明，红 3 军的领导同志还没有决心巩固苏维埃政权，是脱离苏区、不要后方、不要群众的反国际路线的"立三路线"的实质表现。

接着，夏曦又以省军委主席的名义，于 10 月 8 日向红 3 军发出训令。省军委主席团本来由夏曦、贺龙、万涛 3 人组成，而夏曦却以他和唐赤英、彭之玉 3 人名义签发，迫不及待地篡夺军委领导权，把贺龙、万涛挤出军委主席团的班子。训令的内容和他写给中央的报告一样，并委任了红 3 军新的前委，彭之玉为书记，唐赤英、贺龙为委员，万涛被排斥在外。同时，令红 3 军速返洪湖。

红 3 军回到潜江县后，夏曦又分别给段德昌、陈培荫党内警告处分。而后，夏曦不经上报批准亲任红 3 军政委。

夏曦接任红 3 军政委职务后，以学苏联红军编制为由，以省委名义下令将红 3 军改编为 5 个大团，取消了军部、师部，5 个团直接归省委领导。如此一来，段德昌等均成了团长，贺龙也成了光杆军长。

第二天，贺龙找到夏曦，两人没交谈几句便争论起来。贺龙见夏曦如此听不得不同意见，心中很有气，可还是耐着性子对夏曦说："老夏，许多事情你做得很不合适。我是中央分局委员、军委分会副主席、红 3 军军长，可在重大问题决策上，你从不征求我的意见。你以省委名义给分局下指示，是中央分局领导省委还是省委领导中央分局？"稍停，贺龙又说："你为什么要取消军机关和各师师部？我认为这个决定是错误的。"

夏曦端坐那里不吭声，贺龙手端烟斗继续说："请你召开个党员大会，让大家投票，如果大家赞成你，我离开这里，回中央去。"

夏曦十分无理地说："你去找万涛吧，让他来回答你的话"。

贺龙火了，他猛地站起说："我为什么要找万涛？万涛不是被你撤职了吗？你在这里装什么蒜？如今省委书记是杨光华，那是你指派的。我问你，省委怎么可以随便作出取消各师师部的决议？谁给的权力？我再问你，红9师北上迎接红3军，是不是你派的？"

贺龙见夏曦不语，大声说："红9师是按你的指令办的，而你却在决议中斥红9师做法错误，斥红3军南下错误，红3军南下错在哪里？"

夏曦依然不吭声，贺龙用烟斗敲桌子说："你夏曦来洪湖才几天？你情况不熟，与群众、与红军关系都不深，你今天处罚这个，明天处罚那个，处分了段德昌又不通知他本人，这对吗？万涛是个很好的同志，可组织红3军前委，你却不要他这个政委参加。我说你组织的前委是个非驴非马的组织。我问你，你来洪湖后办的几件事，哪一件是有党性的？哪一件是对得起党的？"

夏曦自知理亏，任贺龙怎么说，他阴沉着脸，不敢吭声。

夏曦的独断专行，惹得苏区内党政军各级干部强烈不满，怨声四起，不少红军干部忍耐不住，纷纷起来为万涛打抱不平，他们说："万涛同志是个好政委，我们信得过。你夏曦不经组织程序审批自任红3军政委，我们认为你不够格！"

正在这时，段德昌怒气冲天地走上前来揭露夏曦瞒着大家，让自己的老婆（夏曦的爱人谭国甫当时管电台、翻译电码）向党中央发歪曲事实真相的假电文的事实。红9师北上本是军委主席团决定的，当时会议上对红9师行动有两个方案，一是南下过江，保护江南苏区，但过江后必须把调关和焦山河两个敌人据点拿下，并保证能守得住。否则，若敌情严重，红9师就无法退回江北，只能走红二军团向鹤峰转移的老路。而攻下调关和焦山河，从敌我力量上看，我必伤亡惨重，且没把握；二是北上攻打沙洋之敌，这红9师是有把握的，打下沙洋，夺得敌之给养，若探听到红3军的消息，就接回洪湖。这个决议是夏曦拍了板才开始行动的，现在却倒打一耙，把责任推到万涛身上，太不道德。

由于夏曦的行为引起了大家的强烈不满，中央分局、省委召开了联席会议。会上万涛和夏曦发生了激烈的争论，与会者均发了言。经万涛要求，派人向中央报告，请中央主持公道，判断是非。会上决定派红9师政委宋盘铭到中央反映情况。

宋抵上海时，中共中央总书记向忠发已于这年6月被捕叛变，王明到了莫斯科出任中共驻共产国际代表，中共中央由博古主持工作。宋盘铭很快就带回了中央的指示信。中央在具体问题上支持大多数人的意见，但在总的路线上又支持夏曦，说夏曦自到湘鄂西建立中央分局以来，执行的是中央的国际路线。中央还指示红3军整编为两个师和一个独立团，由贺龙任军长，夏曦不再兼任红3军政委，人选由中央选派。

为了讨回公道，在万涛、贺龙、段德昌等人的再次要求下，分局和省委第二次派了省苏维埃秘书长尉士钧再赴中央汇报，可带回来的结论却让人大吃一惊："中央认为万涛、潘家辰为首的小宗派反党活动，是反中央的、反国际路线的阴谋活动。中央命令，

立即制止这种反党行为,不许以任何理由加以辩护。以免混淆是非,维护党的统一领导,这是我党更加布尔什维克化的崇高纪律,中央号召湘鄂西党在中央分局的统一领导下,对反党分子进行严肃批判。"

夏曦听了中央的这一指示,欣喜万分,他立即要求全省党团员迅速行动起来,揭露万涛、潘家辰的所谓"右倾机会主义"的罪行。

中央的错误结论,使夏曦从政治上、组织上巩固了"左倾冒险主义"在湘鄂西苏区的领导,为全面地、深入地贯彻其"左"倾错误路线创造了条件。同时,也伤了广大红3军指战员的心,并断送了万涛同志的政治前程。

后来,中央派关向应接替红3军政委一职。在贺龙的力保下,万涛被调回军委分会继续为党工作。

六、置个人冤屈生死于不顾
　　坚持为捍卫真理而斗争

万涛被排挤出红3军后,不顾个人处境艰难,仍不知疲倦地继续为党工作、为捍卫真理而战。其间,他负责出版《洪湖日报》,多次在报刊上撰文批判李立三"左倾冒险主义"错误,毫不妥协地与王明、夏曦的"左倾机会主义"进行斗争。湘鄂西省"四大"结束后,中央分局及省委又通过了《湘鄂西中央分局关于目前时局估计及湘鄂西党与红军紧急任务决议案》等几个决议和决定,对贺龙、段德昌以游击战为主的思想进行了批驳。夏曦斥贺、段的军事行动是"等待防御"、"因循守旧"、"保守主义"等,要红3军立即转变到阵地战、城市战、攻坚战上来。得知此情况后,万涛给中央分局写信,质问夏曦:"蒋介石调集10万大军即将对湘鄂西发动第四次围剿,你到底想干什么?难道在敌强我弱的情况下你又要拿鸡蛋去碰石头吗?当务之急是要用游击战、运动战的办法,选择其弱点各个击破,集小胜为大胜。"

夏曦看了万涛的信后气得直叫,连说了三句狠话:"反了!反了!敢教训起我来了!"

夏曦一意孤行,果然验证了万涛的担心。红3军在张家场打了8天8夜阵地战,部队伤亡1 500余人。在瓦庙集又打了7天7夜消耗战,几乎连老本都要拼光了。

当人们再次把怒火指向夏曦时,夏曦却不顾大敌压境,把矛头指向了自己的死对头万涛。在夏曦的把持下,湘鄂西党内开展了残酷无情的"反倾向"斗争,批判万涛的"右倾机会主义"倾向,万涛被扣上"托派"、"反革命高等坐探"、"改组派首领"等帽子,1932年被杀害于洪湖瞿家湾青龙庙。

"洪湖含悲唱挽歌,荆江挥泪祭英灵。"1957年12月,在万涛被冤杀25年后,国务院拟定的《湘鄂西革命烈士纪念碑碑文》中,列入万涛的名字,并给予了很高的评价。1984年9月,国家民政部门向万涛的遗孀冉启秀颁发了万涛同志《革命烈士证书》,并追认万涛为无产阶级革命家。

黔江因有万涛这样的土家族优秀儿子，而成为红色旅游胜地。万涛光辉的革命生涯，为民族的解放事业奋斗不息的精神，与王明"左"倾错误路线不屈不挠的斗争，坚持和捍卫真理，并为真理而献身的气节，展现了一个共产党员的高尚品质。黔江官渡峡景区因万涛而熠熠生辉！

谋略高参：孙德清

孙德清（1904～1932年），原名孙以宗，又名孙一中，安徽寿县人。早年读过私塾、小学、县立初级中学。1923年南下广州，到柏文蔚驻粤皖军司令部当兵。1924年5月考入黄埔军校第1期第3队学习，同年10月加入中国共产党。毕业后分配在新编教导第1团学兵连第1排任排长。1925年参加第一次东征，在阿婆、淡水两次大战中立下大功，升任教导1团第3营第8连副连长。10月参加第二次东征，在攻占陈炯明老巢惠州的战斗中，他担任敢死队队长，收复东江后，任第3营第8连连长。1926年3月，中山舰事件后，共产党人被排挤出国民革命军第1军。他因身份没有暴露，继续留在第1军工作。1926年7月，国民革命军举行北伐，他由第1军调到第4军，任叶挺独立团第1营营长。1927年年初，任第24师第75团第1营营长，并负责该团党的工作。1927年"八一"前夕，他调任第11军第25师第75团第1营营长，与聂荣臻组织第75团的3个营1000余人开赴南昌参加起义，到南昌后升任第75团团长。南昌起义后，率部参加南征，在会昌战斗中，他巧妙机智，灵活指挥，带领部队主动出击，出其不意，打得敌人措手不及。会昌大捷后,朱德称赞他:"机智灵活,骁勇善战"。1928年1月被派回家乡,与许光达等人奉命打入国民革命军第33军柏文蔚部从事兵运工作,协助柏文蔚在安徽寿县创办第33军学兵团,任学兵团团长兼党的特别支部书记。不久,又到上海入中共中央军委举办的军事干部训练班学习游击战争理论,后任中央军委参谋。1929年9月,他奉命到湖北洪湖革命根据地参加组建红6军,任红6军军长兼前敌委员会委员。1930年7月,红6军与湘鄂边红4军在湖北公安会师,成立红二军团,贺龙任军团长,周逸群任政委,孙德清任参谋长兼工农红军军官学校第二分校校长,后兼第2军(红4军改编)军长。与贺龙、周逸群一起率部转战湘鄂西地区,参与指挥攻克石首、监利、沔阳、潜江等战斗和创建巩固湘鄂西革命根据地工作。1931年3月,红二军团改编为红3军,他任红3军参谋长兼第7师师长,协助贺龙率部西进,连克巴东、房县等县城,开辟以房县为中心的鄂西北革命根据地。1932年夏,在"肃反"扩大化中被诬陷杀害于湖北监利瞿家湾(今洪湖县),时年28岁。1945年,中共"七大"会议为孙德清平反昭雪,并将其追认为革命烈士。周总理曾赞扬孙德清"静如处子,动如脱兔"。他为中国人民的解放事业英勇奋战,立下不朽功勋,是难得的谋略人才。

一、东征北伐显露锋芒
骁勇善战屡建大功

孙德清年轻好胜，有勇有谋，在两次东征讨伐和北伐战争中仗仗立大功，显露出骁勇善战的锋芒。

1925年2月，他参加广东国民政府讨伐军阀陈炯明的第一次东征战役。他在阿婆、淡水两次大战中主动要求担任突击排排长，带领年轻的勇士们连续突击，一鼓作气插入敌军心脏，为后续部队打开了胜利之门。这两次战斗结束后，他荣立战功，由排长升任为教导1团第3营副连长。1925年6月，在率部参加第二次东征直捣陈炯明老巢惠州的攻城战斗中，他自告奋勇，担任奋勇队（敢死队）队长，在两次受伤的情况下，仍坚持指挥不下火线，带领部队一路冲杀，所向无敌，配合大部队很快收复了东江。战斗结束后，孙德清再次荣立大功，并升任连长。

1926年7月，国民革命军挥师北伐，孙德清调任叶挺独立团第1营营长。在武昌前线，他身先士卒，冒着敌人猛烈的炮火，奋勇登城，战斗中身负重伤，仍坚持指挥，直至战斗胜利。

武昌战役是北伐战争中的著名战役。直系军阀吴佩孚的军队在咸宁的汀泗桥、咸宁县城、贺胜桥等地与北伐军激战后，立即退到武昌。9月2日，北伐军抵达武昌城下后，便迅速作出战役准备：以第1军第2师攻击忠孝门至东北城角；第4军第10师攻击

通湘门至宾阳门；第7军第二路攻击中和门至望山门；第4军第12师为预备队，驻洪山附近；炮兵驻扎洪山阵地。是日黄昏开始行动。

孙德清所在的第4军叶挺独立团第1营，担负攻击通湘门至宾阳门的任务。受领任务后，全营官兵都很高兴。有一位共产党员班长拿着一封信、一包衣服和几元钱，来到营部向营长孙德清（当时他的名字是孙一中）报告："明天我们就要攻城了，我们营是主攻，活着下来的希望不大，如果我死了，请把这封信、衣服和钱寄给我的母亲。"孙德清对他说："我虽然是营长，但靠前指挥、带头冲锋是我指挥打仗的一贯作风。我同你一样不怕死，你的家信和东西不要交给我，可以暂时交由营部书记周廷恩保管。"听了营长这话，周廷恩马上说："不要交给我，我同你们一样去攻城。"就这样，第1营大部分官兵和这个班长一样，自动给家里写信，留下自己的物品，准备拼了。

3日凌晨3时许，第2师炮兵自小龟山向武昌城轰击，步兵向攻击目标前进。孙德清所在的第4军第10师各团攻抵通湘门至宾阳门城脚时，天色已明；第7军第二路动作迟缓，黎明前20多分钟才到达攻击准备位置，还未接近城垣。各部队因伤亡较大，于早6时许，全线停止攻击。

5日凌晨3时许，北伐军再次攻城，小龟山炮兵向忠孝门、武胜门及蛇山一带炮击；右翼炮兵于洪山阵地也向武昌东南城墙吴佩孚守军炮击；左翼炮兵于武建营附近阵地向武昌城南部炮击。

第 12 师第 36 团奋勇队从刘湾西端涉过护城河，冒守军猛烈火力，架梯登城，与守军展开肉搏，战况极为惨烈，奋勇队死伤三分之二，未能奏效。叶挺独立团奋勇队亦潜进城脚，奋勇登梯。孙德清率领的第 1 营奋勇队官兵十几个人全部阵亡，接着他又第二次组织奋勇队上，终因守敌火力太猛，无法登城。此时天已亮，孙德清命令第二组奋勇队员暂伏于城基壕沟内待命。

第二天正午，北伐军决定暂停攻击，对武昌采取"围而不攻"的策略，命令第 8 军第 3、第 4 师及鄂军第 1 师向孝感追击溃退的吴军，迅速占领武胜关，切断吴军退路。与此同时，乘军阀孙传芳尚未集结 5 省援兵之时，对江西孙军发动突然攻击，逼其将大冶、阳新一带的部队回援江西，彻底孤立吴佩孚军队。一切按计划进展顺利后，择日再攻打武昌。

这一招果然奏效，武昌城内守军经封锁后，粮、弹奇缺，军心涣散。9 月 21 日，北伐军第 4 军再次向武昌发起攻击。孙德清指挥叶挺独立团第 1 营奋勇当先，亲自带领敢死队率先登城成功。战斗中他左肩中弹，血流如注，全然不顾，简单包扎后，率领部队杀到守军吴佩孚的第 3 师指挥部，命令其师长李俊卿率部投降，打开保安门，迎接国民革命军第 4 军入城。就这样，围攻了 40 余天的武昌城最终为北伐军所占领。至此，吴佩孚的主力基本被消灭了。

战斗结束后，孙德清由于伤势过重，被送到后方医院治疗，并再次荣立大功。

二、南昌起义秘密调兵
　　行思缜密机智过人

1927年7月上旬，为"东征讨蒋"，中国共产党掌握的部队陆续向长江下游移动，分驻江西九江及附近地区。这些部队主要集中在张发奎统率的国民革命军第四集团军第二方面军中。第二方面军辖有第4、第11、第12、第13、暂编第20军。叶挺任第11军副军长兼第24师师长。孙德清所在的第4军第25师是以原叶挺独立团为骨干扩编而成的。贺龙任暂编第20军军长。加上其他一些部队，在这一地区集结的共产党可以控制的武装力量约2万人。

7月中旬，中共中央在武汉开会作出了组织武装起义的初步决定。周恩来回军事部后，连夜召集聂荣臻等人开会。他说："共产国际指示，我们党要组织一支5万人的军队，要用革命的武装反对反革命的武装。据此，结合当前的形势，中央已经决定组织武装起义。起义的大体设想已经有了，但具体行动还有待进一步确定。"

周恩来指定聂荣臻、贺昌和颜昌颐组成前敌军委，聂荣臻为书记，先到九江，向当地驻军中的共产党人传达中央决定，让他们做好起义的准备，等待中央命令。

第二天，聂荣臻与贺昌、颜昌颐即乘轮船赶到九江。他们要通知的第一个人是叶挺，所以到九江后就住在叶挺的司令部里。

当时，因形势紧张，中央不少负责人已先后转移到九江。李立三等人很急躁，主张立即动手。聂荣臻坚持要做好起义的准备工作，等待中央命令。

汪精卫公开叛变后，调动第3、第6、第9军等部对这一地区做出包围态势。中共中央原定要争取的第二方面军总指挥张发奎，在关键时刻却投向了汪精卫。他勒令在第二方面军高级军官中的共产党员（如叶挺等人）须退出军队或脱离共产党。局势万分紧迫，再不起义，就要断送这部分革命武装了。当时唯一掌握在共产党手里、能随时拉去南昌的军队只有贺龙的第20军。周恩来、周逸群在党中央作出准备举手南昌起义的决定后，在武汉会见了贺龙，贺龙表示"完全听共产党的"。

中央正确分析了当时的形势，决定"在军事上赶快集中南昌，运用贺龙的第20军与我党完全一致的有利条件，在南昌实行暴动，解决第3、第6、第9军在南昌的武装。"聂荣臻与贺昌、颜昌颐随即夜以继日，一个部队一个部队地传达中央的指示，同连以上干部党员都谈了话。一些部队按中央部署陆续向南昌集结。叶挺的第24师、贺龙的第20军、蔡廷锴的第10师，分头向南昌开进。孙德清所在的第25师仍留在九江一带。

7月26日，周恩来赶到九江，向谭平山、李立三、邓中夏、恽代英、聂荣臻等人传达了中央的起义计划。会后，周恩来交代聂荣臻，立刻到回马岭，把第25师拉到南昌参加起义。他们约定的信号是：起义举行了，就从南昌放一列空火车开到回马岭（九

江到南昌间的一个火车站），以备第 25 师用。

聂荣臻担负动员第 25 师参加南昌起义的任务，任务异常艰巨。第 25 师师长李汉魂是张发奎的亲信，该师辖第 73、第 74、第 75 一共 3 个团。

第 73 团的前身即叶挺独立团，团长周士第是共产党员。第 74 团团长是张发奎的人。第 75 团第 1 营营长孙德清是黄埔 1 期的学生，共产党员，时任第 75 团中共支部书记。该团其余两个营的营长和大部分连长都是孙德清发展入党的，因此他实际掌握着这个团的领导权。根据这种局面，聂荣臻判断，眼下无法一下子把第 25 师整个师拉走。

聂荣臻首先拉第 73 团。他与周士第商定，先把辎重装火车运走，部队接着向德安集中。紧接着，他又来到第 75 团，找到第 1 营营长孙德清商量。因为第 75 团与师部驻扎在一起，行动不便。孙德清见聂荣臻一脸的忧愁、有些为难，便对他说："请放心，办法我早想好了。"聂荣臻对孙德清说："哦，有什么好办法？说出来听听。"孙德清对聂荣臻说："为了能把全团顺利拉出去参加起义，我们党支部已经作了周密安排：第一，两天前，我们让人从团长的家乡给他捎来一封假信，说他父亲过世望速回家料理，他现在已经在回家的路上，我们拉队伍没有绊脚石了；第二，师里原计划这几天要搞野外演习，为不打草惊蛇，我准备趁机让部队只拿武器弹药，把全团 3 个营的部队全拉出去，在第 73 团后面跟进。此外，第 74 团侦察连连长也是我发展的党员，叫他把第 74

团侦察连也一块儿拉走。"聂荣臻听了孙德清思维缜密的计划安排,高兴地直夸他"巧妙调兵,机智过人,我们党为有像你这样的共产党员而感到骄傲和自豪。"

8月1日,聂荣臻率领第25师的两个团又一个连,共计3 000多人的队伍,由九江经德安向南昌开进。当行至德安一座铁路桥旁时,张发奎带着他的卫队营乘火车从后面赶来,火车停下,队伍也停了下来,双方形成僵持局面。

聂荣臻当即命令身边的一个排长:"你让他的火车往回开,他不开就朝天鸣枪。"

这个排长喊了几声,火车还是不开,聂荣臻大喊一声:"放!"一阵猛烈的枪声,把张发奎吓坏了,他急忙跳下车,丢下卫队营就跑了。张发奎回去后,派了个参谋,捎来封信,要求把他的望远镜还给他。因为当时还想争取张发奎,聂荣臻便叫那个参谋带回了望远镜,还把全副武装的卫队也交还给张发奎。

德安至南昌的火车不通,聂荣臻率领这一支起义部队连夜徒步行军,赶往南昌。紧急、炎热、干渴,但部队情绪很高,精力旺盛。8月2日拂晓时,这支后来赶到南昌的部队终于看到了飘扬在南昌城头上的鲜艳红旗。

部队到达南昌后,聂荣臻立即到起义军指挥部向周恩来做了汇报。他还特别详细地介绍了孙德清把第75团全部和第74团侦察连拉出来的过程。周恩来很高兴,说:"没想到能把第25师大部分拉出来。"尔后,周恩来特意接见了孙德清,称赞他"静如处

子，动如脱兔。"

来南昌的第 25 师这两个团又一连，汇入南昌起义的队伍，编为起义军第 11 军第 25 师，孙德清被任命为第 11 军第 25 师第 75 团团长。他们没来得及休息整顿，就于 8 月 3 日匆忙从南昌启程南下。

三、会昌三河坝巧用兵
　　灵活指挥出奇制胜

起义军踏上南征道路后，困难和挫折接踵而来。在左翼行进的蔡廷锴部第 10 师，4 日到达进贤时脱离起义队伍，转向浙江，拉走了占起义军四分之一的兵力。8 月的江西，暑热蒸人，山路崎岖，行军异常困难，只得丢弃重型武器装备，途中生病离队造成的减员十分严重。孙德清后来在洪湖与周逸群一起工作时认识到，主要是南征的道路没有选对，当初如果听了周逸群的意见，坚持走吉安大道，情况就不一样了。

8 月 18 日下午，贺龙的第 20 军与钱大钧两个团遭遇，经过激战，将敌人全线击溃。残敌狼狈逃往会昌。19 日，起义军胜利进占瑞金城。周恩来、贺龙、叶挺、朱德、刘伯承等率军入城，受到瑞金人民的热烈欢迎。

起义军到达瑞金后，得知敌人屯重兵于会昌，并查获了敌人攻击我军的行动计划。前委开会，一致认为："不破会昌之敌，我军有后顾之忧。"因此决定先打会昌，然后折回瑞金，再转道汀州、上杭进入广东。

几天后，会昌大战开始了。

敌军在会昌的兵力部署是：以钱大钧的 4 个师（欠 1 个团）为主力，集结于会昌一带，以会昌城为中心，在城东北地区、城西北之岗山岭、城西之寨山东构筑工事防守，环绕会昌城的贡水沿岸构筑工事；黄绍宏部第 4 师先头部队 2 000 余人，集结于白鹅一带，与会昌城成犄角之势。

起义军的战备部署是：以叶挺指挥的第 11 军两个师为主力，经洛口向会昌西北之敌进攻；朱德指挥的第 20 军第 3 师（周逸群任师长，徐特立任政委）、教导团和第 6 团向会昌东北面助攻；由贺龙率领的第 20 军主力（欠第 3 师）为总预备队，位于瑞金附近，策应支援各方。

起义军定于 8 月 24 日早上发起总攻击。前委指示各部，必须进行深入的政治动员，说明这次大战的重要性，一定要把敌人打垮，占领会昌。

在起义军进军途中，中央负责人之一的恽代英[1]做政治工作最出色。他以身作则，光着头，赤着脚，在酷热的太阳下前进。他的换洗衣服丢掉了，身上穿的一套粗布军衣，弄得破烂不堪，肩上搭着一条多用途的长布手巾，满身晒脱了皮，又黑又瘦。战士们见了很受感动，有人惊叹："看那些大委员们，比我们更能吃苦……"

---

[1] 恽代英在创建洪湖苏区时期，曾被任命为红 4 军政委，可惜没到任就被捕入狱，遭敌人杀害。

会昌城东北是一片连亘不绝的高地，构成了会昌城的天然屏障。敌人派出重兵，扼守这些山头。早晨6点，朱德到古塔左边观察敌情。这时晨雾已散，红日东升，山下景物清晰可见，敌人正在集合。朱德转头对傅维钰说："这么好的目标，为什么不打呀？"

傅团长命令把6挺重机枪拉上山头，"哒哒哒……"就这样揭开了会昌战役的序幕。

因为叶挺那边还没有打响，一开始，敌人的注意力全部集中到助攻方向。朱德率领新建不到两个月的两个团，打得很苦，伤亡很大。通讯员不断地来报告："师参谋处长袁仲贤同志负伤！""师军需主任蒋作舟同志阵亡！""师经理处长（后勤部长）郭德昭同志在教导团阵地牺牲！"……朱德勉励部队要以全局为重："我们把敌人背到身上，叶挺同志那边就好办了。"

敌人越冲越近，指战员们都担心朱德的安全。傅团长说："敌人冲过来了，请你转移一下吧！"

朱德不慌不忙地说："来了就打一下子。"他一面指挥部队，一面走到一位牺牲的战士身边，拣起一支步枪，从容地拉开枪栓，向弹槽里看了一眼，"刷"地推上子弹，和战士们卧在一起，向敌人射击。

因为第25师没有赶到，所以第11军没能按时发起攻击。叶挺、聂荣臻非常着急，派了一名参谋在路边等候。第25师师长周士第、党代表李硕勋❶一到就被领到指挥部去了。

指挥部设在岚山岭主峰西边一个山头上，第11军的炮兵阵地也在这里。周恩来、叶挺、聂荣臻、刘伯承等人都在指挥部。周士第、李硕勋报告："昨天夜间走错了路，发觉以后才由洛口附近转回来。现在都到齐了。"

周恩来说："你们师的任务，我们已经讨论过了，由叶挺同志给你们讲吧！"接着，叶挺介绍敌情，下达任务。他说："城东北那边敌人很多，朱德同志指挥的部队在那里打得很激烈。"他指着岚山岭说："那个山顶上是敌人，山顶南面北面那一带高地也是敌人。"他指着靠西一带高地说："这一带是第24师的部队，他们也打得很激烈，现在同敌人对峙着。"他转向指挥部南面，指着寨山东说："那个山上都是敌人占领的，我们没有部队在那里。"

叶挺讲到这里，刘伯承指着寨山东插话："这个敌人是后来才发现的，如果不把它打掉，它就会抄我们的后路哩！"

叶挺明确交代说："你们派孙德清的第75团进攻寨山东，要快，占领这个山头；第73团进攻2531高地北面一带的敌人；第74团接第73团左翼进攻，得手后由北面进攻会昌城。今天一定要占领会昌。你们还要派人同朱德同志那边取得联系。"

第11军党代表聂荣臻说："这次战斗很重要，你们师的任务很重。部队走得很疲劳了，要好好地进行战斗动员。党员、团员

---

❶ 李硕勋是原国务院总理、全国人大常委会委员长李鹏的父亲。1931年6月李硕勋任广东省委书记，受党指派到海南岛指导武装斗争，抵达海口时，因叛徒出卖不幸被捕，同年9月5日在海口东校场英勇就义。

要起模范带头作用，保证完成战斗任务，打下会昌。"

最后，周恩来以坚毅而又和蔼的态度问道："部队是很疲劳，可是会昌一定要拿下来，你们有没有把握？"

周士第和李硕勋坚定地表示："我们向党保证，一定拿下会昌！"

第25师是叶挺的独立团"铁军"发展起来的，如今，又把会昌战役的主攻任务交给他们了。

8月30日，孙德清率第25师第75团首先发起攻击。他巧妙机智，灵活指挥，带领部队主动出击，出其不意，打得敌人措手不及，很快夺下寨山东山头，占领了有利的阵地。第25师第73团不甘落后，连续占领了几个山头后，就向2531高地以北的几个重要山头猛攻。

第25师参加战斗后，起义军各部又向敌人展开猛攻，激战到下午，各部队都有进展。后来发现寨山东方面的敌人沿河逃跑了，敌人的整个阵线呈动摇之状。师领导命令司号员吹响第25师的冲锋号。随着师部的冲锋号声，各团、营、连的冲锋号声山鸣谷应，全师向敌人发起了总攻。

经过反复冲杀，终于攻下了敌人的主阵地，敌人向会昌城方面溃退。第73、第74团迅速向会昌城追击。

与此同时，第24师也在城西发起了总攻。下午4点，占领了会昌城。敌右路军总指挥钱大钧仓皇逃跑，连自己的轿子都来不及带走。第11军追击敌人四五公里，至粤赣边界的筠门岭而还。

此役歼敌 6 000 余人，俘敌官兵 900 余人，缴获各种枪支 1 000 余支，辎重甚多；起义军也伤亡 800 余人。

会昌之战，是起义军南下后的最大胜仗。

过了两天，敌黄绍宏部第 4 师先头部队 2 000 余人，不知钱大钧在会昌已败，又由洛口开来，被第 11 军击溃，俘获一部，并俘敌营长一名。27 日，起义军全部返回瑞金。然后进军汀州。

会昌大捷后，朱德称赞孙德清"机智灵活，骁勇善战，是用脑子打仗的优秀指挥员。"

会昌攻克后，起义部队乘胜用兵，出其不意地一举攻占广东大埔、松口、三河坝地区。

前委决定：总指挥率主力继续向潮州、汕头地区前进，由朱德率一个师留守三河坝，监视梅县之敌。

"朱老总，给你哪个师啊？"贺龙问。

朱德不假思索："第 25 师吧，打会昌他们很出色嘛！"

贺龙笑着点头："听说孙德清的第 75 团有个排长，部队还没上去，他就带一个排把敌人阵地搞到手，神得很哪！"

提起这事，周恩来插话："据我所知，他是个黄埔生。"

"确有此事，他是黄埔 5 期的，名字叫许德华（许光达原名）。"朱德接过恩来的话说。

"除了第 25 师，把第 9 军的教导团也搭上给你。"贺龙对朱德说着，望了一下叶挺征询地问："你看呢？"

没等叶挺答话，周恩来表态："我看可以，钱大钧有 3 个师

啊，兵力悬殊太大，朱德同志的担子太重。"

叶挺点头同意，并说："大局为重，这没有什么好商量的。"

方案一定，当晚部队就行动。

三河坝是一座美丽的滨江小城，地处梅、汀、韩三江汇合点上，西南几十里便是敌钱大钧屯聚重兵的广东梅县。双方相持了10天左右，钱大钧沉不住气了。与起义军交锋以来，他付出了惨重代价。尽管蒋介石并没有介意这些，反而对他颇有褒奖的意思，但他自己咽不下这口气。他不能就这样被朱德活活地"看住"，眼下，起义军主力已去，再不动手更待何时？

钱大钧带着1万之众，由松口直下三河坝。消息在当天午后就传到朱德指挥部。傍晚时分，朱德将营以上干部召集到指挥部所在的大祠堂里，说："钱大钧动手了，人马是1万。我们是1个指头对5个指头啊！怎么办？我的决心是……"大家顺着他的手指方向朝祠堂的一面石灰墙上看去，那里有4个端端正正的大字："誓死杀敌。"

那4个字是朱德亲笔所书，墨饱神足，威风凛凛。

战斗动员后，在三江两岸选择了几处有利地形，朱德命令部队连夜用船把队伍送到江东沿岸，所有河西的船只，除一条小船做渡船外，一律拢到东岸。当夜，队伍全部到三河坝对岸丘陵地的笔支尾山山顶及石子寨一带，构筑工事。

"同志们明白没有？"朱德双手叉在宽皮武装带上向大家问道。

大家齐声回答："明白了！"

朱德浓眉一敛："好，干吧！"

按照朱德的部署，三河坝小城全部腾空出来，虚位以待。果然，3天后钱大钧杀气腾腾地赶到了。尖兵在神坛顶稍稍驻足，随即大队人马浩浩荡荡地占领了三河坝。钱大钧大摇大摆地踏进屋舍较为亮堂的裕兴旅店，手一指："指挥部就在这里！"

针对我起义部队的阵地设置，钱大钧命令分兵驻扎大麻，并在旧寨、南门坪一带开挖工事，大炮架在观音阁。至此，剑拔弩张的对峙之势形成。

这时，朱德风尘仆仆地来到孙德清任团长的第75团阵地。第25师师长周士第、第75团团长孙德清以及该团的几位营长，一直跟在朱德身后，来到河岸边一块凸出的沙滩上。这里地势平坦，是敌人理想的登岸点。朱德问孙德清："你把扼守这个登岸点的任务交给哪个单位？"

"第3营第11连。"孙德清答。

朱德望着第3营营长蔡晴川："连长是哪个？"

"许德华。就是那个长得娃儿似的黄埔生，现在是代理连长。"

朱德拧眉想了想："名字好熟悉，是不是打会昌时那个胆子很大的排长？"

孙德清回答："就是他。"

朱德笑着说："好！交给他我就放心了。"

正说着，在河边不远处构筑工事的许光达和党代表廖浩然从一丛凤尾竹后边跑步过来了。打过敬礼，朱德主动和许、廖二人

握手，说："这个地段很重要，你们连的任务很艰巨啊！"

许光达双脚一并："首长放心，人在阵地在。"

朱德问："工事修得如何？"

许光达蛮有把握地答道："合乎标准！"

朱德又问："是战场标准还是步兵操典的标准？"

许光达一时语塞。见许光达发窘，朱德微笑着自己解答："两个标准都要嘛！但终究还是要经得起枪炮的检验。"

孙德清插话："首长说得对。今晚就请钱大钧来检验。他自己看看过得过不得！"

朱德忽又问："你们上阵地后，跟敌人接触过没有？"

许光达说："小接触一次，主要是他们打，我们看热闹、听声响。"

"哦？"朱德不解地望望孙德清，颇为惊奇。

孙德清报告说："我告诉过他们，只要敌人不过河，就不理睬，随便敌人怎么射击都不管他，消耗敌人的子弹……"

朱德望着孙德清、许光达，点头："唔，指挥员嘛，就得这个样子，脑子里多装点事，敌人想什么，上级想什么，一清二楚，指挥起来就不犯错误，就会有主动性……"

这一席话，朱德一直讲到中南海。

孙德清报告朱老总，许光达他们连在构筑工事的同时，还在距阵地有效射程的河中，打了一些暗桩。当晚，就有7只舢板载着敌人冲过岸来。他们在炮火的掩护下，一字排开。许光达命令战士们光看不打，直到敌人接近浅滩、碰着暗桩、船队乱了套的时候，才下令全连一齐开火。敌人丢船丢不掉，投水水太深，好几条船纠缠在一起，结果翻的翻、沉的沉，吃了大亏。

孙德清还告诉朱老总，第一次冲锋打退后，许光达守着机枪指挥，要么一枪不发，要么给敌人一个措手不及。后来干脆来个绝招，把老乡的几只洋铁桶借来，吊在树杈上，买了些鞭炮在里面放，机关枪似地响个不停，吓得对岸的敌人轻重火器乒乒乓乓放了一整夜。

许光达在一旁低着头说："团长要我们消耗敌人，这都是执行他的命令。"

朱德也乐了："你这个小同志呦！"说着，他转身对周士第说："你把全师军官都叫过来，我就在这里给大家说几句。"

朱德像平常那样，不慌不忙走到队前："同志们，钱大钧带3个师就在我们眼皮子底下的三河坝安营扎寨喽。此人，我们在会昌同他打过交道，没啥子了不得嘛。"

朱德表扬了第25师特别是第75团战前动员和防御工事搞得好，勉励大家要保持铁军荣誉，发扬会昌精神，坚守三河坝，牵制钱大钧，为主力进军海陆丰创造条件。

大战开始前，团长孙德清又一次来到第3营第11连，宣布："正式任命许德华为第3营第11连连长。"

凌晨一点多钟，战斗打响了。果然，敌人的主攻方向选在第3营第11连前沿，战士们打得痛快淋漓，四五批船队都被打掉，打

了两个多小时，消灭了敌人近一个营的兵力，也不见一个敌人爬上岸。

就在这时，对岸的敌炮越打越猛烈，天空中划过尖利的啸鸣。几乎是同时数十发炮弹砸在我方阵地上。紧接着，在炮火的支援下，敌人又有一批黑压压的船队划过河心位置。

"同志们，上刺刀，跟我来！"

多么熟悉的声音，许光达朝喊声方向望去，只见团长孙德清端着刺刀冲下岸边阵地，直往河边猛跑过去。他边跑边喊："坚决不让敌人上岸。"

在团长的带领下，全团干部战士黑压压一片迅速冲到了河中与敌人扭打在一起。敌人的炮火慢慢停下来，十几只舢板撞坏翻沉了一大半，只剩下4只舢舨艰难地往河对岸送兵。这场恶仗一直到晌午时分才宣告结束。

在这次战斗中，子弹从团长孙德清的肩胛骨缝隙穿过，血流不止。他倒在河中，幸亏许光达眼疾手快把他拖上河滩，不然生死难料。

部队从三河坝转移时，朱德亲自把他安置在附近一个群众基础较好的村庄养伤。

南昌起义结局的史实，现在已是尽人皆知；起义军主力在潮、汕失利；朱德三河坝战役之后保存了可贵的起义火种，带着第25师这支铁军的余下人员最后踏上井冈山，与毛泽东的秋收起义农民军胜利会师。

有意思的是，会昌、三河坝战役的3个重要人物：第25师师长周士第、第75团团长孙德清、第75团第3营第11连连长许光达后来都到了南昌起义的总指挥贺龙麾下任职。土地革命时期，孙德清在贺龙领导的红二军团任参谋长，许光达任红二军团第6军参谋长兼第17师师长；抗日战争时期，周士第在贺龙领导的八路军第120师任参谋长。当然，这是后话。

四、潜入敌营办学兵团
　　隐身播下革命种子

国民党第33军军长柏文蔚，是个落魄的武夫。辛亥革命时，他与黄兴、蔡锷、李烈钧齐名，时称孙中山先生手下的"四大武人。"但到1927年，他已成明日黄花，几乎被人遗忘。蒋介石每每给他冷脸，连小小的安徽省主席陈调元也敢明里暗里排挤他。于是，有人给他出主意：蒋介石是靠黄埔军校起家的，黄埔师生是他在军队中统治的骨干。这批军官又都是颇有才干的人，深得蒋介石的赏识。他柏文蔚若想得蒋氏的青睐，没有一批黄埔生的帮衬是不行的。想来想去，柏文蔚决定依靠黄埔生办个学兵团，这样一可与蒋氏嫡系抗衡，二可大幅度地提高本部军事素质。他立刻招募皖籍学员，很快一切齐备，就差一位得力的主持人。

为了利用这个机会壮大我党的力量，时在上海的中共中央军委负责人周恩来决定派共产党员孙德清、廖运泽潜回安徽寿县，协助柏文蔚主持筹办学兵团，努力使学兵团成为中共掌握的武装。

孙德清与柏文蔚既是同乡，又有旧交情，1923年赴广州曾在柏文蔚驻粤皖军司令部当兵。1924年5月时任北伐讨贼第2军军长、安徽省出席国民党"一大"代表的柏文蔚和该军顾问、上海特别市出席国民党"一大"代表的谭惟洋介绍孙德清加入国民党，并推荐投考黄埔军校。孙德清回到安徽面见柏文蔚时，他非常高兴，要孙德清和廖运泽帮助他物色军事教育人才。

孙德清、廖运泽将这一情况报告中央后，中共党员孙天放、张慕韩、陶之光、叶守成、王孜堂等陆续汇集安徽。随后，中央军委又派廖运周、许光达由上海来安徽寿县参加筹办工作。许光达1926年考入黄埔军校，孙德清在第11军第25师第75团当团长时，许光达是第75团第11连连长。这次又在老团长的带领下从事兵运工作，许光达心里特别高兴。孙德清也欣赏这位昔日部下。经过积极筹备，学兵团共招收学员504人，于1928年2月6日，在现在的寿县一中校址正式开学。孙德清任学兵团团长，孙天放任副团长，廖运泽任教育长，许光达、廖运周任教育副官。柏文蔚发枪500多支，拨款3万余元，并将寿县烟酒税归属学兵团的教育经费。根据中共安徽临时省委的指示，学兵团招收的大多数学员是工农分子，且干部又多数是中共党员，故完全按照中共宗旨行事。政治课教材用的是萧楚女、恽代英在广州农民讲习所授课时的讲稿，如《帝国主义侵华史》、《国民政治》、《土地革命是解决中国农村问题的根本出路》等；军事教材是汲取黄埔军校精华改编的；军训时穿草鞋。另外，还组织学员深入农村进行革命宣传，在寿县城乡形成十分浓厚的反蒋、反封建的革命氛围。经过一段时间的培养和教育，从中发展了一批中共党员和共青团员。根据党的指示，于1928年3月成立了中共学兵团党委，孙德清任书记（并参加中共寿县县委的领导工作）、薛卓汉任副书记，委员有许光达（负责组织）、廖运周（负责宣传）、吴勤吾、叶守成、张有余、李坦等。

正当学兵团轰轰烈烈地开展工作，并初见成效时，隐藏在寿县瓦埠区委内的叛徒向柏文蔚告密，并同时上书南京国民党政府密告第33军学兵团被以孙德清为首的一批共产党员所掌握，培养的是共产党的军事人才。迫于蒋介石的压力，5月底柏文蔚撤销了孙德清的团长职务，另派国民党员孙伯超任学兵团团长。柏文蔚念昔日与孙德清的旧情，不但没有为难他，还发给他路费。6月初，学兵团党委与中共寿县县委部分成员孙德清、薛卓汉、许光达、廖运周等召开联席会议，决定为保存革命力量，中共党员全部撤离学兵团转移到农村，继续开展农运工作。紧接着，一大批学员也陆续离开学兵团，致使学兵团很快解体。见此情况，柏文蔚也深感无奈。

虽然这次创办学兵团，没有实现中共中央军委关于分化第33军，使学兵团成为中共党的武装，配合农民暴动的计划，但是在安徽寿县一带播下了革命的种子，壮大了党的力量。土地革命时期，安徽寿县一带有31位县、区委书记和游击队长是在第33军学兵团学习期间加入党组织的。

孙德清离开学兵团后前往上海,在周恩来主持的中央军事训练班学习游击战争理论,后又被调到中央军委做参谋工作。

五、受周恩来亲自点将赴洪湖组建红6军

1928年春,贺龙、周逸群、史庶元、卢冬生几位参加过南昌起义的同志奉中央指示到达洪湖。中央决心,不但要把湘鄂西革命根据地建立起来,还要一步一步发展壮大。当时洪湖的问题比较复杂,游击队很活跃,但缺少统一领导。为把洪湖地区各路游击队归拢起来,中央决定派人到洪湖与周逸群等人共同组建红6军。派谁去?时任中央军委负责人的周恩来,亲自点将昔日黄埔军校的两位优秀学生孙德清和许光达出此重任。

1928年8月的一天晚上,周恩来特意把孙德清和许光达叫到一起。这是例行工作,每一个派往苏区的干部在出发前,周恩来都要亲自交代几句。

"坐吧,坐下谈。"周恩来将自己的藤椅掉转过来,然后指着面前另外两条长凳,边让座边问:"任务都明确了吧?"

"明确了,到沙市找地下组织接头,去洪湖……"

周恩来详细地交代说:"先期到达的同志已在沙市组成了湘鄂西特委,由周逸群同志任书记,统一领导湘鄂西地区的党组织和武装斗争。你俩去的主要任务是协助周逸群成立红6军,然后,再和贺龙同志领导的红4军合在一起,组成红二军团。"

"这个决定就由你们两位去传达。你们去了以后，首先要协助那里的同志尽快把红6军搞起来。任务很艰巨，你们要有思想准备。"

孙德清和许光达频频点头，表示对中央指示的充分理解与完成任务的决心。

第二天，他俩以上海蜂蜜公司老板的身份，踏上了西去的江轮。孙德清和许光达非常兴奋。南昌起义中，他们在三河坝一仗之后，上天入地不罢休，搞兵运、走麦城，被国民党四处通缉，八方流浪，在寒光闪闪的血腥屠刀下，寻求革命的理想人生，酸甜苦辣，一言难尽。今天，他们终于要投入到武装斗争这一如火如荼的行列，真刀真枪跟敌人斗。这对于一个黄埔军人来说，简直不亚于生命的复归！

"泰州"号长鸣一声，从上海起航了。孙德清和许光达离开甲板钻进舱房，两人心里都像揣着一只小兔子。舱房里人来人往，苦于无法交谈，孙德清只好摸出一本《三国志》打打掩饰。"光达"，孙德清目光从书页上移开，左右侦视一下，发现没有别人，便小声说："听说那边有个响当当的人物，叫段德昌，在公安县闹得挺带劲，连驻沙市的国民党鲁涤平第2军也不敢惹他！"

许光达说："此人我晓得，也是黄埔同学。"

"他是几期的？"孙德清问，眼光仍盯着书页。

"好像是4期吧……也可能是5期。"许光达的眼睛警惕地守在舱口。

孙德清还想说什么，许光达咳嗽了一声，原来是茶房送开水来了。

"二位先生不用点什么？"茶房见孙德清和许光达西装革履，俨然巨商大贾，斟茶时两眼骨碌碌转着，故意献殷勤。

孙德清从没有食零食小酌的习惯，不由分说就要摆手，被许光达用目光制止了。许光达正了正身子，斜睨着茶房，哼了声说："来半斤卤牛肉、半斤猪头肉，再要4两花生米，小菜嘛，随便弄几样，老酒一壶，要温的！"

"好嘞！"茶房兴颠颠地出去了。

孙德清说："想不到你的胃口还这么好！"

"你还看不出来？"许光达压低声，"这前后舱有身份的人，哪个不在花天酒地？只有我们俩对着一本书呷清茶，一杯茶冲过五六遍也没换。茶房该起疑心了！别忘记啰，我的孙董事长，我们俩人现在是上海蜂蜜公司的大老板！"

孙德清一听，连连点头："吃！吃！"

茶房送进酒菜。许光达从口袋里摸出一张大面额纸钞塞到茶房的手上，把脸一扬："不用找了！"

"哎哟，礼重格！"茶房讪讪地垂立在许光达身边说："先生，侬有啥事体，尽管吩咐！"

许光达慢悠悠地抬起眼皮对茶房说："我们都喜欢清静，不想有人打搅，你照看着点。"

"小意思，侬放宽心，侬放宽心！"茶房点头哈腰地离开了。

从此一直到沙市港口下船，再也没有第三人进入这个舱房。茶房鬼得很，亦颇守信用，差不多一直堵在舱口，只要有客人，立即迎上去，把人引向别处。

孙德清不无感慨："光达，你还有这一手！"

"都是这几年的漂泊，逼出来的呀！"许光达心里说不清是个什么滋味。

这一路，两人就着酒菜自有叙不尽的往事，抒不完的情怀。快到沙市了，船上的气氛在悄悄变化。孙德清和许光达正谈得有滋有味，忽听船舱外一阵骚动，有人惊慌地喊："游击队！"

两人抑制不住兴奋，装做散步，不动声色地登上甲板。

正是夕阳时分，只见不远处的江汉中，几只小船在波涛之中出没。有只稍大的船头，还插着一面红旗。红旗映着晚霞，猎猎迎风，宛若一团燃烧的火炬。游击队员们一律扎着腰带，打着绑腿，远远地朝江轮上的游客们挥手致意。

这情景真是太动人了！许光达和孙德清依着栏杆，身体靠在一起，暗暗抓紧彼此的手，直到握出汗来。

船靠岸了，素有"小汉口"之称的湖北沙市就在眼前。孙德清和许光达刚要打点行装准备下船，那个得了好处的小茶房，慌忙过来提起他们的行李，一直把他们送出了检查口。

沙市的街面上店铺林立，五花八门的叫卖声不绝于耳。长袍马褂的阔佬、破衣烂衫的乞丐、小心翼翼的乡下人和蛮横无理的警察，都市喧嚣中的众生相，一一触动着行色匆匆的旅人。为了

避眼，孙德清他们特意叫了一辆人力车。车过一条宽街，正要往一家门面阔绰的客栈奔去，忽见街口围住一大群男女老少。人群中间，是一个瞎眼的老汉在唱谣曲。那老汉穿件补丁叠补丁的粗衣，袒着古铜色的胸脯。手中的鼓棒和锣槌，时而翻飞时而敲击。一阵锣鼓之后，扬脸引吭高歌，直唱得脖颈上粗筋暴起多高。

拉车的小伙子不觉放慢脚步。孙德清和许光达听得明白，老汉的谣曲这样唱道：

　　铜锣一打响喤喤，表表湘鄂英雄榜。
　　邓赤中，破沔阳，设计巧赚李伯岩。
　　乔装打扮彭国才，胡慎之当卖柴郎。
　　监利有个王步云，领兵夜袭下车湾。
　　肖仁鹄，取螺山，半路杀出王大全。
　　弥陀镇，出奇兵，里应外合段德昌。
　　洪湖岸边有黄鳌，贺锦斋的队伍在荆江。
　　……

孙德清与许光达交换一下眼色，拍拍车夫的肩膀："兄弟，赶路吧！"人力车这才一溜烟朝那个叫"西江月"的客栈飞奔而去。在"西江月"的头等客房安顿下来后，两人即吩咐店中听班的小伙计给"福昌祥"货栈送去一张名片。之后孙德清才长长地嘘口气，笑着跟许光达打趣："许老板，这台戏也该收场了吧！"

许光达说:"早得很哪,这里离真正的洪湖还远,搞不好大戏还在后头。"

话音刚落,就听大街上警笛四起。不大一会工夫,房门被人打得"嘭嘭"响。许光达和孙德清面面相觑,一时不知如何是好。

门被旅店的伙计打开了,进来几名杀气腾腾的军警。

"哪来的?"一个瘦高个儿的家伙极无礼貌,张口就粗声大气。

许光达从容不迫:"上海。"

"干什么的?证件!"

"上海蜂蜜公司供职。"许光达一边掏证件,一边指着背着手、立在一旁的孙德清:"这是我们的董事长。"

孙德清略敛一敛胸:"敝姓孙,孙德清。"

瘦高个儿军警对照人面验看了证件和船票,没发现破绽。又在房间里转了一圈,也没有疑点,口气便和缓了些:"听口音,二位不是上海人?"

许光达一惊,但立即强迫自己镇静下来:"是啊,我们也是湘鄂人士,敝人的故里在长沙,我们董事长是鄂东。唉,闯荡江湖几十年,乡音难改啊!"

瘦高个儿军警立刻对孙德清产生兴趣:"噢,孙老板府上是鄂东哪个县份?"

孙德清慌不择路,拣个熟悉地名随口答道:"英山。"

"哟,我是浠水的!你家在英山么屋头?"

"鸡鸣河。"孙德清机变地应了一句,心中一点底也没有。

"啊呀，我在洗马畈！"

许光达赶紧插进来："你看看，你看看，大水冲到龙王庙了！"

瘦高个儿军警脸色由阴转晴："兄弟例行公事，多有冒犯。他妈的，怪就怪共匪活动太猖狂，上头追得紧，伤脑筋！"

孙德清和许光达一连声打着哈哈，说着慰勉的话，顺势将一条"白金龙"牌香烟塞进那家伙的大裤兜里，总算把几个丧门星送出了门。他俩相对喘了口气，才觉得浑身冷汗凉丝丝的。

"孙董事长，你的戏演得不错，蛮有派头的。"许光达笑着说。

孙德清也笑了："你怎么不讲我是安徽人，偏偏提个鄂东，幸亏我还知道有个英山，旁边有条鸡鸣河。再多问一句，非露馅不可！"

一番折腾后，孙德清和许光达终于和湘鄂西特委的人接上了头，迎接他们的是段玉林和屈阳春。这一天，周逸群正在主持湘鄂西特委各县联席会议。周逸群在开场白中说："中央派来两位代表一会儿就到，他们也是黄埔军校的毕业生，军事上很有一套，这次中央派他们来组建红6军，很妥当。我们今天的会议就这个议题。"

说着说着，段玉林和屈阳春就领着孙德清和许光达进来了。段德昌和周逸群一块儿起身与"中央代表"握手，并礼貌地表示了欢迎的意思。段德昌和孙德清、许光达握手的时候，段玉林在一旁介绍说："这就是我们洪湖大名鼎鼎的'火龙将军'！"

孙德清和许光达睁大眼睛上下打量段德昌。

"不相信啊?"段德昌笑着说。

孙德清说:"相信!相信!你火烧彭霸天,砍伤国民党师长岳维峻和谭道源的故事,我早就听说了。老乡们都讲洪湖有两条龙,贺老总是水龙,你是火龙嘛!"

"贺龙是龙不假,我谈不上啊……"段德昌想了想,又说:"我倒愿意做片云雾,让贺胡子腾云驾雾……"

孙德清拉住段德昌的手,坐到他身边,接着会议正式开始。

首先由孙德清同志传达中央关于成立红6军的指示,接着是周逸群介绍湘鄂西的斗争现实。许光达谈了谈形势,从国际到国内,娓娓道来。会议决定,先以最快的速度把中央的指示精神传达给各路游击队战士,同时宣传和发动群众。再做些必要的准备工作,争取在1930年春节期间正式成立红6军。

为了这个不同寻常的决定,周逸群请大家起立,由他领头打拍子,一起唱《国际歌》:"……旧世界打个落花流水……我们要做天下的主人。"这旋律把洪湖的优秀儿女带到砸碎旧世界、建立新中国的伟大斗争之中。

1930年2月5日,由洪湖赤卫队扩编而成的中国工农红军独立第1师的第一、第二两个纵队在监利汪家桥会师。2月6日,鄂西特委根据中央指示,宣布独立第1师升编为中国工农红军第6军。军长孙德清,政委周逸群,副军长旷继勋,参谋长许光达。第一纵队司令段德昌(后为副军长、军长),政委王鹤;第二纵队司令段玉林,政委由许光达兼任,全军近万人。

为了巩固和扩大革命根据地，孙德清和周逸群决定移师新观寺。2月中旬，孙德清率部顺利攻取龙湾、熊口、老新口、张全河等重要集镇。接着，又攻克了监利北部重镇新沟嘴和渔阳镇，使得江陵、石首、监利、潜江、沔阳等县大体连成了一片。千顷波涛之中，飘起了激荡人心的歌声："洪湖水呀，浪呀么浪打浪呀，洪湖岸边是呀么是家乡啊……"

时任国民政府湖北省主席、清乡督办的何成浚闻知红军在洪湖势大，一面申报南京，一面调兵遣将赴洪湖"围剿"。国民党第二编遣区主任刘峙，急令夏斗寅部再赴洪湖"剿赤"。此时，蒋、冯、阎大战酝酿正急，夏斗寅部也只能抽出两个团。两个团兵力如何能抵抗红6军？红6军在孙德清指挥下，以迅雷不及掩耳之势，于1930年2月下旬集中重兵夺取了潜江城，俘敌警察局局长、教育局局长及土豪劣绅多人。3月初，西进再克郝穴，击败夏斗寅部两个营。中旬，段德昌亲率主力一部再克观音寺，直逼沙市城。沙市之敌畏红6军之势，龟缩城中，不敢越雷池一步。随之，红6军又挥师南下，先攻克长江南岸的重镇藕池、调弦口、石首城，缴获枪600余支。此时红军声威震慑了洪湖地区敌胆，大小土豪劣绅纷纷逃窜，群众的革命斗争情绪迅速高涨。1930年4月初，鄂西特委在石首的周弦口召开了江陵、石首、监利、沔阳、潜江5县工农兵贫民代表大会，宣布成立鄂西苏维埃5县联县政府，选举产生了周逸群等人组成的主席团，周逸群任主席。5县联县政府成立之后，各县、区、乡都建立了苏维埃政权、总工会、妇女会、少先队、儿童团、赤少队等群众团体、群众武装都得到了健全和发展。在苏区之内，取消了一切苛捐杂税，没收了地主豪绅的土地。文化教育、卫生机构亦相应得到建立和发展，整个苏区一派生机勃勃的景象。

六、贺龙旗下出任高参
硬恶大仗指挥自如

4月中旬，孙德清因病，派段德昌赴上海参加全国红军军事会议。中央要求贺龙领导的红4军与孙德清、周逸群领导的红6军迅速会合，组成红二军团。段德昌回到洪湖后，立即将中央指示精神向鄂西特委作了汇报，特委根据中央指示，派万涛赴湘鄂边，并任命他为红4军政委，一面加强红4军的领导力量，一面传达中央关于红4、红6两军会师的指示精神。

同年7月，红6军攻占了公安县城后，得知贺龙的红4军已到达松滋河街子，即派人去迎接红4军的到来。

7月上旬的一个下午，天气闷热难当，红6军的几个负责人顶着烈日到公安城西，迎接贺龙。

不大一会儿工夫，大路上来了几个骑马的人。为首的大汉穿一身灰洋布便服，戴着一顶大草帽，浓密的唇髭掩着厚厚的嘴唇。大家老远就认出来了："那不是贺老总么！"

贺龙、万涛立即下马，走到跟前与前来迎接的红6军领导一一握手。贺龙见到周逸群，非常高兴，他几步上前紧紧抱住周逸

群，虽然两人分手年余，却如隔三秋一般，激动得一时不知如何是好。之后，召开了两军联席会议，根据中央决定，正式组成红二军团。贺龙任总指挥，周逸群任政委，孙德清任参谋长，柳直荀任政治部主任。红二军团下辖两个军，红4军改为红2军，贺龙兼军长；红6军军长为邝继勋，政委段德昌。红2军下辖第4师和一个警卫团，红4师师长王炳南、政委陈协平；红6军下辖第16、第17两个师，第16师师长王一鸣、政委王鹤，第17师师长许光达、政委李剑如。两军会师后，红二军团总兵力近2万人。至此，孙德清正式出任贺龙旗下高参，直到牺牲时从未离开他半步。他协助贺龙打了许多硬仗、恶仗、大仗。

两军会师正式组成红二军团的当天晚上，在公安县文庙大殿里，段德昌下令摆开了18张八仙桌。菜肴虽不丰盛，水酒却有8桶。

贺龙举着酒碗，手挽周逸群，豪饮一大口，高声对大家说："想当初，我与逸群同志离开武汉时，只有3把枪，过洪湖踏湘西，几经艰难九死一生。现在两支队伍合到一块，精兵近两万，战将千员，只要我们大家齐心协力，何愁革命不成功啊！"

酒热、心热，天气更热，贺龙敞着怀，摇着一把很大的芭蕉扇，走下桌子跟大家一一劝酒。他发现许光达和中央特派员柳直荀两个年轻人只顾说话，不动筷子，就用芭蕉扇指着他俩喊："喂，你们两个年轻人怎么光说不吃呀？"

"放心吧，胡子，我们亏不了！"柳直荀笑着说。

贺龙哈哈笑着："洪湖鲤鱼硬是好吃嘛！"他走到许光达身边说："光达，你也是长沙人吧？"

柳直荀代答："我们都是长沙东乡的。"

"唔，怪不得呢！"贺龙打着趣，又问许光达："听说你和孙德清在三河坝都负了伤，而你的伤最重，后来你们去了哪里呀？"

许光达把自己寄养乡间、千里寻党的曲折故事说了一遍。说到牺牲的烈士，许多在座的同志眼圈都红了。

贺龙沉下脸："国民党想把我们斩尽杀绝，他办不到！"接着他声音低沉下来："我红2、红6两军能有今日，也是流了多少烈士的鲜血……"

贺龙将碗中的酒静静地洒在地上，说："这碗酒，让我们祭奠烈士的英灵！"

所有人都跟着他将酒默默地洒在地上。

大殿出现短暂的安静。周逸群诗兴大发，于寂静中吟出一首诗来：

> 壮士何慷慨，志欲威八方。
> 驱车远行役，受命念自忘。
> 良弓挟乌号，明甲有金光。
> 临难不顾生，身死魂飞扬。
> 岂止全躯士，效命争战场。
> 忠为百业荣，义使英名彰。
> 重声谢后世，气节故有常。

那一刻，整个文庙大厅静得连一根针落地都听得清。这首诗恰恰是周逸群自身辉煌壮烈的真实写照。

红2、红6两军会师后，军团前委研究决定：趁蒋、桂、冯、阎大战正酣、洪湖一带敌军东调、洪湖各地仅留团防之机，集中兵力用3个月左右的时间，拔除"白点"，使苏区连成一片，尔后再逐渐向敌统治力量较弱的襄河北岸发展。于是，红二军团兵分两路，贺龙、孙德清与周逸群、段德昌各率一路向既定目标发起攻击。红2军一举扫除了龙湾、熊口等白色据点，然后跨东荆河，解放了潜江县城，迫使残敌退入襄北。紧接着，又北渡襄河，攻占了天门重镇岳口。红6军第17师先攻克了新沟嘴、杨林尾等地，迫残敌逃至东荆河以北。自此，洪湖苏区的江陵、监利、潜江、沔阳等县城连成一片。尔后，红2、红6两军采取联合行动，清除了洪湖地区的反动会道门白极会。

这时，打入国民党新编第3师的共产党员杨嘉瑞送来情报："监利守敌除团防外，又调来新编第3师一个团，达2 000多人。"军团前委在贺龙、孙德清的建议下，同意第二次攻打监利。是夜，乌云密布，雷雨交加，参谋长孙德清根据敌情、我情制订了周密的作战计划，并协助贺龙指挥人马奋力攻城。这时，共产党员杨嘉瑞策反了敌人两个连于火线起义，打死了敌营长王元生。在里应外合之下，敌人乱了方寸，支撑不住，迅速败下阵来。天明时，国民党新编第3师龚炳垣团和县保安团被红二军团歼灭，8艘增援的敌舰也被击退。此外，从朱河方向来增援的敌军，也被消灭于上车湾。这一仗的胜利,又使红军士气大振。

战斗结束后,贺龙特意派人把参谋长孙德清叫来,高兴地对他说:"真不愧是黄埔军校的高才生、中央军委挂上了号的精明作战参谋,我们这次把敌人的陆军增援部队都干掉了,把海军增援部队也赶跑了,你想得周到,作战预案非常缜密,很好。"

部队为这次胜仗举行了祝捷大会。会后前委于监利城召开了联席会议,决定将鄂西特委改为湘鄂西特委,鄂西联县改为湘鄂西联县,邓中夏为特委书记兼红二军团政委,周逸群改做地方工作,任代理湘鄂西特委书记。

1930年10月中旬,中央再次指示红二军团截断武(汉)长(沙),进攻岳州。前委经过讨论,决定由石首渡过长江,进攻南县、华客、公安、澧县、常德、安乡等县,造成湘鄂西赤色区域。

部队渡江之后,贺龙率红2军打南县,段德昌率红6军打华容。南县攻克后,邓中夏要贺龙打安乡。贺龙说:"从南县至安乡,途中要经5条大河。那地方我很熟,那些江河,不是地图上标的一条线,水宽流急。我们若打安乡,是背水作战,犯兵家大忌。"

孙德清也不同意邓中夏的主张,他说:"绝对不能打安乡,依我看应该打津市和澧州,据侦察,对付那里的川军张英、马坤山部比较容易得手,有把握取胜。"

邓中夏见贺龙、孙德清说得有理,只得同意这一作战方案。

不出所料，红二军团发扬连续作战的作风，很快就打下津市、石门、临澧3座县城，消灭了川军张英和马坤山部。

从这次战斗缴获的文件和报纸获悉：蒋、桂、冯、阎中原大战已经结束，蒋介石于南昌成立行营，亲自部署"剿赤"事宜。贺龙对孙德清说："敌势力将发生重大变化，敌人'围剿'很快将开始，我们当迅速返回洪湖，准备迎接敌之'围剿'，保卫苏区。江南一带群众基础弱，不宜再留。"

孙德清完全同意贺龙的意见。当下，他命令司令部下达了将部队撤到河口的命令。

邓中夏得知贺龙、孙德清把部队撤至河口一带，很不高兴，坚决不同意回洪湖，他要把部队拉到山区，以武陵山为依托，用所谓"围魏救赵"之策，吸引强敌。

其间，尽管贺龙、孙德清、段德昌、许光达等人轮番劝说；尽管周逸群等再三陈述红二军团回师洪湖之重要；尽管洪湖苏区告急的文书像雪片般飞来，但邓中夏仍然举棋不定，最后还是没有同意部队回洪湖，这就造成了"自红二军团成立以来最让人心痛的一次重大损失"（孙德清语）。

红二军团在杨林寺一带遭敌四面攻击，一场恶战打得极为惨烈。敌人首先杀向红6军，计有李觉师、陈渠珍等部，分路由西斋、宝塔市、官桥、石子滩等处向红6军进击，而此时红2军尚在数十里外的公安县。面对强敌，邓中夏却主张在杨林寺一带与敌人决战。贺龙听了，愤愤而起，指着邓中夏狠狠地说："你这样做,是要把红二军团推向绝地!部队要迅速撤退!"

这时,敌人先头部队已逼近杨林寺。邓中夏这才对贺龙说:"依你吧。"

当下,孙德清传令红2军迅速向杨林寺的红6军靠拢,红16师迅速抢占杨林寺北山头,阻敌前进之路,以掩护大部队撤退。

双方人马很快接上了火,而且一接火就十分激烈,阵地上双方兵力犬牙交错。从凌晨一直打到黄昏,敌人不但不退,而且越打越多。

这一夜,红6军的两个师被打散。红2军按照军团参谋长孙德清的命令,迅速驰援,在街河市与李觉部接上了火。激战中,李部将红2军切割成数块,部队上下失去了联络。参谋长孙德清带领红2军军部打到天光大亮,才甩开敌人。孙德清命令红2军一边收拢部队,一边向刘家场方向撤退。途中又与王炳南部相遇,于是命令他迅速带领人马去寻找红6军被打散的那两个师的下落。由于红2军驰援动作迅速,分散了"围剿"红6军的敌人兵力,被打散的红6军那两个师才避免了灭顶之灾。红二军团在鹤峰休整时,不少人陆陆续续回来归建。另外,还有部分失散人员被段德昌收拢后带回洪湖,组建了洪湖独立团。

1931年3月,红二军团改为红3军,孙德清任红3军参谋长兼第7师师长。同年冬,部队返回洪湖苏区,他先后参与了指挥苗陵凯、文家墩等战役。

1932年2月底,敌武汉绥靖公署主任何成浚命令第10军军长

徐源泉"清剿"洪湖苏区。徐即以其第48师韩昌峻之第144旅打通皂市至天门的交通,以保障其供给线,并收复应城、岳口之交通,然后再直捣洪湖。此时,据侦察报告,说韩昌峻的第144旅因连日天降大雨,被困在文家墩、李家场一带。孙德清迅速将这一情况报告了军长贺龙。俩人商定,先歼此敌。于是遂令红7师在吴堰岭一带钳制敌人,段德昌率红9师从渔薪河,段玉林率红8师从蒋家场一带,分路冒雨袭敌。两路人马于天亮之前向韩敌发动攻击。为不放走一个敌人,孙德清亲临前线督战,红军指战员个个奋勇当先,直杀得韩敌溃不成军。敌第142旅冒雨增援,被红7师打退。黄昏时分,韩旅被全歼,敌第144旅旅长韩昌峻被俘。

可是,正当孙德清满怀信心地寻找一个个作战目标,协助贺龙率部一步一步地粉碎敌人对洪湖的"围剿"的时候,夏曦正推行王明"左"倾错误线路,在湘鄂西搞"肃反"扩大化,大肆逮捕和杀害党政军高级干部。1932年5月,他以"改组派"的罪名在中央分局驻地瞿家湾抓捕了孙德清。贺龙得知这一消息,立即飞马来到夏曦住处。一见面,贺龙直问:"你把我的参谋长关起来了,叫我怎么指挥打仗?孙德清立过无数次大功,是党中央,特别是周恩来同志最信得过、最器重的军事指挥人才,你把他抓起来说得过去吗?孙德清如果是改组派,打死我都不信,赶紧放人。"夏曦扬起脸对贺龙说:"你也不要大惊小怪,国焘同志在鄂豫皖不是抓了许继慎吗?许是军长。中央出了富田事变,军长、政委不都抓了吗？放他？不可能！"

贺龙气得说不出话来，立即回头去找红3军政委、湘鄂西中央分局肃反委员会副书记关向应。

到了关向应处，贺龙心痛地说："向应，怎么这么多干部都成了反革命？他们可都是全心全意跟党走的啊，难道有这样的反革命吗？"

关向应说："我想夏曦无论如何不会乱抓人，他可是党内的老同志了。"

听了关向应这话，贺龙知道再说下去也没用，扭头就走了。

回来的路上，贺龙想起孙德清早就对夏曦推行的"左"倾错误路线非常厌恶，他曾对贺龙说"老总，现在我们没有电台，无法与中央直接联系，请你赶紧派一个人去上海找周恩来，告诉党中央，湘鄂西不能再让夏曦瞎折腾了，得尽快找一位像周逸群同志一样正派的明白人来主持湘鄂西的党政工作，不然，湘鄂西苏区和红军要不了多久就完蛋了。"

此时，贺龙内心非常痛苦："派人去上海谈何容易。"

5月中旬的一天，夏曦亲自组织了所谓的革命法庭，于瞿家湾召开公审大会，将孙德清等被抓捕的几十名军队师以上干部和地方县以上干部处以极刑。孙德清牺牲时，年仅28岁。

新中国成立后，贺龙元帅在回顾湘鄂西"肃反"扩大化这段痛苦的经历时，曾提到过孙德清。他说，孙德清在任红二军团和红3军参谋长短短几年的时间里做了大量的工作，除了协助指挥

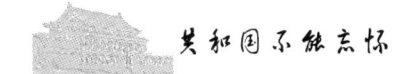

打仗外，对司令部机关建设、参谋人员业务培训等都是很有建树的。像建国后被调入中国人民解放军总参谋部任副总参谋长兼作战部部长的王尚荣等，都是在红军时期受到孙德清的影响才一步步成长起来的。

湘之忠魂：柳直荀

柳直荀(1898~1932年),湖南长沙县高桥镇人。1920年1月加入中国社会主义青年团,1924年2月加入中国共产党,是湘鄂西党和红军的卓越领导人之一。

1926年7月,北伐军攻占长沙,柳直荀当选为新成立的省政府委员,并任省农民协会秘书长,为推动湖南农民运动的蓬勃发展做出了重要贡献。1927年,他随贺龙参加南昌起义,后随军南下广东,不久,被党派往上海、天津等地从事秘密斗争。1928年9月,柳直荀任中共顺直省委秘书长,参加了周恩来主持的中共顺直省委扩大会议。1929年冬调任中共湖北省委书记,不久又任中共中央长江局秘书长和中央军委特派员。1930年4月,受命到洪湖革命根据地工作,任红二军团政治部主任、军团前敌委员会委员兼红6军政委。1931年3月,红二军团改为红3军,柳直荀任红3军政治部主任和前委委员。他与贺龙、段德昌等同志率部打退了敌人的多次围攻,使湘鄂西革命根据地得到了巩固和发展。

1931年6月,中共鄂西北临时分特委成立,柳直荀任特委书记兼房县县委书记。此后,柳直荀受命先后组编红25师、鄂西北独立团，后将这些部队合编为红3军第8师，柳直荀均兼任政委，为巩固和发展革命根据地做出了巨大贡献。在此期间，他坚决反对党内和湘鄂西革命根据地内已经发展起来的"左"倾错误方针和政策，被夏曦错误地撤销了其在党和红军中的领导职务。1932年9月，柳直荀在湖北监利县周老嘴因"肃反"扩大化被错杀，时年34岁。

  1945年4月，中共中央给柳直荀平反昭雪，追认其为革命烈士。1957年5月11日，毛泽东主席复信柳直荀夫人李淑一，并附《蝶恋花·答李淑一》词一首："我失骄杨君失柳，杨柳轻飏直上重霄九。问讯吴刚何所有？吴刚捧出桂花酒。寂寞嫦娥舒广袖，万里长空且为忠魂舞。忽报人间曾伏虎，泪飞顿作倾盆雨。"这首词表达了毛主席对柳直荀的怀念之情，被广为传诵。

一、受毛泽东和何叔衡等人影响开始学习和研究马克思主义

柳直荀是湘鄂西红军队伍中为数不多的、具有大学文化水平的高级将领,对马克思主义理论的学习研究下了一定的工夫,并运用马克思主义的基本原理、结合中国革命的具体情况,探索总结出一些理论性很强的成功经验。

柳直荀的父亲柳玉亭,早年曾执教日本陆军士官大学。自幼柳直荀得到父亲严格系统的指导,1912 年考入长沙广溢中学,后考入雅礼大学预科班。期间,他结识了进步人士杨昌济以及毛泽东、何叔衡、张昆弟等人。在毛泽东等人影响下,他开始学习和研究马克思主义。1924 年 2 月入党的那一天,他向党组织宣誓:"一定要把马克思主义的基本理论同中国革命的具体情况相结合,当一名忠实的马克思主义的宣传者、执行者和捍卫者。"他是这样说的,也是这样做的。

大革命兴起后,柳直荀按党的要求,到湖南湘潭、湘乡等地开展农民运动。1925 年 5 月,他指导东一区八叠乡农民在党支部领导下,建立起湘潭第一个农民协会;9 月,安源惨案发生后,一批在安源入党的湘潭工人回到本县,柳直荀与他们一起先后在花石等地建立农民协会。到 11 月,全县共建立区农民协会 14 个、区农协筹备处 4 个、乡农协 450 多个、乡农协筹备处 20 多个,共有农协会员12万多人。1926年8月16日，湘潭县召开第一次全县农民代表大会，通过了《湘潭县农民协会成立宣言》，明确宣布"农民协会为要求农民的自身解放及反对帝国主义之侵略和压迫的组织。"1926年8月14日至17日，湘乡县第一次农民代表大会在县城召开，各区农协代表和区、乡农协筹委会的代表300余人出席了大会。到1926年11月，湘乡县已有区农协44个，乡农协498个，共有会员19.05万人。

两县农民代表大会的召开，进一步促进了农民运动的发展，掀起了轰轰烈烈的农村大革命高潮。首先从政治上把地主阶级特别是土豪劣绅的威风打下去，推翻反动的都团和地主阶级的武装，一切权力归农会；二是对地主阶级进行了清算、罚款，并采取戴高帽子、游团关押、驱逐直至枪毙等办法惩治土豪劣绅；三是在经济上实行减租减息，减押、阻运平粜和不准退佃以及取消苛捐杂税等；四是铲除恶习，如禁烟、禁赌、破除迷信等；五是对土豪劣绅暗地组织的"保产会"、"保产党"、"暗杀党"和公开组织的"区董联合会"、"乡镇联合会"等组织进行了有力的斗争。

晏容秋是湘潭最有势力的大劣绅，绅权派中"十八罗汉"的元凶。他控制着"三堂四所"及乡下1万多亩公产田，在城内还有好几家当铺和钱庄。他利用他控制的地方财政势力串通贪官污吏，操纵着县团防局，敲诈勒索，残害人民。工农运动兴起以后，晏容秋千方百计地加以阻挠和破坏。湘潭人民对晏容秋早已恨之入骨，强烈要求将他惩办。1926年12月14日，工人纠察队将晏

拘捕，在 16 日举行的反奉示威游行中将晏押解游街示众，之后送交县署关押。12 月 19 日，县总工会、农民协会等发动湘潭各界群众 3 万余人，先到县署请愿，要求惩办晏容秋。县署不得不将晏交给工人纠察队。县总工会、农民协会随即决定组织特别法庭，在学坪公开审判晏容秋。特别法庭根据晏的罪行，接受群众要求，当场宣布判处他死刑，就地执行枪决，并没收他的全部财产。处决大劣绅晏容秋，全县人民拍手称快。毛泽东在视察湘潭农民运动时，高度评价了这一革命行动，他在《湖南农民运动考察报告》中多处提到此事："这样的大劣绅、大土豪，枪毙一个，全县震动，于肃清封建余孽，极有效力。"

1927 年 4 月，湘潭县西二区农民将人称"汤屠夫"的银田镇团防局长汤峻岩在宁乡抓获。经特别法庭公审后戴高帽游街，在愤怒群众的拳打脚踢中，这个杀人不眨眼的刽子手死于银田寺的白果树下。4 月下旬，又在七都清溪寺召开万人大会，枪毙了大恶霸张茂卿。

湘潭、湘乡农民运动发展之迅猛、成效之显著，震动了全省。美国著名记者安娜·路易斯·斯特朗当年采访湘潭、湘乡农运后，撰写了《大革命在永丰》、《革命在前进》两篇专文（后收入《千千万万的中国人》一书中），将这里誉为"赤色湖南农村地区中心"、"红色风暴中心"。

"四·一二"反革命政变后，柳直荀立即发出声讨蒋介石的联合通电，动员民众与国民党新军阀作坚决的斗争。1927 年 5 月 21

日为反击许克祥叛变,"马日事变"发生当天,他和郭亮等人迅速发动农民自卫军奋起抵抗,组织数万农军进攻长沙,为推动湖南农民运动的蓬勃发展做出了重要贡献。

二、临危受命任顺直省委秘书长 助周恩来处理顺直省委问题

南昌起义后,1928年9月柳直荀由时任中央政治局常委、中央秘书长兼中央组织部长的周恩来亲自批准,调到天津工作,任中共顺直省委秘书长兼共产国际远东局联络员,协助周恩来处理久拖未决的顺直省委问题。

为了掩护身份,天津党组织安排在法租界5号路(今吉林路)开设了一个小古玩店,柳直荀任经理。这里毗邻天津最繁华的梨站地区,又位于海河南岸,地理位置十分优越,而且闹中取静。这是一处砖木结构的灰砖平房,是非常普通的临街门面房。房子面积不大,里外两间。外间货架子上摆放着一些古玩,还有一个账桌。里间为卧室。店名为"华北商店",店门外挂着个牌子,上书"OFFCG",装成洋行的样子,便于掩护和开展工作。柳直荀成为文质彬彬的老板,还有3个地下党员做伙计。这个商店,来的大部分是外国人。实际上这家商店是秘密联络站,负责同国际、党中央的联系,接转党的文件和党的经费。作为共产国际远东局的联络员,柳直荀主要负责同第三国际的联络。从1928年9月到1929年9月,柳直荀在天津待了一年的时间。作为顺直省委秘书

长,他参加了筹备顺直省委扩大会议,曾与周恩来、刘少奇、陈潭秋、张昆弟等同志一起研究会议文件。当时中共中央印刷所在天津,印制的文件由柳直荀定稿。许多文件由他核定,他经常在深夜起草文件和为党刊撰稿。

(一) 顺直省委问题的由来

顺直指的是北平(曾名顺天府)和河北(曾名直隶省)。建党和大革命时期曾有以李大钊为书记的中共北方区委,工作范围包括河北、山西、北平、天津、察哈尔、绥远、热河、河南北部及陕北等广大地区,革命工作有过显著成绩。大革命失败后,李大钊等被害,北方党组织失去领导中枢,工作陷于半停顿状态。

1927年5月19日,中共中央政编常委会决定建立顺直省委,以中央委员彭述之为书记,工作范围与原来的北方区委相同。但是,彭述之未能恢复北方党的工作,而且由于他在政治上坚持陈独秀的"右倾机会主义"路线,放弃对群众斗争的领导;在组织上效仿陈独秀实行家长式统治,发展个人意气之争和党内的派别纠纷,互相猜疑,互相攻击,引起党员的极大不满和党内的进一步混乱。一些革命高潮时入党又没有经过教育和训练的新党员,在党内泛滥小资产阶级意识;有的党员怀疑党的策略转变,对党的政策采取自由主义态度;有的不顾党的民主集中制,搞极端民主化;有的不愿意过艰苦斗争生活,以雇佣观点对待工作,给钱就干,不给钱不干,闹"经济主义";有的看到前途困难重重,就悲观失望,消极怠工,等等。"顺直问题"由此产生,并纠纷不断，愈演愈烈，令中共中央深感棘手。

中共中央曾三度派人试图解决未果。

第一次，"八七"会议后，中共临时中央政治局决定成立以政治局委员王荷波为书记的中共中央北方局，负责"全权解决"顺直省委纠纷问题，改组省委，撤换彭述之（仍留省委工作），由朱锦堂任书记，史称"第一次改组"。但接着发生了两件大事：一件是盲目发动"顺直大暴动"，两位省委常委牺牲，并使历尽艰难保存下来的一点力量又遭受严重损失；二是由于叛徒告密，北方局遭破坏，王荷波等被捕牺牲。于是，顺直党的工作又几陷停顿。

第二次，1927年11月中旬，中共中央决定撤销北方局，顺直省委受中央直接指导，并派蔡和森任中央北方巡视员，指导顺直省委工作。1928年1月27日，蔡和森主持对顺直省委进行"第二次改组"，推工人出身但政治水平很低的王藻文为书记，将彭述之开除出省委。这次改组，由于缺乏正确的政治指导，"不能用教育的方法在实际工作中去解决问题，反而带着个人意气及派别成见"，不但不能解决问题，反而导致顺直党组织的混乱和分裂。保南地方党组织一些人以本地区未派代表出席省委改组会议，竟认为"省委不合法"，并在正定自行组织"第二省委"。彭述之则跑到上海向党中央告蔡和森的状，而蔡和森也派人到中央辩解。此时党中央领导也不统一，一会儿听彭述之的，说"一月改组"不当；一会儿又听蔡和森的，说改组是正当的。这就使顺直党组织

· 235 ·

无所适从，从思想到组织都陷于一片混乱，工作难以开展，处于瘫痪状态。

第三次，1928年3月，中共中央决定派刘少奇以全国总工会特派员身份到天津，旋又决定他参加顺直省委常委，以加强省委领导。6月，中共留守中央又加派陈潭秋来顺直巡视指导工作。7月，刘少奇、陈潭秋、韩连会主持召开省委扩大会议，决定改组省委，推举韩连会代替王藻文任书记，并给闹纠纷最激烈的韩麟符以撤销内蒙古特委书记、留党察看6个月的处分。会后，刘、陈回上海向党中央汇报情况。史称"第三次改组"，又称"七月改组"。刘少奇到天津后，作过一些调查研究，对情况有较深的了解，但处理方法过于简单，缺乏耐心说服教育，而偏重于批评和惩办，因而"七月改组"也未收效。

（二）惩办主义未能解决问题

8~9月间，"六大"新中央负责人向忠发、蔡和森、李立三等回国开始工作，听取了留守中央及刘、陈的汇报。中共中央知道顺直问题是当时全党工作中"第一个最严重的问题"，这个问题又是"发生在党非常涣散的时候"；如果"不能很快得到正确的解决，不仅北方工作不能发展，并且全党涣散的精神都不能转变"。

中央以向忠发（实际是李立三）为核心，对解决顺直问题采取了"惩办主义"的办法。10月4日中央政治局会议，认为蔡和森对顺直省委问题负有责任，竟决定撤销其政治局常委和宣传部长职务，由李立三代替；决定处分韩麟符；派刘少奇去天津指导顺直省委工作。

"惩办主义"是不能解决问题的。10月刘少奇刚从上海返回天津，顺直党内又发生一系列严重问题。一是韩麟符问题。一部分干部和党员认为处分过重，联合起来进行反省委的活动；二是王藻文问题。王对处分极为不满，联合一部分被党开除的人由反省委而勾结敌人叛党，顺直省委不得不决定开除他的党籍；三是"京东问题"。京东唐山、乐亭、玉田、遵化等地党组织负责人认为"七月改组"是"不合组织原则的"，不承认新省委，派代表到天津"请愿"，并组织所谓"京东护党请愿团"赴中央控告顺直省委也就是控告刘少奇。一时间，竟闹得满城风雨，使顺直省委几乎完全不能行使职权。

在这种情况下，刘少奇、陈潭秋、韩连会商量决定：由他们三人联名签发一则通告，指称："顺直党内完全为小资产阶级意识所支配"，省委"已经没有指导工作和解决问题的可能"，指责京东组织"京东护党请愿团""显然有分裂党的倾向"，等等。通告宣布停止顺直省委职权，停止京东各县委组织的活动，报请中央组织特别委员会来处理顺直一切问题，在新的省委未成立之前，由他们三人直接指导和管理省委工作。

这个通告没有说服教育，多是批评指责，不但不能平息纷争，反而更促成顺直党内的混乱和分裂。"顺直问题"至此发展到了非常严重的地步。

(三) 周恩来主张政治说服

11月9日，中共中央政治局举行常委会议，讨论顺直省委领导间产生严重分歧、各级组织涣散、派别纠纷不断发生的问题。李立三提出发展工人斗争、打击小资产阶级意识的意见，甚至主张在顺直党内开展"两条路线斗争"。

此时周恩来已于11月上旬回到国内，出席了这次常委会。

党的六大时，由于共产国际过分强调工人成分，并在其直接领导下，将工人出身的向忠发推上了中央政治局主席和中央常委会主席的位置。但没有多少"文化水"的向忠发，无论政治思想水平和领导工作能力都和党的最高领袖的条件不相符合。所以在六大后的较长一段时间内，任中央政治局常委、秘书长兼中央组织部长的周恩来起着实际的核心作用。

"不应该是两条路线"，"主要的还是政治的说服"。在11月9日的常委会上，周恩来明确表示不同意李立三的"惩办主义"和"两条路线斗争"的主张。他在发言中指出："顺直残留的斗争直到现在，主要是缺少了政治的指导。这点中央要特别注意。"他强调说："我觉得中央委员会有一人去一下才好。"会议讨论的结果是不同意停止省委职权的做法，并作出几条具体指示，要来交汇报的陈潭秋立刻返津传达，恢复省委职权。

周恩来高度的马列水平和博大的政治胸襟，使他能把原则性和灵活性相结合，一开始就抓住了解决问题的关键，提出了明确的指导方针："政治指导"、"政治说服"，而不是动不动就实行

· 238 ·

"惩办主义",在党内搞"两条路线斗争"。这就显出了他高于党内其他领导人处理党内问题的水平。

但刘少奇、韩连会和陈潭秋却表示不能接受中央的批示,坚持停止省委职权的做法,请求中央批准。

中共中央11月17日复信表示不同意他们停止省委职权的做法,指出顺直党内纠纷以及目前一切坏的现象,是长期历史造成的,是许多不正确倾向的结合,是没有正确的党内生活,是积极的党的工作和党的政治路线没有深入党的下属群众的结果。解决顺直党内的问题,"绝不是用机械的纪律去制裁,尤其不是快刀斩乱麻的方法可以解决的。"

为解决顺直问题,中央特作出5条决议:(1)即刻恢复省委职权,陈潭秋以巡视员名义参加省委工作,刘少奇脱离铁路总工会,完全做省委工作;(2)少数同志组织的"护党请愿团"应立即解散,因为这不符合党的组织原则,是破坏党纪的行为;(3)省委应在3个月内召集全省党员开代表大会,在代表会前,须积极改造各级党组织,引进积极分子,尤其是工人分子到各级指导机关去工作;(4)一切党内纠纷均由代表大会解决,代表大会召开之前,停止一切关于党内纠纷的讨论;(5)京东4县党部立即停止活动,并由省委派巡视员去巡视并实行改组。

11月下旬,刘少奇回到上海,向中央报告顺直党的工作,再次陈述不同意恢复省委职权的理由。

由于顺直问题越来越严重,11月27日,中共中央召开政治局

会议再次讨论顺直问题。会议认为：中央解决顺直问题的路线是正确的，但方法有不足之处；陈潭秋、刘少奇等在顺直工作中有取消主义观念，在工作方式上有命令主义的错误。会议决定，派中共中央政治局常委、中央秘书长兼组织部长周恩来去顺直巡视，调张金刃（张慕陶）参加顺直省委工作，韩连会仍任顺直省委书记，省委恢复职权，改组常委。

于是，周恩来担起了解决这个令人棘手的"顺直问题"的重担。

12月中旬，周恩来化装成商人，身穿长袍马褂，留着胡子，从上海乘轮船来到天津。第二天（12月11日），他召集陈潭秋、刘少奇、韩连会等举行谈话会（柳直荀参加了会议，并担任会议记录），听取他们对顺直省委党的工作的情况汇报。

13日，召集顺直省委常委会，周恩来作中央关于解决顺直问题的意见的报告，并作了很多说服工作。常委们都表示同意中央的意见。会议通过了恢复省委职权、改组常委的议案。

接着，周恩来进行了紧张的、多种多样的调查研究工作。他接见各地党组织的负责人，参加各区委和支部的会议，广泛听取他们对省委和中央的意见和要求；他亲自到意见最大最多的唐山去，分别召集负责人、矿山系统、铁路系统的同志一起开会，并深入矿山和铁路基层单位考察下层党员群众的实际生活与工作情形，以备作工作计划的根据，并对大家作了许多深入细致的、耐心的说服教育工作，与会者感到如沐春风，心悦诚服地服从中央的决定。

由于周恩来在深入调查研究、弄清实际情况的基础上，坚持从思想教育入手，开展切合实际而又充分说理的批评，引导党员以向前看的精神，从积极工作的过程中去求得纠纷的解决，这样做果然收到预期的效果。周恩来在12月17日给中共中央的信中讲到：经过工作，"大多数接受中央恢复省委职权、扩大省委、改组常委的办法，并一致认为必须积极到群众中工作，从参加和领导斗争做起，才能建立起党的无产阶级基础，才能逐渐肃清小资产阶级意识，才是解决党内纠纷的正确出路。"

原来像一团乱麻而令中央深感棘手的"顺直问题"，通过周恩来深入细致、耐心教育的工作，终于很快理出了头绪。顺直党内的思想逐渐接近，并趋于统一了。

（四）柳直荀创办党内刊物《出路》，为解决顺直省党内问题指明正确方向

为了统一思想，把扩大会议的筹备工作搞得更好、更充分些，根据周恩来的指示，以柳直荀为主要负责人的筹备组针对顺直党内存在的问题，编印出版了一个党内刊物《出路》（柳直荀主笔），寓指北方党的出路。主要内容一是对顺直党的出路和如何整顿进行讨论，统一认识；二是论述党的组织原则，向党员和干部进行组织纪律和党的基础知识教育。此外还刊登一些有关中国革命前途、共产主义事业和党的方针政策等方面的文章。这是一个不定期的政治理论性比较强的油印小印子，一共出了13期，1929年8

月 31 日停刊。就在顺直省委扩大会议即将召开之际，12 月 18 日《出路》第 2 期印出。在这期刊物中，第一篇文章就是中央致顺直省委的信，题为《中央对顺直党改造的路线》；接着是周恩来以"伍豪"署名的文章《改造顺直党的过程中的几个问题的回答》。这是周恩来到天津后的几天内，同一部分同志谈话和下去调查之后，为了解决大家对整顿顺直党组织的一些疑问，在《出路》付印之前，日夜不停地赶写出来的。文中贯穿了党的六大精神和中央政治局会议讨论决定的处理顺直问题的原则，也是周恩来在顺直省委扩大会议上作的政治报告的主要内容。

1928 年 12 月底，在天津法租界张庄大桥兴义里附近的两排平房里，按中央和周恩来预定的计划，顺直省委扩大会议在这里举行了。出席会议的代表，除参加中共六大的华北地区的中央委员和顺直省委委员外（柳直荀也在其中），还有北平、天津、唐山、张家口、京东、石家庄等地党组织的负责人，共 43 人。

扩大会议由刘少奇、陈潭秋轮流主持，主要是由周恩来作政治报告，内容就是上述那篇文章。报告比较长，内容严肃深刻，生动具体，虽有批评，但绝不武断粗暴；虽有教育，但绝无"家长"口吻，加上周恩来与人为善的态度、亲切感人的精神、循循善诱的风格，与会者无不心悦诚服，乐意接受。

为了帮助顺直党的各位领导正确理解周恩来所做的政治报告，柳直荀还在《出路》刊物配发一系列理论性文章，针对顺直党在政治路线、组织路线和组织观念上存在的错误，强调反对错误的政治倾向必须同反对错误的组织倾向结合起来，重点指出了下列3点。

一是党内生活的极端民主化。例如：有的违反党的民主集中制原则，对党的决议任意不执行，甚至不做工作；有的不承认领导机关应有职权，连上级机关发一传单，没有发支部通过也提出质问，这实际上是要求领导机关在任何问题上都要跟着群众跑；有的地方还发生了严重对抗上级党委的自由行动。文章指出，这种作风，"不是无产阶级组织的作风，而是一群小资产阶级争极端平等自由的把戏"；这种作风不肃清，"可以把党组织打得粉碎，以至于消灭"。文章精辟地阐释了民主与集中的关系，同时他又要求领导机关克服"庸俗的官僚化倾向"，要深入到支部，将党的决议、政策和策略直接交给党员去讨论和实行，而每个党员都要积极反映情况，提出意见，但不能要求上级处理"每一件日常事务"、"每一个琐碎问题"，都要经过一般党员同意后才能施行，因为"这样的民主，不论在哪个阶级社会里，凡是有组织的地方永远找不出来。"

二是组织路线和干部政策的宗派主义和唯成分论。如片面强调增加工人成分，机械地找些工人进来，而不加以教育，机械地规定领导机关工人成分的比例，而不问思想水平和工作能力如何；分配工作，提拔干部，始终是相信自己脑筋中几个熟悉的人，而不相信下层群众中产生出来的新的积极分子；尤其错误的是歪曲反对机会主义思想斗争的性质，把反对机会主义变成反对知识分

子的斗争。文章批评了这种唯成分论和排斥知识分子的错误，指出："知识分子虽然有很多是动摇的，但是能站在无产阶级的立场来奋斗的人亦不少。在无产阶级中，也有不少丧失了无产阶级意识而染有小资产阶级意识的。许多同志不明白这个道理，于是放着反对小资产阶级意识不谈，专门反对小资产阶级出身的个人，而造成了党内的工学界限，增加了党的纠纷。这种观念根本上仍是小资产阶级意识。"他希望大家共同努力，破除小资产阶级的狭隘观念，维护全党的团结与统一。

三是小组织倾向。指出顺直党内这些小组织都是由于私人感情的结合或部落的观念形成的。少数有野心的人，就利用这些小组织进行破坏党的活动。这种小组织倾向还给"资产阶级种种政客官僚的卑污恶浊手段"在党内出现提供了条件。对这种"破坏党的最恶劣的倾向"必须坚决制止，坚持不改的要清除出党。

在指出顺直党内存在的组织路线方面的错误倾向后，文章又就健全支部生活、加强组织纪律教育等问题对大家作了简明生动的解释。文章指出："所谓支部生活，并不是仅仅开会听政治报告、交纳党费就算完事，最要紧的是讨论当地的政治问题、工作问题。无论是一工厂、一学校、一军营、一农村、一街道，范围虽小，都有它不同的政治环境和工作方法。要能把党的政策正确地运用，首先要了解实际的情形。这是每个支部的任务，每个同志的任务。必须充分执行这些任务，然后支部才能成为群众的核心，党员才能成为群众的领导者。"

文章强调，为了保证全党意志的统一，还必须有铁的纪律。文章特别解释：党的铁的纪律和惩办制度不同，"以惩罚解决一切问题而不在教育工作上下工夫，这是惩办制度"。而铁的纪律只是为了"防止错误的蔓延，求得阶级的一致"，它"对群众是带有教育性的，不是以惩办某一个人或某些个人为目的。"他分析说：如果一个同志在政治上、组织上犯了严重的错误而不处分，这无疑是告诉别的同志，他们也可以学着这样做；处分轻了，解释而不接受，党如没有办法，这更无疑是告诉别的同志，党的纪律只是写在纸上的，并无实际效力。

上述这些论述，深刻地阐明了党的组织原则，为顺直党的组织整顿指明了出路。

（五）顺直省委问题得到解决

在周恩来报告之后，会议根据"六大"决议精神，结合顺直党的具体情况，通过了一些决议案。其中有《顺直党的政治任务决议案》、《顺直省委党务问题决议案》，以及关于职工、农民、青年、妇女等工作决议案。这些决议案均由柳直荀负责起草，事先都经周恩来审阅。通过会议，党内认识基本取得统一，各项工作也作出了合理安排。最后，会议经过选举产生了新的中共顺直省委，同时成立的还有顺直革命军事委员会、职工运动委员会、农民运动委员会、妇女运动委员会等。

1929年1月10日晚，经中共中央批准，在天津佛照楼主持召开了顺直省委第一次常委会议，新任常委韩连会、陈潭秋、张金

刃、郝清云、王德振 5 人出席，另有少数人列席会议。会上研究了分工：韩连会任书记；陈潭秋任宣传部长；张金刃任组织部长；柳直荀任省委秘书长。

至此，这个令党中央感到棘手、几次派人去都未能解决的问题，在周恩来的主持下终于得到了比较圆满的解决。

周恩来回到上海后，1929 年 1 月 15 日在中央政治局会议上报告说："这次去后，大家接受了中央意见。""这次仅是作了一个初步的教育，大家都以为不能闹了。同志们现在精神状态好多了，能彻底解决问题，要看他们是否按照决议去工作。"6 月举行的党的六届二中全会对周恩来和柳直荀这次去顺直的工作曾有过这样的评价："在顺直党的历史上，已经酝酿着很复杂的纠纷，到了六次大会的前后更大范围地爆发出来。中央经过极大的努力，派人巡视，召集几次顺直的会议，与这一错误的倾向作斗争，最后得到了顺直全党的拥护，才把顺直的党挽救过来。""现在顺直的党已经较以前进步"，"党的生活向着发展工作的路线上前进。"

这是周恩来解决党内纠纷的杰出才能的第一个体现。同时，顺直省委问题的解决，也倾注了柳直荀的许多心血和辛勤工作。

三、奉命到洪湖革命根据地工作 为部队的政治工作呕心沥血

1930 年 4 月，柳直荀奉命到洪湖革命根据地工作，任红二军团政治部主任、军团前敌委员会委员兼红二军团红 6 军政委。从

地方工作转入部队工作，这对于柳直荀来说是一个全新的开始，为尽快胜任工作，他一方面虚心向军团政委周逸群请教，另一方面深入基层，下到各个部队调查研究，努力掌握带兵的第一手资料，尽快由生手变熟手，由外行变内行。在任职不到半年的时间里，他把红二军团的政治工作搞得红红火火、有声有色、卓有成效。柳直荀亲自撰写、经红二军团前敌委员会讨论并一致通过的《红二军团政治工作大纲和实施细则》，成为红军时期我军少有的、比较完整的、规范的一份军队政治工作纲领性文件。这份大纲和实施细则对我军政治工作的指导思想、基本任务、基本方法，对政工干部和政治机关的基本要求都作出了深刻、翔实的阐述，从而提高了政治工作的针对性和有效性。

1931年3月，经前委会讨论决定，红二军团按中央指示改编为红3军，由贺龙任军长。贺龙提议，在中央指定的红3军政委唐赤英未到红3军之前，仍由邓中夏任政委，孙德清任参谋长，柳直荀任政治部主任，下辖红7、红8两个师。红7师师长由孙德清兼任，政委李剑如；红8师师长为王一鸣，政委王鹤。原来的湘鄂边独立团改为教导1师，由王炳南任师长、陈协平任政委。并选出了邓中夏、贺龙、柳直荀、孙德清等7人为红3军前委。会议决定王炳南、陈协平率领的教导1师留守湘鄂边。

会议之后，红3军由枝柘坪北上。部队出发前，柳直荀把各师团政委叫到军部部署了"打回洪湖、重振军威，巩固和发展革命根据地"的政治工作要点，要求各部队要把士气鼓足，把敌情

分析透，把准备工作做细。全军指战员听说打回洪湖，顿时士气大增。第一天即攻克巴东县野三关，歼灭川军戴天明一个团，而后乘胜抢占了巴东城。接着，全军横渡长江，连克秭归县、兴山县城。人马稍事休息，又向东挺进，攻克远安县城。远安攻克后，红7、红8师分头攻打当阳、荆门两县。这当儿，驻宜昌、沙市的川军教导第3旅及第48师补充第1、第2团前来增援，双方激战一天，敌援军蜂拥而至。贺龙、柳直荀、孙德清见不可恋战，遂下令人马向敌人兵力薄弱的北边撤退，一直退到距远安百余里的马良坪一带才停下来。

时敌徐源泉令第51师范石生部、第69师赵冠英部、教导第3旅郭勋部计10个团的兵力，分4路向红3军进逼。红3军广大指战员于马良坪奋勇迎敌，部队伤亡很大，处境十分困难。因敌势力大、来势凶猛，为减少不必要的伤亡，红3军遂趁夜色撤出战斗，进入了鄂西北地区。途经大观堂时，与中央鄂豫边领导的薤山游击队会合，一举攻占了谷城县的石花街。人马于此地休整数日。

在休整期间的前委会上，贺龙采纳了柳直荀等人的意见，决定部队不再往北走，当以房县、均州为依托，创建鄂西北根据地，使人马得以休养。

鄂西北地处鄂、豫、川、陕边界的武当山区，地形险要，物产丰富。这一带道教盛行，因而创建苏区难度很大。红3军若于此创建根据地，必须攻克均州。均州位于鄂豫皖三省交界，南靠武当，北临汉水，因其城墙为石砌而成，高大坚固，易守难攻，故有"铁打的均州"之说。时均州守敌有第69师赵冠英一个营，土著军阀张恒景一个团，另有"八大豪绅"豢养的不少于800人的团丁。红3军抵均州城下后，贺龙立即指挥人马攻打，城上滚木檑石和滚开的米汤一齐泼下。部队虽伤亡不小，可城池仍然不能攻克。贺龙正犯愁时，柳直荀来到他的身边说："军长，我观察了一下，城的南门有个洞，能否在这个洞上做点文章？"听柳直荀这么一提醒，贺龙立即命令部队停止攻击，而后骑马绕城亲自观察了一遍，心中有数了。是夜，贺龙令人找来十几床棉被，用水浸透，叫几个战士顶着棉被，带上长长的绳子，绳子一端绑着成捆的干柴，趁夜色爬到南门洞，将干柴堆在城门洞内，用火点燃。大火很快燃起，将南城门烧塌。贺龙下令趁势攻打，守敌不支，红3军指战员遂攻入城中，不到一个小时，均州被红3军占领。

红3军于均州城休整数十天后，敌第51师李柱中旅、鄂豫边悍匪张连三等部向红3军进攻。贺龙见均州不能立足，遂率人马向武当山撤去。武当山又名"参上山"、"太和山"，周围400公里，为道教圣地。红3军在武当山下稍事休息，便欲翻山到山南县一带，因部队中有不少伤病员，不便相随，贺龙、柳直荀等与山上道人相商，把伤病员都寄放在道院内，并派专人负责照看。

6月18日，红3军以迅猛的动作占领了房县城。房县地处大巴、武当两山之间，南北窄，东西宽，最大直径达千里之远，有"千里房县"之称。红3军占领房县后就此扩大苏区根据地，即组

成了以柳直荀为书记的中共鄂西北分特委。受命后，柳直荀带领工作队、宣传队深入房县各地宣传群众、组织群众、武装群众，打倒土豪劣绅，把土地分发给穷人。很快，房县苏维埃政权成立，并先后建立了 105 个乡苏维埃政权，建立了有 2 000 多人参加的游击队、赤卫队、红色补充军等群众武装，显示出柳直荀卓越的领导和组织指挥才能。

7 月底，敌第 51 师李柱中旅、第 32 师赵文启部、房县土匪张牛腿、郧县土匪马大脚等 9 个团人马，分两路杀向房县，贺龙急调人马回击，张牛腿因对房县地形十分熟悉，一直打到了房县城下。时守房县城的红 3 军仅贾鸣钟一个团，而张牛腿领来了 3 个团之多的匪兵。这时，贺龙、柳直荀等均在城中，情况万分危急。贺亲自登城指挥作战，幸好天降大雨，使张牛腿人马攻城迟滞。第二天，红 7 师两个团赶到，才把张牛腿打退。贺龙又率红 8 师将十里之外的李柱中、赵文启部打跑。

敌 9 个团人马被打退后，贺龙决定红 3 军主力向外发展，以扩大苏区根据地；房县由柳直荀率一个团的人马守卫。就在这时，万涛、段德昌率红 9 师迎接红 3 军的消息传来。贺龙决定率主力南下，迎接红 9 师。指战员听说南下洪湖，无不欢欣鼓舞。前委遂决定，组建红 25 师和鄂西北独立团，由柳直荀带领固守房县。

红 3 军主力南下洪湖后，柳直荀带领这支新组建的部队粉碎了敌人对房县一次又一次的"围剿"，为巩固和发展鄂西北革命根据地做出了巨大贡献。1932 年 6 月，奉中央分局命令，柳直荀带领红 25 师回到洪湖，部队与红 3 军独立团合编为红 8 师。

四、遭"左"倾路线迫害蒙冤而死
毛泽东闻讯以诗慰英烈忠魂

1932 年年初，湘鄂西第四次党代会在苏区首府监利县周老嘴召开。作为鄂西北分特委书记的柳直荀接到通知后匆匆赶到周老嘴，可是会却早已开过两个多月了。当了解到在这次会上激烈的争论之后，他旗帜鲜明地反对夏曦执行的"左倾机会主义"路线。夏曦便以"莫须有"的罪名，将柳直荀和一大批抵制他推行的错误路线或反对他的人都打成"国民党改组派"、"AB 团"。从 5 月开始的湘鄂西第一次"肃反"，不到一个月就抓出 1 500 多人，其中改组派占 90% 以上，柳直荀亦在其中。

1932 年 9 月，在错误路线导致洪湖苏区完全失陷，红军被迫撤离的时刻，夏曦不顾大多数同志的坚决反对，亲自组建了所谓革命法庭，召开公审大会，将以"莫须有"罪名被关押的干部、群众全部杀掉。1932 年 9 月 14 日，在湖北省监利县周老嘴心慈庵柳直荀蒙冤受害，倒在了他亲手参加创建的洪湖革命根据地的土地上，年仅 34 岁。

当执刑者问柳直荀想要留下什么话时，他只说了这么一句："请把我的问题搞清楚之后，再把我的死讯告诉我的妻子，告诉她我是一个正直的共产党员！"这催人泪下的遗言，充满了对妻子的无限深情和对党至死不渝的忠诚。执行者总算尊重了他的遗愿，

没有把"改组派柳直荀已被处决"的消息告诉李淑一。

眼看着像柳直荀这样的洪湖苏区的忠诚儿女被处以极刑,前来参加公审大会的苏区老百姓和部队的干部战士愤怒了,一群一群地走上前去质问夏曦这是为什么?许多人含泪叹息:"这些敌人重金不能买其首级的党和军队领导人,竟死于自己人的刀下!"这个悲剧令人痛心疾首,真是千古奇冤。1957年,毛泽东同志写信给柳直荀的爱人李淑一,对于英烈忠魂予以无限感慨和怀念。信中写了后来广为传诵的《蝶恋花·答李淑一》词一首:"我失骄杨君失柳,杨柳轻飏直上重霄九……"

李淑一多年来一直在调查柳直荀之死。李立三被怀疑过,贺龙也被怀疑过,还怀疑是否与王实味案有关,因为柳直荀与王实味是至交。后来,这些怀疑都被排除了。新中国成立后,李淑一曾写信问谢觉哉,因为柳直荀被害前几天,谢觉哉曾到柳直荀处要泡菜吃。谢觉哉给李淑一复了信,一番慰问,未吐真情。其实,夏曦在洪湖苏区"肃反"下令处死一大批高级干部时,时任湘鄂西临时省委秘书长、主办《工农日报》的谢觉哉本在夏曦肃杀的黑名单之中。但由于为敌潘善斋旅所俘,夏曦杀群英时,谢觉哉正在敌营中关押,这才幸免一死。后谢老于延安写诗斥夏曦:

"好人"不比"坏人"贤,
　一指障目不见天,
　抹尽良心横着胆,

英贤多少丧黄泉。

愚而自我成光杆，

偏又多猜是毒虫，

一念之差成败局，

教人能不战兢兢？

自残千古伤心事，

功罪忠冤只自知，

姓字依稀名节在，

几人垂泪忆当时？

黑名单上字模糊，

漏网原因是被俘，

也须自我求团结，

要防为敌作驱除。

"文革"结束后，担任过北京、昆明军区空军领导职务、以南京军区炮兵顾问离休的老红军陈靖，在北京写过一首词《蝶恋花·李淑一老人泪痕录》，词中直呼："伤心最是留芳岭！"

留芳岭在长沙兴汉门外，原门牌24号。那里是柳直荀和李淑一婚后住处，中共湖南省委负责人夏曦夫妇住楼上，柳李夫妇住楼下，毛泽东和杨开慧夫妇常去那里接头议事。柳知识渊博，才华出众，精通英语，参加过南昌起义，是洪湖苏区开创者之一。夏曦与柳直荀本来比亲兄弟还亲，谁能想到，洪湖苏区"肃反"时，夏曦竟下令杀柳直荀于湖北监利县周老嘴。而多少年来，根

据《毛主席诗词》的注释，柳直荀之死被盖棺定论，"1932年在湖北洪湖战役中牺牲"，即死于国民党右派之枪口下。柳直荀被诬杀的真正原因，主要是政见不同。柳反对土改中侵犯中农利益，不主张杀地主全家，不赞成把富农赶出苏区，这些都触犯了夏曦"左"的神经。柳被害后，红3军军长贺龙闻讯，从前线赶回，质问夏曦："他们创建了苏维埃，怎么会反对苏维埃政权？"夏竟说："正因为他们创建了苏维埃，所以才反对苏维埃。"贺龙愤然说："真是奇怪的理论！"

李淑一与杨开慧是同学，她俩最要好，是杨开慧介绍柳直荀与李淑一相识以至结合。1957年元旦，《诗刊》创刊号发表毛泽东18首诗词，时任长沙第十中学语文教员的李淑一拜读后，回想起毛泽东早年曾填《虞美人》词赠杨开慧，便在春节期间给毛泽东写信，附上自己1933年悼念丈夫柳直荀的词《菩萨蛮·惊梦》。她在信中说："1933年夏，我听到传言说直荀牺牲，而后做了一个噩梦，大哭而醒，和泪填《菩萨蛮》一首。"李词如下："兰闺索寞翻身早，夜来触动离愁了。底事太难堪，惊侬晓梦残。征人何处觅？六载无消息。醒忆别伊时，满衫清泪滋。"毛泽东5月11日复信李淑一，并赠《游仙词》一首。在长沙十中实习的湖南师院学生读到后，给毛泽东写信，请求发表。毛回信同意，并嘱把"游仙"改为"赠李淑一"。这样，《湖南师院学报》1958年元旦专刊最早发表这首诗词。后收入《毛主席诗词》时，"游仙"二字删去，"赠"字改为"答"，成了《蝶恋花·答李淑一》。

李淑一耿耿于怀多少年,"文革"中,有人将从红二方面军战史绝密柜里弄出来的材料告诉李淑一,说柳是夏杀的。李认为不可信。直到1978年,陈靖带着第一手资料,和贺龙女儿贺晓明去看望李淑一,畅怀细谈,证明造反派抄出的材料可信,柳直荀的的确确死于"左"倾路线执行者夏曦之手。李淑一激动地说:"直荀今天应当瞑目了。"后来她在柳直荀的一张照片上写下这样一段话:"看,他那双原来充满智慧的眼睛,此刻放射着仇恨的光芒,盯着他的老同学夏曦!"

夏曦从苏联回国后不久,当上中共中央湘鄂西分局书记,以"百分之百的布尔什维克"自居,主宰一切。凡与他意见不同的人,都被认定为"反革命",几乎全部被处决,何止一个柳直荀!洪湖苏区的"肃反",红二军团(时称红3军)至少90%连以上干部被"左"倾领导杀掉,以致2万人的部队减员到5 000多人,全军只剩下夏曦、关向应、贺龙、卢冬生4名党员。真是亘古未有奇冤、弥天大罪!

周恩来在"文革"前与贺龙有过一次长谈。周对贺说:"你可以考虑一下,过去在洪湖、湘鄂西'肃反'扩大化,你负有什么责任?组织上认为夏曦、关向应和你,你们三个人都有责任。"贺龙说:"当年肃反,我在前方打仗,夏曦在后方闹'肃反',把我打仗的骨干英雄,好多都给杀了。""夏是受苏联'肃反'扩大化的影响,他到洪湖、湘鄂西就是杀人,疑神疑鬼。""夏以中央名义做出决定。我能怎么办?他动用了书记的'最后决定权',我

没有法子。他还怀疑到我头上，说我也是改组派，缴了我的警卫的枪。"

在湘鄂西革命历史博物馆里，陈列的最后一张照片，是一个歪着头、披着衣服、头发散乱、面带杀气之人，他正是夏曦。夏曦十六七岁时在湖南省立一师与毛泽东、柳直荀、郭亮等结下深厚友谊，后经林伯渠介绍入党，二十六七岁时担任国民党候补中执委，中共湖南省委负责人，南昌起义后赴苏联东方大学学习。但是1930年回国后，夏曦走上历史罪人之路。

夏曦"肃反"、"清党"、抓"改组派"、"AB团"等"左"倾错误，虽然遭到贺龙、段德昌等人的坚决抵制，却因为有王明中央的支持，直到红3军在黔东苏区与红六军团会师后，中央代表任弼时亲自起草致中央的电报（任弼时、萧克、王震署名），并很快得到批准，夏曦才被撤销书记职务，但这已是1934年10月下旬了。

宋盘铭纪念馆

姓名：宋盘铭
忌日：1933年12月29日
籍贯：河南
国家：中国

烈士生前没有留下照片

人民功臣：宋盘铭

宋盘铭（1909~1933年），出生于产业工人家庭，河南省郾城县人。1923年，当时只有14岁的宋盘铭随叔父宋国堂（我党地下党员）到汉口申新纱厂（日商办）当童工。在工农革命运动中，他受父亲宋同甫（汉口宗关水厂工人，共产党员）和叔父的影响，团结全厂童工，积极参加反剥削、争人权、增工资的大罢工，被推选为申新纱厂童子团委员长。1927年7月，大革命失败后，武汉三镇一片白色恐怖，宋盘铭与一批在工人运动中抛头露面的共产党员和积极分子被迫离厂转移，他和另外七八个青少年在党组织的安排下，辗转来到上海。1928年，宋盘铭被派到苏联莫斯科中山大学学习，同年在莫斯科加入中国共产党。留学期间，他勤奋好学，刻苦钻研，理论功底扎实，再加上口才好、号召力强，成为中山大学的优秀毕业生。他是中共党史上所称的"28个半布尔什维克"之一。1931年毕业回国后，他被党派到上海、江西等地担任共青团的领导工作。同年6月，作为团中央代表，被派往湘鄂西中央分局主管共青团工作，任湘鄂西中央分局委员、省军委委员、团省委书记。在他上任后短短几个月时间里，湘鄂西苏区团员数量发展到17 000多人，动员4 800多名团员和青年参加了红军，另有20多名团员打入国民党军队开展秘密工作，还派了一批共青团的骨干到国统区建立秘密组织，如在武汉建立了16个"共青团产业支部"。党中央对他的工作能力和办事效率给予了充分的肯定。为进一步发挥他的政治工作特长，年底，宋盘铭被调到红3军工作，先后任军委分会主席团委员、红3军代政委、襄北独立团政委、红7师政委、红9师政委等职。1932年5月23日，宋盘铭和贺龙指挥红3军在张家场一带突袭敌第44师，毙伤敌第131旅旅长及部下700多人，缴获大量武器弹药。从6月至10月，他俩率部转战洪湖，连战连捷。特别是在敌10万大军大举"围剿"洪湖苏区时，他和贺龙率领红3军跳到苏区外围打击敌人，在后港等地歼灭川军两个营，又转至襄北攻下皂市，歼灭敌曹振武团及武汉保安团各一部，俘敌800余人。随后在天门、京山一带游击，牵制了天门、岳口等地之敌，稳定了洪湖苏区的局势。此外，他还和贺炳炎一起组建了一支1 200多人的襄北独立团，为反"围剿"斗争做出了重要贡献。

宋盘铭十分痛恨党内机会主义分子，当万涛遭到夏曦排斥、被错误地撤销红3军政委领导职务后，时任红9师政委的宋盘铭受托到上海向中央反映实情，为万涛申冤；在1933年3月24日金果坪会议上，夏曦悍然作出解散部队中党、团组织的决定。宋盘铭与贺龙、段德昌一起坚决反对，他斥责夏曦说："红军是党领导的，党是穷苦人民的救星，解散党、团组织我坚决不干。"同年6月12日，夏曦又错误地进行第四次"肃反"，诱捕了宋盘铭等10位领导干部。贺龙从前线赶回后，面斥夏曦："宋家三代是工人，他幼年加入童子团，在苏区长大，留过学，是党培养的知识人才，而且工作也干得十分出色，没有理由怀疑他。"不得已，夏曦便把关押的宋盘铭放了出来。1933年12月29日，红3军撤离黔江时，夏曦又突然下令将宋盘铭杀害。1953年，根据贺龙、许光达的建议，宋盘铭被平反昭雪追认为革命烈士。1984年11月，中共黔江土家族苗族自治县委员会和县政府在河滨公园修建了"宋盘铭烈士纪念亭"，以纪念这位血洒黔江的英烈。

一、出身于三代工人世家 从小仇恨剥削和压迫

河南省郾城县大楼魏村乡张庄,像中原地区的无数普通村庄一样,平静而安详。在村子西头的一个寂静院子里,几蓬衰草在风中摇曳。一个世纪前的1909年,宋盘铭就出生在这里。

宋家是一个贫苦家庭,工人世家。父亲宋同甫接替宋盘铭年迈的爷爷,在汉口宗关水厂做工,一年到头往家里寄不了几个钱。有一年父亲回家探亲,当时只有七八岁、正在本村私塾念书的宋盘铭高兴得不得了,连蹦带跳地把父亲迎进了家门。没等父亲坐下,他就告诉父亲:"我能把书背得烂熟,先生经常夸奖我"。稍停,接着说:"我虽然学习成绩是学校所有同学中最好的,可我穿的衣服却是全校最破的,你这次回来能不能给我买一件新衣服穿?"儿子等着父亲的回答,可父亲却为儿子这个并不过分的要求犯愁了。该如何回答儿子呢?宋同甫拍了拍宋盘铭的肩膀,说:"儿子,放心吧,爹回来总会有办法让你穿上新衣服的。我从汉口给你爷爷带回了几包治哮喘的中草药,快拿去让你妈煎上。"懂事的宋盘铭没再说什么,高兴地接过中草药和妈妈一起为爷爷熬药去了。

到了晚上,宋同甫想起白天儿子说的话,怎么也睡不着。他起身穿上衣服,来到宋盘铭的炕前与儿子拉起了家常,详细告诉宋盘铭广大工人受资本家和封建把头的残酷剥削和压迫，一年到头只能勉强混个饭钱，哪有剩余的钱拿回来养家糊口的血泪史。宋盘铭听了后，伤心地哭了一整夜。"如今这个社会是多么的黑暗，啥时候咱们穷人才有翻身那一天？"父亲告诉他："你还小，等你长大了就知道当今社会为什么这么黑暗，懂得应该怎样去奋斗。"

为了不扫儿子的兴，宋同甫临走前上街买了几尺白布和一包染料，找人加工后给儿子做了一件深蓝色的上衣。这衣服虽说不如在城里买的成品衣漂亮，但总比儿子穿了好几年的旧衣服强。可是，当宋盘铭从父亲手上接过这件新衣服时，倒埋怨起父亲来："不该花这个钱，我身上这件衣服补一补还能凑合着穿。"宋同甫心里一酸，觉得儿子懂事了，适当的时候该让他到外面去经风雨见世面。

1923年11月，和宋同甫一起在汉口宗关水厂做工的宋盘铭的堂叔宋国堂回老家探亲，他把宋盘铭带到了汉口，当了一名童工。此时宋盘铭只有14岁，他先随父亲在关宗水厂做工，后进入日商开办的申新纱厂工作。在汉口的一段时间里，他渐渐了解到自己的父亲是我党早期的共产党员，其叔父宋国堂也在前不久加入了共产党，是一名地下党员，心中充满了敬佩和说不出的高兴。他想起父亲回家探亲时对自己说过的话："等你长大了就知道当今社会为什么这么黑暗，懂得应该怎样去奋斗。"自豪感和好奇心油然而生。每天晚上下班回来，他都要父亲和叔父给自己讲有关工人阶级和共产党的事，并悄悄地把父亲藏在床铺底下的《通俗资本论》、《共产党宣言》等进步书籍拿出来看。慢慢地，他幼小心灵里许多迷惑开始有了答案，知道应该怎样去做。在林祥谦等组织领导的"二七大罢工"的推动下，武汉工人运动蓬勃兴起，宋盘铭所在的申新纱厂也开始行动起来。少年的他，因不堪忍受资本家和封建把头的残酷剥削和压迫，带头加入了劳动童子团，被推任为申新纱厂童子团委员长。他带领全厂100多名童子团成员积极参加到工人为反剥削、争人权、增工资而进行的罢工、摧毁机器、驱赶工头等各种反抗斗争中。后来与厂方谈判，他被推选为5名工人代表之一。在谈判中，他提出："不能轻视童工，干一样的活要拿一样的工钱；童工应实行6小时工作制，加班要有加班费；工人因公负伤要给医疗费；工人家里发生生老病死或灾难时请假要批准，不能以任何理由随便解雇；要增加工人福利，冬天要有热水洗澡"等12条要求，要厂方一一满足，否则号召工人继续罢工。厂方被逼得没法，最后不得不有条件地满足他提出的要求。

1927年7月，大革命失败后，武汉三镇一片白色恐怖，很多在工人运动中抛头露面的共产党员和积极分子纷纷转移到外地或被迫离厂。宋盘铭和七八个进步青少年在党组织的安排下辗转到了上海。从此，他跟党靠得更近了。

二、莫斯科中山大学两年深造 奠定他深厚政治理论基础

1928年夏秋时节，宋盘铭受党组织委派从上海来到莫斯科中

山大学学习。

莫斯科中山大学俄文全称"中国劳动者孙逸仙大学",是联共(布)中央在孙中山去世后为纪念他而开办的,目的是为中国培养革命人才。当时正是国共合作时期,国民党顾问鲍罗庭于1925年10月7日,在国民党中央政治会议第66次会议上正式宣布莫斯科中山大学的成立。

莫斯科中山大学的创办,倾注了中苏两个伟人的情结。

一个是孙中山的苏联情结。1924年1月,在广州召开的国民党"一大"上,孙中山提出了"联俄、联共、扶助农工"三大政策。不久,他给派往苏联考察的蒋介石手札中写道:"我党今后之革命,非以俄为师,断无成就"。在苏联的援助下,孙中山对国民党进行了改造,吸纳了大量中国共产党人,彻底改变了他屡战屡败的历史,并很快在广州站稳脚跟。然而,正当中国民主革命需要他的时候,这位伟大的民主革命先驱却于1925年3月在北京不幸与世长辞。这位伟人在去世前的一刻,仍念念不忘苏联,在他的遗言中留下中俄关系的伏笔:"你们是自由的共和国大联合的首领,我遗下的是国民党,我希望国民党在完成其由帝国主义制度解放中国及结束被侵略之历史的工作中,与你们合力共作。"

另一个伟人的情结,就是斯大林的中国情结。斯大林是创办中山大学的倡议人。孙中山逝世,苏联在中国失去了一位最亲密的朋友。苏共领导集团很快作出决策,对中国革命投入更大的资本,除枪炮支援外,还创办一所学校,以孙中山的旗帜,招来大批中国先进青年。其目的在于用马克思主义理论培养中国共产主义群众运动的干部，培养中国革命的布尔什维克干部，并成为今后中苏关系的纽带，莫斯科中山大学就是在这种情况下应运而生的。

在苏联顾问鲍罗庭的参与下，国共双方挑选了310名学生前往莫斯科中山大学学习，其中中共党员、共青团员占了学员总数的80%以上。不久，中共旅欧支部的20名党团员也转来莫斯科中山大学学习，这批学员中有邓小平、傅钟、李卓然等。当时的莫斯科中山大学处于秘密状态，不对外公开，也不挂牌子，每一个中山大学的中国学生都起了个很好听的苏联名字，这主要是考虑到中国学生回国后的安全。

莫斯科中山大学学制为两年，中国学生来到这里的重要任务是学习。第一个学年，共开设了8门课程：俄语、政治经济学、历史、现代世界观、俄国革命理论与实践、民族与殖民地问题等。第二个学年的课程为：中国革命运动史、世界通史、马克思主义哲学、列宁主义原理、经济地理等。中山大学还有一门重要的课程就是军事训练，每周一天，主要内容为步兵操典、射击、武器维修、识图标图等。

宋盘铭十分珍惜这次学习机会，在两年的学习期间，他几乎所有的星期天、节假日都是在学习探索中度过的。他记了几十万字的笔记，在中山大学校刊上发表了20多篇学习心得和理论研究文章，如《在中国封建思想影响较深的国度如何唤醒民众》、《中国农村革命与欧洲城市工业革命的区别》、《中国革命是长期和复杂的,要靠几代人的流血奋斗牺牲才能取得成功》、《走武装夺取政权之路必须建立一支新型的听党指挥的人民军队》等。他的学习态度、他的思想成熟过程,一直受到党组织的关注。在莫斯科学习期间,他光荣地加入了中国共产党。两年的留学生涯,奠定了他日后参加革命指导实践的政治理论基础。

莫斯科中山大学对中国现代史的影响是相当深远的,"28个半布尔什维克"就是在中山大学诞生的,宋盘铭是其中之一。在1929年夏召开的中山大学"十天大会"上,有28个人投票赞成党支部局的意见,还有一个"摇摆不定的人",忽而赞成,忽而不赞成,"28个半"便由此而来。比较通行的说法,"28个半布尔什维克"指的是以下29人,即:王明、博古(秦邦宪)、张闻天(洛甫)、王稼祥、盛忠亮、沈泽民、陈昌浩、张琴秋、何子述、何克全(凯丰)、杨尚昆、夏曦、孟庆绪、王宝礼、王盛荣、王云程、朱阿根、朱子纯、孙际明、杜作祥、宋盘铭、陈源道、李竹声、李元杰、汪盛荻、肖特甫、殷鉴、袁家镛、徐一新。作为同学和校友,他们都是怀着崇高理想去莫斯科求学的,后来又都是影响中国历史的一代风云人物,除少数几个人后来投向国民党外,多数人都成为国家重臣或革命烈士。由于王明的缘故,历史上对他们的评价有些是违背事实的,如"文革"中康生说"28个半没好人",于是当时还在世的"28个半布尔什维克"均遭到审查,有的甚至被关进监狱,受迫害致死。

三、肩负起苏区共青团工作重担
全力以赴为党培养后备力量

  1931年年初，宋盘铭从莫斯科中山大学完成学业归国后，先是作为团中央代表在江西、上海等地指导共青团工作。6月初，为加强湘鄂西政工领导干部的力量，调任湘鄂西中央分局委员，分局军委主席团委员、团省委书记。从上海前往洪湖转道武汉时，他顺道回到了家乡。此时，宋盘铭的母亲已去世多年，年幼的妹妹跟随祖父生活。看到爷爷和妹妹缺人照料，他心里非常难过，按照爷爷的心愿，他和一位贫家女子结了婚。宋盘铭在家住了三四天就辞别新婚的妻子、幼小的妹妹和年迈的爷爷，继续踏上了为理想和信仰而奋斗的征程。临行前，宋盘铭依依不舍，拉着妹妹的手，叮嘱她一定要听爷爷和嫂子的话。他对妹妹说："哥和爹，还有咱叔父现在都是党的人，担负着既光荣又艰巨，且时时充满危险的历史使命，说不准什么时候再回来，也不知道还能不能再回来。但你要相信，我们都是去为天下的穷苦百姓办事，他们比起我们这个小家要重要得多。"妹妹拉着哥哥的手，一直把他从郾城送到漯河上了火车。望着南行的列车，看着哥哥伸到窗外久久不肯缩回去的手，妹妹宋秀芝再也忍不住流下了思念和心酸的泪水。有谁能想到，哥哥这一走竟成了兄妹俩的永别。

  6月下旬，宋盘铭到达洪湖后向湘鄂西中央分局报了到。他首先以团中央代表的身份，立即对湘鄂西共青团的组织及工作状况进行了认真了解和全面地调查研究。

湘鄂西苏区团的工作主要是从鄂西地区开展起来的。党的"八七"会议后,党中央为了领导两湖的工农群众实行暴动,以推翻武汉国民政府与唐生智的政权,建立真正的平民革命政权,作出了《两湖暴动计划决议案》。根据党中央的统一部署,湖北省委在建立和健全其他各区特委的同时,组建了由省委指定负责党部、农运、军事及青年团工作的同志各一人参加的鄂西特别委员会。鄂西特委成立后,尽管遭叛徒出卖,多次被敌人破坏,但鄂西特委领导下的团组织仍有发展,工作比较活跃。到1929年9月党的湘鄂西特委成立时,团组织和团员已遍及鄂西23个县。在青年团工作发展的同时,其他青年群众组织也有相当的发展。湘鄂西特委成立前,鄂西主要有少先队、童子团、学徒联合会、青工小组等群众组织,其中少先队、童子团人数达20万之多。特委成立后,湘鄂西地区团的工作有了健全统一的领导机构,加之湖北省委和长江局先后派人巡视指导,使这一地区团的工作发展很快。但是,由于"立三路线"对团的工作的影响,湘鄂西团的工作也还存在一些问题。主要是:团员数量比党员少;团的教育开展不够活跃和有力;红军中团的组织不够健全等。

宋盘铭把自己调查的情况向团中央写了书面报告,并提出了自己的意见和建议。他正式上任湘鄂西团省委书记后,从加强指导入手,将存在的问题一个一个加以改进,经过湘鄂西各级团组织和广大团员青年的努力,湘鄂西地区共青团工作取得了比较大的成绩。主要表现在：（1）领导和动员广大劳动青年群众积极参加平分土地的斗争，在斗争中实现了14岁以上劳动青年分得全份土地的口号，动员了广大青年参加生产运动，如建设水利等；（2）团的组织发展，由8 619名（三特扩大会时）增到18 429名（1931年12月止），提拔了工农干部参加各级领导机关，在新苏区与白区（如宜昌特委等）都建立了团的组织；（3）少先队、青工部、儿童团的发展已由过去登门造册的方式转变到自愿报名参加，少先队员大多有了"列宁驳壳"（土枪），并且能够配合游击队、红军作战，开始了模范队的建立，发动了青工"十月红"和年关斗争；（4）除了先后组织4 800多名团员及青年参加红军，20多名团员打入白军开展秘密工作，41名团干部到国统区成立了16个产业支部外，领导青年拥护红军的工作取得了相当突出的成绩。洗衣队、慰劳队、担架队、鞋袜队广泛建立，特别是在红3军回到洪湖后，各地青年送鱼、送菜、送鞋，踊跃参加红军，并开展了建模范团的活动，派出了一些团员干部到白区、白军、灾民中工作，其中沔阳、监利两县的灾民工作成绩特别显著（如领导灾民到白区去斗争等）；（5）开展了扫盲运动，建立群众俱乐部、列宁小学等。

  湘鄂西地区青年群众的斗争和团的工作进一步促进了团组织工作方式的改善，能够抓住广大劳苦青年群众的要求去发动青年（如平分土地、文化教育、生产竞赛队）；注意了团内的教育训练工作，持续不断地开办了训练班和识字班，各区团委还开办了多种形式的流动训练班训练干部；团省委本身能够经常出版团的报纸，内容有相当的改善（在各主要县创办了团报，如监利、沔阳、潜江、天汉、川阳、江陵等），团组织对各种青年群众组织的领导大大地加强了，能够经常具体指导、讨论、检阅他们的工作。在残酷的斗争中，团组织还保存着部分的秘密机构和群众秘密工作，积累了这方面的经验。满洲事件发生后，团组织对于反帝工作有了相当的开展和注意，在苏区内很多地方（如川阳、天汉、沔阳、监利等）都建立了反帝同盟青年部的组织，为团的工作取得新的成绩打下了良好的基础。

为了使湘鄂西团组织工作的中心任务适应当时"全国青年运动开展的新形势，来加强改造团、发展团的工作，用团组织的力量来动员全湘鄂西的广大劳动青年为组织民族革命战争，完成击破敌人的'围剿'……以致建立全国苏维埃而斗争"，在1932年4月召开的湘鄂西团的第三次代表大会上，宋盘铭向与会全体代表提出了湘鄂西共青团组织的5项具体斗争任务，获与会者一致通过。

（1）使团成为真正的共产主义的青年群众组织，成为党的后备军，是目前团组织工作的基本任务。

（2）要以科学的集体领导代替手工业式的领导方式，要反对团内第二党的工作方式，广泛运用革命竞赛的方式，发挥青年的作用，使团的工作青年化、群众化、无产阶级化，这要看做是团组织目前第一个中心任务。

（3）加紧团内教育训练工作，大胆地提拔新的积极工作的干部，运用各种训练班、读报班、流动训练班、识字处、俱乐部的方式去加紧团的教育训练工作。把一部分较好的同志介绍到党内去。

（4）加紧白区工作的建立，派一百个干部到白区去做工作，主要是派往沙市、汉口、当阳、公安、襄樊各县，去建立这些地方团的支部和群众组织，动员青年群众参加各种斗争，参加游击战争。还要在各县政治经济比较中心的地方建立中心支部与模范支部。

（5）恢复和改善各种青年群众组织，包括青工部、少先队、儿童团、反帝同盟青年部、合作社等。

从湘鄂西地区团的第三次代表大会确定的主要任务来看，在第二次国内革命战争中发挥了积极的作用，在带领广大青年投入革命根据地的斗争中建立了光辉的业绩，在极其复杂险恶的环境中独立自主地、创造性地为共青团的事业及其青年运动增添了光彩。

在发展革命战争、保卫革命根据地的斗争中，湘鄂西地区团组织和广大青年积极参军参战，运用各种形式向敌人进行了坚决的斗争。在国民党中央军配合川军第四次"围剿"苏区时，团宜昌特委印制了各种宣传品，散发到士兵、纱厂工人、贫民中去，发动欢迎红军的各种群众斗争；还非常重视口头宣传鼓动工作，消除群众对红军的疑惧，并借乘凉的机会召集欢迎红军的群众会议，发动青年农民骚扰敌人等，使这些斗争汇合成为拥护红军、响应红军、欢迎红军的实际行动，有力地支援了红军的作战。

在红军中的团组织，除最大限度地吸收积极青年战士入团外，还在部队中建立列宁室，运用革命竞赛的方式组织决战队，颁发列宁奖章，以提高青年战士的战斗情绪。

团的宣传、文化工作做得也很出色，从团省委到县区委都建立了宣传委员会，在各级各地团组织的领导下，创办了《红色青年报》、《列宁青年报》、《团的生活》、《青年之路》等报刊，使许多党团文件的精神能够很快地传达到团支部中、群众中。举办列宁青年学校、训练班，并用团费建设团校，培养、造就团的干部。通过学习，基本上有三分之一的学生能够参加县委工作，三分之一的能够做区委工作，其余的都可担任中心支部工作。团组织还开展各种社会教育活动，建立列宁书店、俱乐部、图书馆、通俗讲演所。为编印教材和学习资料，专门组织一个编辑委员会，青年们需求量很大，总是供不应求。为搞好根据地的文化工作，团组织在各县开办教师训练班或师范讲习所，采取奖励政策普遍建立列宁小学，规定6岁为学龄儿童，以政府的力量建立列宁模范小学和高级小学，实行义务教育，团组织不仅关心儿童的文化学习，而且注意引导儿童参加革命斗争，运用适合他们特点的方法开展活动。当时全湘鄂西曾有列宁小学293所，学生12 000多人。还办有儿童识字处、平民夜校、工人子弟学校等。

对青工、童工，团组织提出18岁以下的青少年工作6小时，

16 岁以下的童工工作 4 小时，规定取消包工制、学徒期间有工钱，反对资本家用各种办法压迫剥削青年工人。针对资本家年关解雇工人的情况，团组织提出"过年休息，工资照给，向老板借钱过年，要求老板发棉衣、新鞋、新帽及年赏金，到老板家里过年"等行动口号，鼓动他们到白区的豪绅地主富农家里没收粮食回家过年，从而激发了他们的革命热情，在斗争中大批地吸收他们入团，改善了团的队伍，提高了团的素质，使根据地的青年、工人、农民运动在团组织和各级青年部的领导下蓬勃地发展起来。

湘鄂西各级共青团组织领导青年投入到火热的革命斗争中去，在苏维埃政权建设中的工作成绩是巨大的，作为团省委书记的宋盘铭功不可没，这是他革命生涯中最灿烂辉煌的一页。

四、由专职团干部转入部队工作 在政治工作岗位做出新贡献

由于宋盘铭理论基础扎实、工作作风深入、脑袋瓜儿灵活、办事讲究方法，做政治工作是他的特长。为了充分发挥他的作用，在红 3 军极其困难的时刻，他被调到红 3 军担任政治工作领导职务，先后任湘鄂西中央分局军委主席团委员、襄北独立团政委、红 7 师政委、红 9 师政委、红 3 军代理政委等职。

1932 年 5 月，蒋介石坐镇武汉，指挥其 30 万人马，外加 4 个航空队，全力压向鄂豫皖革命根据地。与此同时，指挥其左路军 10 万兵力，向湘鄂西苏区发动了第四次"围剿"。此时，中央分

局委员、红3军政委关向应因病到后方休养，宋盘铭任代理政委。23日，宋盘铭和贺龙指挥红3军主力，向襄北皂市附近张家场一带的敌第44师第132旅及补充团发动突然袭击，毙敌旅长于兆龙及部下700多人，缴获大量的枪支弹药。在草市，又歼灭500多人。战斗持续到30日，敌人援兵赶到，宋盘铭和贺龙率主力红军撤出战斗。

7月底，敌军以优势兵力准备大举进犯洪湖中心区，形势十分险恶。8月中旬，湘鄂西中央分局决定成立襄北独立团，原红3军骑兵大队队长贺炳炎任团长，宋盘铭任政委。宋盘铭和贺炳炎率领部队从新沟咀出发，日夜兼程，向襄北大洪山地区进发，一路艰苦行军，在9月间到达大洪山地区。在这里，他们立即安置群众，并将转移来的天汉游击队、鄂北游击队、天潜游击队、钟祥游击队、京山游击队以及红3军被打散的部分武装，编入襄北独立团。此时，襄北独立团辖3个营，1个警卫连，1个骑兵连，1个手枪连，共计1 200多人。

大洪山地区，群山连绵，林木参天，进可恢复襄北根据地，相机返回洪湖；退可凭借大洪山与敌周旋，是开展游击战的好地方。襄北独立团以此为依托，一面四处活动筹粮、筹款；一面主动袭击附近敌人据点，配合洪湖苏区军民的反"围剿"斗争。9月下旬，敌第85师辎重营企图进入钟祥客店坡地区。襄北独立团埋伏在罗家桥两侧的山上，当敌人全部进入伏击圈后，独立团在宋盘铭强有力的宣传鼓动下，一鼓作气，猛扑过去，全歼这一个营的敌军，缴获大批子弹、粮食、衣服、西药、骡马等，大大改善了独立团的装备，鼓舞了指战员的战斗热情。

10月初，襄北独立团趁大部分敌人在随县跟踪红3军主力之机，返回洪湖。这时，已经丧失的洪湖根据地经过敌人"清剿"，粮食被抢得一干二净，无数村庄被烧成废墟，许多共产党员和革命群众被杀害。襄北独立团失去了立足之地，在新沟咀、浩子口、沙岗一带来往转战，一日数仗。最后终因形势日益恶化，于一周后退出洪湖，在岳口附近渡过汉水，再度北上，回到耿家寨、张家集一带坚持襄北的游击战争。

1932年10月下旬，宋盘铭、贺炳炎率襄北独立团第1、第2两个营和贺龙、关向应、段德昌率领的红3军主力红8、红9两师以及夏曦率领从洪湖突围出来的红7师部分人员在随县大洪山一带会合后，湘鄂西中央分局在枣阳王店召开有夏曦、贺龙、关向应、宋盘铭4人参加的扩大会议。经过争论，决定"采取恢复湘鄂边苏区，准备恢复洪湖苏区"的路线，红3军全部由豫南西进，经陕南，避开敌主力回到湘鄂边。11月初，红3军自随县以北翻越桐柏山进入豫南地区时，遭到第15路军马鸿逵部第103旅以及河南泌阳、方城、南阳等县反动武装的连续袭击。在敌人正规军和地方武装不断袭扰、追击、堵截下，红3军边战边走，交替掩护，部队伤亡很大，每日行程不下百里。11月下旬，部队终于抓住有利战机，打退了马鸿逵部马黄才旅的追击。接着，又在陕西武关击溃敌第64师刘镇华部一个团，歼灭其一个营。12月21日，

部队越过巫山，在官渡口南渡长江，攻克巴东县城，经野三关进入建始、鹤峰边界地区。12 月 27 日，宋盘铭率红 3 军先头部队由邬阳关起程，经金鸡口、鸡公坪、燕子坪直抵鹤峰城。城中守敌闻贺龙人马已至，纷纷弃城而逃，红军即占领了鹤峰城。至此，红 3 军历时两个半月，行程 7 000 多里，终于完成了从鄂北向湘鄂边转移的艰巨任务。

1933 年 1 月上旬，部队在走马坪停留期间，红 3 军进行了整编，取消红 8 师和独立师建制，全军编为红 7、红 9 两个师和一个教导团，由叶光吉、盛联均分别担任红 7 师师长和政委，段德昌任红 9 师师长，宋盘铭任红 9 师政委。卢冬生任教导团团长，关向应兼教导团政委。整编后，全军有 5 000 多人。

红 3 军抵鹤峰后，贺英即带着廖汉生、刘列皇飞马到城中，与贺龙会面，姐弟相会，十分高兴。贺龙又把夏曦、关向应、段德昌、宋盘铭等向贺英作了介绍。贺英亲热地同他们一一握手打招呼。宋盘铭紧握着贺英有力的大手说："贺大姐，在红 3 军主力不在的这段日子里，你们受苦了。久闻大名，百闻不如一见，你真是名不虚传的巾帼英雄啊！"贺英回答说道："过奖了，比起你们我还差得远呢！"她好奇地打量了宋盘铭一番，颇有感慨地说："你就是人们说得很神的湘鄂西青年大王、团省委书记宋盘铭吧？行啊！"

贺龙插话："大姐，他现在不是团省委书记了。他早就在红 3 军带队伍，当过红 3 军代政委、襄北独立团政委，现在是与段德昌配班子的红9师政委。"

贺英听了介绍，连说："好，好啊！能把湘鄂西青年工作搞得红红火火的人，一定能把部队带得生龙活虎。"

五、一身正气与"左"倾作斗争
　　光明磊落为捍卫真理而献身

贺英走后第二天，红3军进驻太平镇毛坝。住下之后，夏曦派人找贺龙开会，但他只要贺龙、关向应参加。贺龙一见参加会议的只有4人，就问夏曦："今天既然开的是分局会议，段德昌、宋盘铭都是分局成员，为什么不让他们参加？"夏曦说："没有为什么，别人都靠不住。"会议的议题是讨论何时恢复湘鄂边苏区。贺龙首先发言："要我看这个'反'不能肃了。苏区的丧失，不是敌人打垮的，是我们自己杀垮的。再肃杀下去，红军会不战而亡。"

夏曦一脸不高兴地说："你的话不对，苏区的丢失，正是由于改组派没肃清。因此，肃反不但要搞，而且还要更加深入地搞。"

贺龙哼了一声说："要深入先把你夏曦抓起，我看你是个最大的改组派。"

关向应对贺龙说："你不该这样说老夏。"

夏曦一摆手说："算了算了。胡子说我是鬼，我也变不了鬼。"

贺龙把烟斗磕了磕，说："说一千道一万，也要先打个地盘好吃饭，让干部战士们好好休息一下。"

夏曦说："打哪个县城？"

贺龙说:"当然是桑植了。"

关向应对贺龙说:"据侦察讲,桑植城中之敌闻听你到来都吓跑了。你的威望太高了。"

夏曦说:"胡子,应当让党的威望、红军的威望高过你的威望。"

贺龙说:"老夏,别忘了,我贺龙是共产党员,是红军。"

关向应见又话不投机,忙说:"算了,算了。"他对夏曦说:"肃反之事,文常说的也有道理……"

夏曦打断关向应的话说:"难道我们眼睁睁地看着反革命分子搞破坏?"

关向应忙说:"当然,肃反不能停,不过,杀人要慎重,要有确凿证据,要经得起历史的检验。"

夏曦说:"宁可错杀,也不可使改组派漏掉一个!"

贺龙闷头吸烟不说话,关向应也不开口了。夏曦说:"就这么定吧,打桑植。"

当天夜里,卢冬生回来了。卢冬生带两个营迂回于敌重兵之中,不但救出数万群众,还在洪湖坚持了游击战争,两营人马扩大到3 000多人,并打了许多胜仗。卢冬生打出独立师的旗号,使敌人误认为红3军主力到了洪湖。后来卢冬生得知红3军到了湘鄂边,便带着这支人马和缴获的数万光洋、布匹及大批弹药、药品,辗转来到鹤峰。当时这支人马士气极旺,与红3军的低落士气,对比鲜明。卢冬生归队,大家都很高兴,只有夏曦对卢冬生持怀疑态度，夏曦对关向应说："卢冬生只两营人马，竟战绩如此之大，而我们红3军2万多人，竟被敌追得无法立足。我怀疑卢冬生有问题，他扩来的军队，会不会是敌人故意安插的，卢冬生会不会为敌收买？"

关向应劝说一番，夏曦才没抓卢冬生。当关向应把夏曦对卢冬生的怀疑告诉贺龙后，贺龙气得把烟斗都拍断了，强忍着火气说："向应，卢冬生的事不要再扩散，免得影响军心。"

在卢冬生回队的第三天，贺龙指挥人马占了桑植城。

红3军占了桑植后，夏曦又召开了分局会议。这次会议"扩大"了段德昌和宋盘铭。会上，夏曦提出了要在红3军中"清党"，就是解散红3军中各级党组织，对党员进行重新登记，使"肃反"进一步深入，缘由是红三军内的"改组派"还有相当势力。对夏曦的提议，贺龙第一个反对，他说："我贺龙自两把菜刀砍盐局以来，讨袁护国、护法、北伐，直到找到了共产党，奋斗才有了方向，克服困难有了信心。为了入党，我经受住了考验，我贺龙找党多么不容易。红军和苏维埃是靠党领导的，没有共产党，还有什么红军、什么苏维埃！"

段德昌也气往头上涌，贺龙话音一落，他接着说："老夏，听你的话音儿，湘鄂西的党组织全坏了？"他愤愤道："要清党，先把你第一个清掉，你杀人太多了！"

宋盘铭也气愤地说："我从小被党组织派到莫斯科学习，在莫斯科入的党，这么多年来，是党培养了我，使我懂得了革命道理。

解散党组织，无论如何我不同意。"

由于贺龙、段德昌、宋盘铭三人坚决反对，会议不了了之。

会后，贺龙找到关向应说："向应，我看夏曦越来越不像话了，哪还有一点党的领导干部样儿，一脸杀气。我们选一下，你来当书记，红3军的政治工作让宋盘铭协助你。"

关向应听了，立时把脸沉下来，严肃地说："夏曦是中央派来的，我们这样做，是无组织无纪律，是违纪行为。"

贺龙听了，没再开口。到了此时，他真是有苦难言了。

这当儿，贺龙收到了覃奏章的信。覃乃贺龙旧部，后拉起一支队伍，红3军抵鹤峰后，覃欲率队投红军，贺龙恐其又为夏曦所杀，便没收留，而是写了一封信，要其到陈渠珍处，做陈的统战工作。经覃周旋，陈渠珍给贺龙回了信，表示愿意让出一块地盘给红军，与红军和平共处，互不侵犯，还陈述了他与贺龙的旧谊。

贺龙拿着信到了夏曦处，正好关向应也在，便把信给他们看了。夏、关看罢，没待夏曦开口，贺龙说："我们部队数千里转战，人马急需休整，我看可以与陈渠珍互不侵犯。"

夏曦冷冷地说："我要批评你，你这想法，是'右'倾和革命不彻底的表现。陈渠珍是什么人？是敌人，我们同敌人怎么能和平共处？"

当下，夏曦主持召开了前委扩大会议。会上，贺龙再次提出与陈渠珍暂时不交战，争取时间休整部队，补充粮食和弹药。关向应、段德昌、宋盘铭都同意贺龙意见。贺龙没等夏曦开口，又说："部队疲惫已极，澡都没时间洗，头发也没时间理，草鞋没空打。"

夏曦说："部队疲劳，我很清楚，可我们不能因为疲劳，就与敌人妥协。我看陈渠珍是耍手腕、拖时间、调部队打我们。我们当趁其兵力未集中之际，出其不意地将其击溃。"

由于夏曦坚持打陈渠珍，贺龙只得率人马攻打陈渠珍手下周燮卿，结果大败。红3军退到茅坝之后，人马喘息未定，夏曦又召开了中央分局扩大会议。在这个会议上，夏曦又提出解散党、团组织和创造所谓没有党团的新红军的主张。贺龙、段德昌、宋盘铭再次坚决反对。

这次，宋盘铭响起了重炮，向夏曦猛烈开火，他质问夏曦："你一而再、再而三地要解散党的组织，请问你，解散了党、团组织，我们这支队伍还是共产党领导的吗？你口口声声以党的化身自居，可你做的哪一件事是符合党的利益的？党的书记是团结'一班人'为党的事业共同奋斗的，不是来玩弄权术的。"

这次会议又以不了了之收场，因为没有形成决定，夏曦只得作罢，然其心甚恨之。

1933年春节期间，夏曦又召开了中央分局会议，参加会议的除了贺龙、关向应外，还有宋盘铭、叶光吉、盛联均、卢冬生等。会议开始，夏曦就激动地挑高嗓门说："今天的会，有两个重要内容，一是告诉大家，段德昌、王炳南、陈协平是改组派，他们分裂红军，攻击中央分局领导。尤其是段德昌，公然向中央分局写信，要回洪湖拖队伍。"

叶光吉等都很吃惊，但没敢开口。宋盘铭生气地正要起身讲，被贺龙拉住（他不想自己的爱将节外生枝被夏曦抓住把柄）。

夏曦接着说："这三个人极其顽固，段德昌被打得昏死数次，王炳南一条腿被打断，陈协平十指打折，可他们什么也不招。对他们，我们还要用重刑，一定要撬开他们的口。第二个内容……"

夏曦停了一下，又说："现已查明，在我们湘鄂西中央分局，改组派的首领是周逸群、万涛，第三党的首领是胡慎已和唐赤英，托派首领是刘鸣先和潘家尼，陈独秀派首领是谭蔚文和李剑如，罗章龙派首领为张琨弟和王进之，AB团首领为柳直荀，而各派又统归周逸群的改组派领导。他们的阶级成分，大多数是地主富农。所以我们同他们的斗争，是无产阶级和资产阶级的斗争，是共产党同国民党的斗争。"

夏曦站起身，晃着手说："在斗争过程中，我们党内机会主义者，常常成为改组派的有力助手。改组派利用他的威望，来干扰中央分局的路线。"

夏曦说着，瞟了贺龙一眼，见贺龙闷头吸烟，又说："事实已很清楚，改组派已深深地打入了湘鄂西苏区和军队组织之中，在旧的基础上，改造党团组织是无用的了，必须解散湘鄂西苏区和红3军中的党团各级组织，党团员要重新登记。对于公开自首的，也可以不开除党团籍，但自首仅限于连以下干部，营以上干部不允许自首。"

听了夏曦的上述屁话，宋盘铭肺都快要气炸了，他小声对身旁的红3军政委关向应说："他妈的，连贺军长也不放过，难道湘鄂西就是他夏曦一个人是革命的？他这个讲话太离谱了。"

关向应把宋盘铭的衣服拉了拉，没说什么。

当下，夏曦又提出了解散党团组织，宣布组成以夏曦、关向应、贺龙、叶光吉、宋盘铭、盛联均、卢冬生组成的革命军事委员会。自此，红3军中取消了各级党团组织。紧接着，制定了《湘鄂西苏区及红3军共产党员、共青团员清洗条例》，只剩下他和贺龙、关向应、卢冬生4名党员，其余都被清洗掉了。尔后，又开展了第三次"肃反"。

第三次"肃反"结束后，由于宋盘铭在"清党"过程中表示了不满和抵制，被夏曦认为是新出现的"改组派"首领。恰好这时得到"情报"，说宋盘铭在上海的熟人中有人投敌叛变，6月初，夏曦急不可待地抓了宋盘铭，并以此为开端，开始了第四次"肃反"。他先后逮捕了红7师师长叶光吉、红7师政委盛联均及贺炳炎等172人。

宋盘铭被捕后，虽受尽折磨，遍体鳞伤，但仍据理力争，同夏曦当面争论。他痛斥夏曦"以势压人并不意味着你掌握有真理，请记住，革命是千千万万人的事业，你并不是革命者的化身，我反对你并不是反党、反对革命，恰恰相反，我是为了革命的事业、党的事业。"夏曦硬说宋盘铭犯有反对"清党"和"肃反"的错误，并无中生有地说宋盘铭早在 1931 年洪湖水灾以后就动摇而加入了"改组派"，并且担任了"改组派"的军委主席，"把'改组派'组织又恢复起来了"，并且参与了"第 27 团团长联合第 25 团团长等主要反革命分子企图举行的军事叛变"。对宋盘铭的被抓，贺龙极力反对。贺龙认为，宋盘铭一家三代都是工人，本人从小参加革命，表现很好，不可能是"改组派"。但夏曦一意孤行，不听劝阻，拒不释放宋盘铭等人。

此时，蒋介石委任徐源泉为湘鄂边"剿匪"总司令，对湘鄂边进行"围剿"，很快占领中央分局和红 3 军军部驻地红岩坪。中央分局在烧巴岩召开紧急会议，红 3 军兵分两路，在夏曦带红 7 师离开麻水时，贺龙做主释放了宋盘铭。11 月，红 9 师与红 7 师会合于鹤峰石灰窑。夏曦再次逮捕了宋盘铭。宋盘铭痛斥夏曦"你这样多次残害革命同志，无故怀疑革命同志，在这艰苦的形势下，削弱党的力量，一切后果和责任你必须承担。要逮捕我可以，但必须到中央辩论清楚以后，我死而无怨。"但夏曦根本不听宋盘铭的申辩。

12 月 19 日，湘鄂西中央分局在湖北省咸丰县小村乡大村召开了具有转折意义的"大村会议"，决定"创造湘鄂川黔新苏区"。22 日，红 3 军在贺龙亲自指挥下一天行程 200 余里，三战三捷攻占了黔江县城，被捕后被押在特务班随军部行动的宋盘铭也被一路押解到黔江。29 日，川军达凤岗旅大兵反扑，红 3 军决定主动撤离黔江。清晨，夏曦不顾贺龙的反对，趁他不在时，匆匆主持公审会，之后在县城大北门外棺山杀害了宋盘铭。

对宋盘铭的被杀，贺龙一直非常痛惜。在《回忆红二方面军》一文中，贺龙说："宋盘铭是个很好的同志。"

六、三代人接力寻找亲人下落 70多年过去至今尸骨未还

对中国共产党而言，"肃反"永远是一个沉痛的话题。与中央苏区和鄂豫皖苏区相比，"湘鄂西是搞得最'左'、损失最惨重的一个"（贺龙语）。万涛、段德昌、潘家辰、柳直荀、彭之玉、段玉林、王炳南……这些在中共党史和军史上熠熠生辉的名字都是在这里陨落的。

宋盘铭1933年在湘鄂西"肃反"扩大化中被错杀，可他的家人并不知晓，为寻找亲人的下落，为寻回烈士的遗骨和遗物，前后三代人像愚公移山一样不停地寻找，从抗日战争找到解放战争，一直找到新中国成立后，整整艰难地、痛苦地寻找了70多年。

宋盘铭的父亲宋同甫1931年12月中旬受中共武汉既济水电公司宗关水厂党支部书记吴少云的指派，到洪湖参加了湘鄂西省第三次工农兵代表大会。会议期间见到了自己的儿子。时任湘鄂西中央分局委员、省军委主席团委员、团省委书记的宋盘铭交代父亲协助省团委在武汉建立共青团产业支部。当时宋同甫满口答应，他还跟儿子开起了玩笑说："是，宋书记，宋同甫保证完成任务。"1932年7月，宋同甫受武汉地下党组织委派，押送30桶柴油到洪湖苏区。下旬，宋同甫完成任务后乘船返回武汉，在码头被告知宗关水厂党支部遭到破坏，交通员告诉他："你不能回厂，回厂危险。"

宋同甫匆忙和交通员换过衣服，辗转回到家乡河南郾城县，靠帮人做工勉强维持生计。

过了两年，宋同甫没有得到儿子宋盘铭的任何音信，这位思子心切的父亲果断作出一个决定，去寻找儿子。他知道儿子在红军中是个当大官的，找到后父子俩并肩战斗多消灭敌人。临走时，他叮嘱儿媳和女儿："在家好好照顾爷爷，我去找盘铭。"

他从湖北找到湖南，又从湖南找到四川、贵州、重庆等地，忍饥、挨饿、受冻，他全然不顾，一路艰辛，一直找到抗日战争全面爆发。1937年春节后，宋同甫来到了陕西，他从一位地方干部口中得知自己儿子所在的贺龙部队在富平县庄里镇一带，高兴得不得了，赶紧日夜不停地朝那个地方奔去。

在八路军第120师司令部，他见到了贺龙，亮明了自己的身份和来历。贺龙听说是宋盘铭的父亲，赶紧迎上前去，扶老人坐下，并热情地接待了他。他让卫兵带老人冲好凉，换上了一套新衣服，让炊事员做了几道好菜，拿来酒亲自陪老人吃完晚饭后，便把宋盘铭遇害的实情告诉了他的父亲。

看到老人为失去儿子痛苦的表情，贺龙也忍不住泪流满面，他当即跪下对宋同甫说："老人家，请接受我一拜，从此后，我和活着的宋盘铭的战友都是您的儿子。等革命胜利后，如果我贺龙还活着，一定把您接到身边来孝敬。"

见此情景，宋同甫连说："你是统率千军万马的将军，使不得，使不得。"老人把贺龙快快扶起，说："干革命总是要死人的，我也是个党员，这个我懂。眼下只有一个要求，我想找到儿子的尸骨，以便运回家乡安葬。"老人的这个要求可让贺龙为难了，因为杀害宋盘铭是夏曦趁贺龙不在时悄悄干的，贺龙根本不知道烈士的遗骨流落何方。贺龙只好安慰道："老人家，我派人把你先送回去，等找到盘铭烈士遗骨的下落，我一定通知你。"第二天，贺龙给了老人一些路费和干粮，正准备叫两个战士送，宋同甫死活不干，他对贺龙说："派人送就不必了，多一个人可以多杀一些鬼子，我过去是搞地下党的，放心吧，我知道一路上怎样保护自己。"

宋同甫寻找儿子，"活的没见着，死的也没找回来"，心里说不出的难受。痛失唯一的儿子，宋同甫按照当地农村的风俗，将亲侄子宋世勋过继到膝下。回到家里第二天，他把自己的女儿宋秀芝叫到跟前，对她说："我老了，走不动了，但无论吃多大苦、受多大累，一定要把你哥哥的遗骨给我找回来，不然我会死不瞑目的。这件事就交给你去办，明天你就出发吧。"

宋秀芝沿着哥哥生前战斗过的足迹，一边乞讨，一边寻找。她找遍了湘鄂西的山山水水、村村寨寨，最后为方便寻找先后在湖北的沔阳、嘉鱼一带落了户，从一个15岁的小姑娘一直找成70多岁的老太太，从抗日战争，找到解放战争，一直到全国

解放，始终没有找到哥哥遗骨的下落。妹妹老了后行动不便，其堂侄宋文礼接着担起了寻找伯父宋盘铭遗骨的任务。就这样，从宋盘铭烈士牺牲后至今，他的亲人们整整寻找了 70 多年，可至今仍不知烈士遗骨流落在何方？

早在 1960 年家乡修建烈士陵园时，为寄托哀思，亲人们只好将县民政局发的一块牌匾（根据贺龙元帅 1953 年"八一"建军节前寄来的亲笔信和朱德元帅为宋盘铭题写的"人民功臣"而制作）代替烈士的遗骨埋在了烈士家乡所在的漯河市烈士陵园里，以寄托哀思。

1960 年烈士陵园建成后，宋同甫作为陵园的第一守护者，精心照护着墓园，默默地陪伴着这些像儿子一样为了理想和信念英勇献身的英烈们，直到 1964 年 6 月去世。

根据贺龙、许光达的建议，1953 年中央人民政府正式为宋盘铭平反昭雪，追认他为革命烈士。曾任宋盘铭警卫员的原武汉军区副司令员兼湖北省军区司令员张秀龙，1979 年代表湖北省委参加来凤、鹤峰两县成立土家族苗族自治县仪式时，专程到黔江寻访宋盘铭墓地，但没有找到，只看到后来在河滨公园修建的宋盘铭烈士纪念亭。他满怀深情地对在场的工作人员说："若能找到宋政委的遗骨，一定送回鹤峰去，同红 9 师师长段德昌葬在一起。"

值得一提的是，贺龙元帅当年对宋盘铭父亲宋同甫的孝敬承诺没有失言。新中国成立后，时任西南局书记的他，曾先后两次把宋盘铭的父亲接到自己的住处小住，每次都安排医生给老人全面检查身体，陪他看一些地方，临走时都要给一些东西让老人带回去。特别是 1960～1962 年的三年自然灾害时期，贺龙元帅又特意给老人一些力所能及的资助和安慰，这让宋盘铭烈士的亲人们十分感动。

红色管家：叶光吉

叶光吉（1900～1933年），湖北宜都人，幼年学兽医。从1919年开始，他就到渔阳关为宫福泰商行赶骡马送货，串乡走寨，足迹遍及湘鄂川黔边各个集镇，算得上是个不愁吃、不愁穿的生意人。1929年4月，叶光吉驱近200匹骡马，在运送大批棉纱、布匹、鞋袜、食盐等生活用品前往鹤峰途中，遇到贺龙带领的红军，遂携带"骡马大队"及全部物资投奔贺龙领导的红军队伍。参加队伍后，为发挥他的特长，他被任命为红4军运输大队大队长，人称"骡马队长"。1930年4月，红4军第三次攻打五峰孙俊峰团防前夕，他主动要求承担侦察任务，乔装成盐商混进敌巢，探明了敌人的兵力部署实况，使红4军全歼该团防。战斗结束后，他被批准加入中国共产党。1930年8月，叶光吉被任命为红二军团经理部（后勤部）政治委员。1931年3月，红二军团改为红3军，他被任命为红3军经理部（后勤部）部长。自他来到部队分管后勤工作后，无论条件多么艰苦，部队的物资保障很少发愁过，他也深受干部战士的爱戴，大家称他为贺龙军中的"红色管家"。他不仅会办给养，而且很会打仗。1931年11月，红3军改编为红7、红9两个师，他被任命为红7师师长，是贺龙旗下三大猛将之一。他率部袭击宣恩傅维峰团防，夺得大批给养，并全歼该团防。1933年4月，他率部击退进犯苏区的敌周燮卿旅部。6月，又与红9师一起包围长潭河团防，毙敌100余名，俘敌200多人。后又在率部运粮途中与湘鄂边"剿匪"总司令部前线指挥官张刚相遇，他率部歼灭其4个整连。1933年7月18日，他在火线指挥部队抗击敌军3 000余人马的战斗中，突遭湘鄂西"肃反"委员会夏曦派来的人员捆绑。他狠狠地对来者说："等打完仗再杀我也不迟！"来人见状没敢再动他。战斗结束后，在押解途中，叶光吉含愤跳崖，摔成重伤后，被押解人员当场处死。1945年，党的"七大"为叶光吉平反昭雪，追认他为革命烈士。

一、放着"财神爷"不当 携骡马大队投奔贺龙

在湖北宜都潘家湾土家族乡将军山村，有一段千古流传的佳话：相传清朝嘉庆年间，有一位农民起义军将领曾在此筑垒征战，至今峰顶石板上还清晰地印着将军坐骑踩踏出的蹄印，将军山也因此得名。也许是历史的着意安排，1900年11月20日，一位为穷苦人民翻身求解放、后来成为红军高级将领的叶光吉就诞生在这将军山下的叶家湾。

叶光吉的父亲叶传邦是当地一位老实厚道的山区农民，靠一身力气艰难地把叶光吉养大成人。叶光吉小时候家境清贫，因兄弟姐妹多，根本读不起书。父亲叶传邦为了不让子女像自己一样一辈子不识一个字，便咬咬牙，将长子叶光吉送进了村子附近的一所私塾。后来因为家中实在拿不出钱来供他继续上学，叶光吉12岁那年就辍学了。为了将来有一技之长好养家糊口，13岁那年，他跟着自己的一个堂叔到渔阳关学兽医。由于勤奋好学，没几年工夫，他就可以单独给骡马诊断看病了，而且治愈率很高。这样，一传十，十传百，他手头的生意很红火，前来找他给牲畜看病的人络绎不绝。有一天，他被一个骡马行的老板看上，聘请叶光吉去他的骡马行当专职畜医，而且待遇不低。然而，这份当时十分吃香的职业没能拴住叶光吉那颗年轻的心，他干满3年就向老板辞职了。叶光吉看到家乡门前大道上每天往来不绝的骡马运输队伍，认为马帮生活才是他的向往。刚满16岁的叶光吉利用3年当兽医得来的工钱买了一匹骡子，跟别人合伙跑起了运输。当时宜都到恩施，熊渡至将军山是必经之道，山大坡陡，仅有几个骡马店在这条线上跑运输，因此收益比较好。从一匹骡子跑单帮，竟发展到100多匹骡马的运输大队。13年来，叶光吉走南闯北，穿乡过寨，足迹遍及湘鄂川黔边十几个县，饱尝人世艰辛，历尽军阀混战，豪强掠夺之苦。风餐露宿、无拘无束的骡马客生涯以及炎凉的世态铸就了叶光吉豪爽刚烈、不畏强暴的性格。

一天，叶光吉赶着骡马到渔阳关客栈投宿，与湖南桑植县骡客贺龙同住一室。两位意气相投的好汉举杯畅饮之际，数说奸商的刁滑，"税狗子"的歹毒、豪强的霸道、官府的贪赃，愤激时不禁击桌痛骂世道不公。贺龙愤世嫉俗，对旧制度的叛逆性格，使叶光吉十分佩服。这次与贺龙相遇，对叶光吉的人生道路产生了重大影响。

1927年年底，叶光吉因拒绝为国民党第43军出夫，被国民党军队抓去残忍地吊打了一天一夜，后经亲友力保交纳罚款才被释放。紧接着，妻子又险遭溃兵的蹂躏。他逃回家中，望着悲泣的妻子，抚着身上累累伤痕，一颗复仇的种子在心中萌发。

1929年春，由"两把菜刀闹革命"到竖起工农革命大旗的贺龙率部转战来到五峰。

有一天，贺龙派部下张一鸣带人外出筹粮，在半路上遇见叶

光吉正赶着他的"骡马大队"往五峰送货。张一鸣老远就认出他来，大声喊道："老叶，这么多骡马，当大老板了。"

见到张一鸣，叶光吉也很高兴，说："哎呀，是一鸣兄，真是有缘千里来相会呀！你还跟贺胡子在一起吗？你们这是去哪里？"

张一鸣回答："我和贺总指挥还在一起，生死不离。前几天老总率部来到五峰，我们现在处境困难，没粮食吃呀！向你借点好吗？"

叶光吉爽快地回答："借什么！我这既有货物又有粮食都送给你们得了。但是，你要答应我一个条件，我要当红军。"

张一鸣见他当真，就笑着对他说："你当红军我们非常欢迎。不过我也有个条件"。

叶光吉道："快说，快说，什么条件？"

"你当了红军后就来管后勤，负责筹款、筹粮，这样我们今后就不愁没饭吃喽！"张一鸣话一出口，叶光吉笑了起来，说："这没问题，就怕云卿大哥不收留我。"

张一鸣说："这个问题嘛，包在我身上。"

张一鸣领着叶光吉的"骡马大队"迅速往部队驻地赶去。

叮当，叮当……在阵阵清脆的骡马铃铛声中，一队马帮沿着山道向鄂西五峰山区红4军驻地徐徐而来。骡马队越过沟谷山脊，走进了红4军军部驻扎的山村。只见一位头缠青布帕、手持赶马鞭的英武汉子径直奔到红4军军长贺龙的面前。

"哎呀呀，这不是叶骡客吗！"贺龙惊喜不已，一眼就认出了

13年前结识的老同行。两双大手紧紧地握在了一起。

"云卿大哥,我跟你当红军,你要不要?"这汉子目光中透着恳求。

贺龙右手提起烟斗,凌空劈下,"要!"

话音刚落,这汉子兴奋得扬手向身后喊道:"伙计们,快把骡马牵过来",一百多匹剽悍高大的骡马连同一百多驮布匹、鞋袜、食盐、粮食在村里一字排开。战士们立时惊喜地欢叫起来。这些物资对初创的红军来说,是多么重要呀!

贺龙军长高兴地拍着眼前这位骡客的肩膀,风趣地对围观的红军战士说:"这位是我从前赶骡子时的老伙计叶光吉。他比我强呀!我贺龙当初参加革命时只有两把菜刀,他,叶光吉参加红军可是连人带一百多匹骡马一起跳啊!"战士们"轰"的一声笑了。

将军山的儿子,向眼前自己十分熟悉和尊敬的贺龙将军立下军令状:"请云卿兄放心,从今往后我一个心眼跟着你和共产党干革命,决无二心。"

二、从运输大队长起步 迅速成为红色管家

叶光吉携"骡马大队"投奔贺龙的第二天,俩人进行了一次高兴又十分严肃认真的谈话。

贺龙笑着说:"光吉啊,你真是我的福星,我的部队正愁缺吃少穿,你却雪里送炭,不仅送来了一个马帮队,而且还有那么多

的物资，我代表红4军全体指战员得好好感谢你才是呀！"

叶光吉脸一红，不好意思地回答说："云卿大哥，你这就见外了，我投奔红军是自愿的，这骡马队和物资就算是真心的表白、为革命做出的一点小贡献吧，往后再别提这件事好吗？"

贺龙说："好，听你的，往后不提。"他慢慢地吸着烟，接着说："你想过没有，到我这来干点啥？"

叶光吉说："这还用问吗，刚才在路上张一鸣跟我说好了，让我搞后勤，负责你们的衣、食、住、行，我看就干这事吧。不过……"

贺龙接过他的话问："不过什么？难道不愿意？"

叶光吉说："不是。我是想说除了搞运输、办给养，我还会搞侦察。因为湘鄂川黔边一带没有我不熟的地方，往后有用得着我的时候，尽管交待任务，我保证比你们部队的侦察兵强。"

贺龙说："这个我信。不过你的首要任务是搞运输、办给养。将来适当的时候，我一定交一支部队给你，让你亲自带兵指挥打仗。"

叶光吉高兴地站起身，跟贺龙鞠了个躬，说："谢谢云卿兄的信任，我不会让你失望的。"

贺龙对他说："我们研究过了，正式任命你为红4军运输大队大队长。"贺龙提醒叶光吉："你现在是一名红军干部，在革命队伍里不准称兄道弟，以后得改改口，就叫我老贺，或用职务称呼。"

叶光吉马上回答："记住了，贺军长。"

叶光吉被正式任命为红4军运输大队长后，掌管着40多名运输员和100多匹骡马，成为军中不折不扣的流动仓库。他所带领的这支运输队，骡马背上装载着一百多驮缴获的金条、银圆、枪支弹药和其他军需品，稍有差错，就会给部队带来严重的后果，贻误军机。因此，刚开始时有不少人担心把这么艰巨的担子交给一个新参加红军队伍的骡客，他能行吗？

然而，不久发生的一连串事，让所有人对这位新上任的运输大队长刮目相看，不得不佩服。

一天，运输大队要通过一座独木桥。不巧，头骡失蹄把前脚扭伤，后面的骡马见头骡躺在路边，都举足不前，任凭战士们怎样驱赶，它们就是不肯上桥。随队的骡马医生急得满头大汗，也没把头骡的伤腿治好。这时，叶光吉急匆匆地从后面赶上来，仔细检查骡子的伤情，尔后从挎包里掏出三根银针，找准穴位扎了进去。只见他几揉几捏，拔出银针，一提嚼头，"嘀！"头骡一耸身站起来了，平平稳稳地上了独木桥。大家伙惊叹不已，想不到我们的叶队长还是兽医高手！

一次，部队突然遭敌人袭击，队伍立即转移。在千钧一发之际，一匹骡子被流弹打伤。叶光吉见它负伤，心痛得不得了，跑过去猛地一下把150多斤重的驮子扛在自己身上，牵上伤骡赶上了转移的队伍。战士们看到他与骡马的这份感情，都十分感动。

还有一天晚上，敌人的一发炮弹正好落在运输队的旁边，巨

大的爆炸声，一下子让所有的骡马受惊了，它们在阵地周围到处乱跑，人们吓出了一身冷汗。叶光吉马上掏出口哨一吹，结果所有惊散的骡马听到主人熟悉的哨音，都乖乖地回拢到他的身边，经检查骡马背上的物资一件没少。从此，全军上下都亲昵地称叶光吉为"骡马队长"。这一年的10月，他光荣地加入了中国共产党。

1930年7月，红4军东下洪湖与红6军会师，组成红二军团，叶光吉升任红二军团经理部（后勤部）政治委员。从他手里进出的都是金灿灿的金条和白花花的银元，但谁也不曾见他穿过一件像样的衣服。他常常穿着一条打满补丁的裤子到军团部开会。军团长贺龙见了他便说："光吉呀，你也得搞套新衣裳穿嘛，别太抠了。"叶光吉淡淡地一笑，说："管他的，当兵打仗，这衣裳就行。"他经常教育后勤部门的干部战士："人民的钱，战士的钱，一个铜板也不能乱花！"

1930年9月，红二军团攻克监利县城，歼敌2 000多人，缴获了几万块银元。经理部长金石岩想，缴获这么多银元，应该改善一下经理部的装备了。

他找叶光吉商量："政委，天气一天比一天冷，给经理部每人买条毛毯怎么样？"

叶光吉问："一条毛毯多少钱？"

金答："7块。"

叶说："7块？经理部11个人就要77块，使不得呀！"

叶光吉生气地连连摇头，大声对金说："经理部管钱就买毛毯盖，那部队的战士呢？这钱是战士们用命换来的，没有他们的流血牺牲，钱从哪来？我们经理部门只有保管的责任，没有随便使用的权利，可千万不能近水炉台先得热呀！"

一席话，说得金部长怪不好意思的，忙说："政委，你说得对，听你的。"

同月底，部队攻占仙桃镇，又缴获了不少金条、银元。当军团政治部在镇上召开群众大会时，几百名反动的"北极会"匪徒冒充农协会员冲进了没有战斗部队驻防的镇子。喝了"朱砂酒"的匪徒们手持梭镖，见人就杀。这些杀人如麻的敌人凭着酒劲儿，像一头头发疯的野牛，分路扑向红军机关驻地，一下子冲到军团经理部大院门口，刺伤了警卫战士。正在屋里清点账目的叶光吉，听到门外的喊杀声，"腾"地一下跳起来，挥手两枪，撂倒了两个冲在最前面的亡命之徒，暂时遏制了匪徒们的进攻。战士们迅速关上房门，在堂屋与匪徒隔墙对峙。这时，警卫团在2里外的小河彼岸，屋外是疯狂的敌人，屋内是只有几条短枪的11名后勤人员。然而，维系全军后勤供应的全部财产——2驮金条、30多驮银元就在这间房屋里，情况万分危急。

"枪抵到院子门口打，今天就是掉脑壳，也要保住钱驮子！"叶光吉瞪着血红的双眼，一边从窗户向外射击，一边又下死命令，"没枪的拿棍子，进来一个就敲死一个。"冲进大门的敌人，一个个被打倒在院子里，钱驮子终于保住了。

1931年，红二军团改编为红3军，叶光吉任红3军经理部（后勤部）部长。一上任，他就立即召开全军后勤保障会议，针对当时的形势、部队的任务和遇到的困难，在这次会议上做出6条重大举措。一是克服单纯依赖缴获过日子的被动保障方式，广开门路，实行多方储备和积累；二是突出以武器弹药、药品和粮食供应保障为重点，做到部队一有战斗行动，后勤军需部门要保证拿得出、供得上；三是重视后勤基础建设，着眼于长远规划，在苏区建立若干个培训基地，如军械修理、医疗卫生、服装被褥制作等；四是抽调少量干部，在地方苏维埃政府的配合支持下建立红军供应网点；五是利用各种社会关系，打入汉阳兵工厂或收买武器弹药供应商，以保证战场损耗能及时得到补充；六是针对洪湖苏区集市活跃的特点，利用手中有限的资金开展一些适当的贸易活动，积累资金。这6条措施一出台，不到一年时间，使整个红3军的军需供应保障大为改观。无论环境多么恶劣、条件多么艰苦，部队的生活物资保障很少让人发愁过。

三、不仅是办给养的能手
　　也是指挥打仗的高手

1930年4月，红二军团第三次攻打五峰孙俊峰团防前夕，叶光吉向军团领导要求给他一次指挥打仗的机会，贺龙给了他带侦察兵搞侦察的任务。接受任务后，他乔装盐商混进敌巢，把敌人的兵力部署和活动规律摸得一清二楚。他把侦察得到的情况派人送回指挥部后，紧接着又配合大部队首先端掉了敌人团部，致使敌人乱了分寸，部队一鼓作气将团防全部歼灭，并缴获大量物资和武器弹药。叶光吉说："这一仗，我是一举两得，既锻炼了我组织指挥打仗的能力，又为部队搞到了大批给养。"

初试锋芒后，贺龙、关向应都认为叶光吉不仅是一个办给养的能手，而且也是一个指挥部队打仗的高手。为了更好地发挥他带部队指挥打仗的天赋，1931年9月，叶光吉从红3军后勤部长的位子上调到红8师任政治委员。此时，贺龙、关向应率红8、红9两师从潜江县的浩子口转向荆门后，在荆门横街突遭川军郭勋部8个团的偷袭，而鄂军第18师和第14师亦配合堵击，情况十分危险。关键时刻，刚刚上任红8师政委的叶光吉主动率领红8师的24团掩护主力转移。部队来不及挖工事，就利用现有的地形地物与敌人展开你死我活的生死搏斗，使主力转危为安。而后，又率部赶上大部队，在应城、安陆、随州、枣阳一带伺机歼敌。

1932年11月，红3军缩编为红7、红9两个师和一个独立团，叶光吉调任红7师师长。11月下旬，部队进入伏牛山地区时，敌马鸿逵部尾追不舍。根据贺龙的命令，红7师以一个团的兵力在西峡口设伏，当马鸿逵部刚一进入西峡口时，伏兵突然杀出，打得马鸿逵部大败溃逃，歼敌400余人。接着，叶光吉又命令全师部队奋力追击逃跑之敌，在陕南武关又击溃敌一个团，全歼一个营。

1933年4月，叶光吉率部击退进犯苏区的周燮卿旅部。尔后，

又与红9师一起包围了长潭河团防,毙敌100余名,俘敌200多人。

1933年5月7日,叶光吉率红7师第22团的4个连队与前来"进剿"的敌保安团相遇。战斗一开始,他命令最先遇敌的那个连队且战且退,故意示弱,造假象麻痹敌人。随即派另外2个连队兵分两路向敌后迂回包抄。敌人果然上当,误认为红军兵力少,于是骄狂地向红军紧追。不一会,敌军"后院起义",叶光吉率另外一个连正面攻击。敌人惊呼"上当",慌忙退守到附近的一个山头上。敌军居高临下,加上红军又没有重火器,易守难攻。叶光吉经过仔细观察,决定出奇制胜。他先派1个连攀上悬崖后向敌军偷袭,另外3个连队分成3个不同的方向作好冲击准备。不一会工夫,攀崖偷袭的那个连偷袭成功,叶师长大吼一声:"同志们冲啊!"战士们个个像猛虎一样,从3个方向同时向山上的敌人扑去。在红军的多路夹击下,保安团人马纷纷缴械投降,全团覆灭。这是叶光吉当师长后,在很短的时间内用兵最少、歼敌最多的一场漂亮的胜仗。

1933年7月18日,敌张刚聚3 000余兵力进攻宣恩县洗马坪红7师驻地,正在指挥部队英勇抗敌的叶光吉,突然遭湘鄂西肃反委员会派来人员的捆绑,叶光吉大吼一声:"住手,等我把这仗打完了,你们再捆我、再杀我也不迟!"并向指挥部的警卫战士使了个眼神,示意他们看好这几个来人。经过一天激战,终于打退了敌人的围攻,部队撤到麻水。战斗结束后,叶光吉直问那几个人:"你们凭什么捆绑我?"来人说:"夏曦书记认为你是新的'改组派'首领,让我们带回去处置。""简直是没有王法,他说我是反革命,我就是反革命?"叶光吉愤怒地吼着。那几个人不由分说,立即上前将他捆绑抓捕。押解途中,走到洗马坪白岩山时,叶光吉含愤跳崖,以死来证明自己的清白。那几个押解的人赶快下到山下,走近一看,叶光吉被摔成重伤,于是当场将其处死。

公正无私的日月总会引导历史澄清往日的过错。1945年,中共第七次全国代表大会彻底清算了王明"左"倾路线的错误,为叶光吉等一大批被"肃反"错杀的人员平反昭雪。1945年4月20日,中央组织部在延安编印的烈士名录上赫然写着叶光吉的名字。

"一代骁将归九泉,浩气长存天地间。"宜都人民为了纪念这位从将军山走出去的伟大儿子,在烈士诞辰100周年之际,将叶光吉的部分遗骨从鹤峰县中营革命烈士陵园迁移到宜都革命烈士陵园安葬,并在墓前竖立叶光吉雕像。而今,烈士英灵静静地安息在家乡烈士陵园的苍松翠柏中;烈士的遗像仍庄严肃穆地树立在湘鄂西苏区革命烈士祠中,接受人们的瞻仰和祭奠。

后　记

　　经过前后近3年深入地调查研究、查阅大量的历史资料及到一些重要历史事件的发生地实地考察，继《第一军政工名将传奇》出版发行后，我又完成了《共和国不能忘怀》这本书的写作工作。作为一名曾经在第一军工作过21年的老兵，总算是了却了一桩心愿。在本书即将与读者见面时，作者有许多的心酸、有许多的不解和遗憾之言，愿在这里表达出来，以求得广大读者和曾经关心过第一军（前身为红二军团）历史的人们的理解和支持。

　　心酸、不解和遗憾之一：湘鄂西"肃反"扩大化，以致错杀了成千上万的中华优秀儿女，特别是一大批党政军高级干部被迫害致死，这不能不说是一个让人痛心和不堪回首的历史悲剧。如果不是1934年10月24日任弼时、萧克、王震率领的红六军团与红二军团会师；如果不是时任中央代表的任弼时同志挺身而出，果断地站出来坚决制止和纠正这一历史错误，并及时建议中央采取组织措施撤销了夏曦的中央分局书记和分局军委会主席的职务，恐怕还有更多党政军领导干部惨遭不幸，也许红二军团也会解体不复存在。可是，制造这一历史悲剧的历史罪人夏曦至今仍挂着

"革命烈士"的光环，其遗像与被他迫害致死的 116 位党政军高级干部的英烈忠魂一起树立在洪湖市南郊湘鄂西苏区革命烈士陵园吊唁厅两侧的展室中，真叫人哭笑不得。王明、博古当政时期，夏曦因攀附王明而得势，成为党内炙手可热的权势人物。1932 年，夏曦任湘鄂西苏区中央局书记，兼任肃反委员会书记，在此任上，他以抓所谓改组派、托派、AB 团、第三党、取消派为名，杀害了大批红军将士，造成了湘鄂西苏区的极大危机。更难以置信的是，夏曦的亲信、当时掌握着湘鄂西"肃反"生杀大权的政治保卫局局长姜奇，最后竟被查实为国民党特务！

笔者在撰写《第一军政工名将传奇》和《共和国不能忘怀》这两本书之前，曾到过湘鄂西苏区烈士陵园和纪念馆参观，看到夏曦的遗像被安放在陈列馆吊唁大厅的最后一位，可以清晰地看到夏曦的遗像上有不少唾沫的痕迹，据说这是那些前来吊唁被夏曦杀害的革命烈士的亲人们所表达的愤怒。英雄和刽子手的遗像怎么能放在一起呢？别说烈士的亲人们愤怒、不答应，恐怕连那些被夏曦杀害、躺在九泉之下的英烈忠魂也会不安的。

关于夏曦的死因，有若干种说法。比较可信的说法是：1936 年 2 月在长征路上，夏曦在前往劝说一支离队的队伍的途中落水，有些战士看见了，本可相救，但因对夏曦的"肃反"和滥杀无辜非常气愤，所以没人愿意去救他，夏曦终至溺水身亡。这无疑是夏曦的悲剧，但也是他多行不义的结果。

夏曦所犯的错误不是一般性错误，是极为严重的"犯罪性"（即党内作检查时常说的"是对党和人民的犯罪"）错误。薄一波曾经写了一本谈党史人物的书《领袖元帅与战友》，转述了贺龙的看法，贺龙说："为什么党内会发生这样'左'得出奇的过火斗争和内耗事件？原因很复杂，有宗派问题，有路线问题，也有个人品质问题。而夏曦在这三个方面都有严重问题！"这是一个相当重要的见解，不仅解释了夏曦个人犯错误的原因，也触及极左现象的发生与领导人个人品质之间的联系问题，极有启发性。

笔者认为，对湘鄂西苏区"肃反"扩大化错误的主要责任人夏曦应当追究其罪行，对他的功过是非要重新评价，撤销他的"革命烈士"称号，把他的遗像和所谓革命烈士事迹介绍从湘鄂西革命烈士陵园和吊唁大厅中撤走，还历史的本来面目，以告慰那些被错杀的洪湖优秀儿女的在天之灵，抚慰革命烈士家属几十年来难以忍受的心痛。

心酸、不解和遗憾之二：20世纪60年代初，影视剧《洪湖赤卫队》在全国上演后，曾影响和教育了几代人，作为该剧主人公韩英原型的贺英，她所带领的游击支队是共产党领导的队伍，是红二军团的重要组成部分；她为湘鄂西苏区和红军的创建和发展壮大倾注了全部心血；她因叛徒告密，在遭敌重兵包围的情况下，为掩护红军中的党员骨干和部队安全突围，在战斗中不幸壮烈牺牲；她对党的事业忠心耿耿，先后4次向党组织提出入党申请。然而，直到今天仍未被追认为中国共产党党员，这怎能不让人感到心酸、不解和遗憾呢！

贺英先后4次向时任湘鄂西中央分局书记的周逸群提出入党申请时，贺龙、卢冬生等领导同志均在场。因为当时湘鄂西革命斗争形势非常严峻，周逸群考虑到贺英当时在当地的声望和影响，为了有利于对敌斗争，避免刚组建不久、还很弱小的红军和党员队伍遭到敌人的斩尽杀绝，要求她暂时不要入党、继续以非党员身份带领红军的游击队与敌人周旋，待形势好转后再考虑她的入党要求。周逸群对贺英说："香姑，你为党做了那么多工作，思想上完全符合共产党员的标准，相信党组织不会把你留在党外太长的时间。"贺英回答道："逸群，没关系，我听党的。"谁知天有不测风云，周逸群竟牺牲在贺英的前面，贺英牺牲时红二军团主力又不在湘鄂边。贺龙元帅曾为贺英牺牲后没有被追认为党员这件事深感愧疚，可他考虑到自己是贺英的亲弟弟，大姐为中国革命连生命都献出来了，何苦再为她追认为中国共产党党员的事去向党组织伸手呢！这就是贺英牺牲后没有被追认为中国共产党党员的主要原因。

实事求是，尊重历史，这是我们党的优良传统和一贯作风。笔者认为，周逸群同志生前对贺英许下的承诺应该兑现，如果连贺英这样的革命女英雄牺牲后都没有被追认为中国共产党党员，不仅烈士在九泉之下不会瞑目，而且还会给湘鄂西人民留下永久的迷惑和伤痛。

心酸、不解和遗憾之三：在本书叙述的为建立新中国英勇献身的红军高级将领中，有的英烈尸骨至今仍下落不明，有的烈士家属由于解放前逃荒离开家乡落户到外省，至今也未收到亲人的"革命烈士"证书，这不能不叫人心寒。如先后任湘鄂西中央分局委员、军委主席团成员、湘鄂西共青团省委书记、红3军第7师政委、第9师政委、红3军代政委的宋盘铭烈士牺牲后，他的家人为了找回亲人的遗骨，像愚公移山一样一代一代不停地寻找了几十年，至今也没有找到。宋盘铭的父亲宋同甫为寻找儿子的下落，无数次跑武汉、下洪湖、上北京，可连一件烈士的遗物也没找到。父亲过世后，妹妹宋秀芝接着寻找，她沿着哥哥生前的战斗足迹，找遍了湘鄂西的山山水水和无数城镇、村寨，最后为方便寻找，竟离开家乡河南漯河市郾城县，先后在湖北的沔阳、嘉鱼落了户，直到70多岁不能走动，也没有找到哥哥的尸骨。妹妹过世后，其堂侄宋文礼接着担起了寻找伯父宋盘铭烈士尸骨的任务。就这样，从宋盘铭烈士牺牲后至今，他的亲人们已寻找了70多年，可至今仍不知烈士的尸骨留落在何方？无奈之下，宋盘铭烈士的亲人们只好将县民政局根据贺龙元帅1953年"八一"建军节来信和朱德元帅题写的"人民功臣"而制作的一块牌匾作为烈士遗骨埋在了家乡的烈士陵园里以寄托哀思。

  为此，作者借本书出版发行之际，呼吁：国家和地方政府有关部门是否应该想到为像宋盘铭这样尸骨至今未还的英烈家庭做点儿什么？不要再让这些英烈的亲人一代一代承受着心中难以抚平的伤痛！

  本书在编写过程中得到了原中央军委委员、中国人民解放军总参谋长傅全有上将，以及我的老战友、全国人大代表、原南京军区联勤部部长顾守成少将、某集团军军长蒋谟祥少将的关心和大力支持。傅全有上将为本书作序，顾守成和蒋谟祥少将对本书的写作和出版发行给予了许多具体的建议和帮助。此外，湖北、湖南、贵州、四川、重庆等地的党史部门为该书的写作提供了大量珍贵的历史参考资料，在此一并表示感谢！

孙卓清

2011年12月于深圳